Geschichte der deutschen Literatur
von den Anfängen bis zum Beginn der Neuzeit

Herausgegeben von Joachim Heinzle

Band I/2

D1725866

Geschichte der deutschen Literatur von den Anfängen bis zum Beginn der Neuzeit

Herausgegeben von Joachim Heinzle
unter Mitwirkung von Wolfgang Haubrichs, Johannes Janota, L. Peter Johnson,
Gisela Vollmann-Profe, Werner Williams-Krapp

Plan des Gesamtwerks:

Band I: Von den Anfängen zum hohen Mittelalter
Teilband I/1: Die Anfänge: Versuche volkssprachiger Schriftlichkeit im frühen
Mittelalter
Von Wolfgang Haubrichs
Teilband I/2: Wiederbeginn volkssprachiger Schriftlichkeit im hohen Mittelalter
Von Gisela Vollmann-Profe

Band II: Vom hohen zum späten Mittelalter
Teilband II/1: Die höfische Literatur der Blütezeit
Von L. Peter Johnson
Teilband II/2: Wandlungen und Neuansätze im 13. Jahrhundert
Von Joachim Heinzle

Band III: Vom späten Mittelalter zum Beginn der Neuzeit
Teilband III/1: 14. Jahrhundert
Von Johannes Janota
Teilband III/2: 15. Jahrhundert / Perspektiven des 16. Jahrhunderts
Von Werner Williams-Krapp

Geschichte der deutschen Literatur von den Anfängen bis zum Beginn der Neuzeit

Herausgegeben von Joachim Heinzle

Band I:
Von den Anfängen zum hohen Mittelalter

Teil 2:
Wiederbeginn volkssprachiger Schriftlichkeit
im hohen Mittelalter
(1050/60 – 1160/70)

von Gisela Vollmann-Profe

2., durchgesehene Auflage

Max Niemeyer Verlag Tübingen
1994

Quellenverzeichnis der Abbildungen

Abb. 1: Bildarchiv Foto Marburg
Abb. 2: Bibliothèque Nationale et Universitaire, Strasbourg/Frankreich
Abb. 3: Kärntner Landesarchiv, Klagenfurt/Österreich
Abb. 4: Universitätsbibliothek Heidelberg
Abb. 5: Musée Cluny, Paris/Frankreich
Abb. 6: Herzog-August-Bibliothek, Wolfenbüttel
Abb. 7: Bildarchiv Foto Marburg
Abb. 8: Bayerische Staatsbibliothek München

Umschlagbild: Vita Annonis, Siegburg, um 1183; Hessische Landes- und Hochschulbibliothek, Darmstadt (Hs. 945, Blatt 1ᵛ)

Die Deutsche Bibliothek – CIP-Einheitsaufnahme

Geschichte der deutschen Literatur von den Anfängen bis zum Beginn der Neuzeit
/ hrsg. von Joachim Heinzle. – Tübingen : Niemeyer.
  Früher im Athenäum-Verl., Frankfurt am Main
NE: Heinzle, Joachim [Hrsg.]

ISBN 3-484-10700-6

Bd. 1. Von den Anfängen bis zum hohen Mittelalter.
Teil 2. Wiederbeginn volkssprachiger Schriftlichkeit im hohen Mittelalter : (1050/60 – 1160/70) / von Gisela Vollmann-Profe. – 2., durchges. Aufl. – 1994
NE: Vollmann-Profe, Gisela

ISBN 3-484-10702-2

© Max Niemeyer Verlag GmbH & Co. KG, Tübingen 1994
Das Werk einschließlich aller seiner Teile ist urheberrechtlich geschützt. Jede Verwertung außerhalb der engen Grenzen des Urheberrechtsgesetzes ist ohne Zustimmung des Verlages unzulässig und strafbar. Das gilt insbesondere für Vervielfältigungen, Übersetzungen, Mikroverfilmungen und die Einspeicherung und Verarbeitung in elektronischen Systemen. Printed in Germany.
Satz: Williams Graphics, Abergele
Druck: Gulde-Druck GmbH, Tübingen
Einband: Heinr. Koch, Tübingen

Inhaltsverzeichnis

ZWEITER ABSCHNITT:
Von der ‚Kaiserchronik‘ zum ‚Rolandslied‘

Vorwort zur 1. Auflage

Der hier vorgelegte Teilband I/2 der ‚Geschichte der deutschen Literatur von den Anfängen bis zum Beginn der Neuzeit' umfaßt etwa den Zeitraum zwischen 1050 und 1170. Die sogenannte frühmittelhochdeutsche Literaturepoche präsentiert sich somit in einem eigenen Band und nicht, wie ursprünglich geplant, in der „traditionellen" Verbindung mit dem Althochdeutschen. Der Grund hierfür liegt in der Konzeption unserer Literaturgeschichte. Einerseits sollte das gesamte Schrifttum, vom Morgensegen bis zum Marienhymnus, von der Predigtskizze bis zum Bibelepos, erfaßt und andrerseits der Versuch unternommen werden, dieses Schrifttum in die sozio-kulturellen Gegebenheiten ihrer Zeit einzubetten – oder doch zumindest die Möglichkeiten einer solchen Einbettung zu diskutieren. Ein im Vergleich zu anderen Literaturgeschichten etwas erhöhter Umfang und die Abtrennung eines eigenen Teilbandes ergaben sich daraus fast zwangsläufig. Doch war der Zwang nicht ganz unwillkommen: Auf diese Weise ließ sich die Eigenständigkeit eines Abschnitts der Literaturgeschichte unterstreichen, der oft Gefahr läuft, nur als Pufferzone zwischen althochdeutscher Zeit und höfischer Klassik betrachtet zu werden.

Wenn eben von Vollständigkeit die Rede war, so sind hier freilich gewisse Einschränkungen zu machen. Im Bereich der Gebrauchsliteratur (Wundrezepte, Verwünschungs- und Segensformeln, Gebetsrufe u.ä.) kann es nur um möglichst vollständige Erfassung der Typen, nicht um die Katalogisierung jedes einzelnen Kleintextes gehen. Vor allem aber muß man sich dessen bewußt bleiben, daß der in diesem Buch vorgestellte Kanon von Werken nur einen Ausschnitt aus der gesamten literarischen Produktion (und Reproduktion) der Zeit darstellt. Neben der hier diskutierten deutschsprachigen Literatur steht der quantitativ wie qualitativ gleichermaßen imposante Komplex der mittellateinischen Werke, und es gibt weiterhin die mündliche Dichtung mit ihren Liebes-, Tanz- und Heldenliedern, die der neuen schriftliterarischen Dichtung in deutscher Sprache nicht einfach kampflos das Feld räumten. Diese beiden Bereiche sind als wesentliche Bestandteile des geistigen „Haushalts" der Zeit präsent zu halten – und es soll an dieser Stelle ausdrücklich auf sie verwiesen werden, da sie im Verlauf der Darstellung nicht explizit zur Sprache kommen. Dies hat seinen Grund in den durch die Sachen selbst gesetzten Grenzen: Dürftigkeit bzw. erdrückende Fülle des Materials. Während wir über Art, Umfang und Publikumsrelevanz der mündlichen Dichtung nur Vermutungen anstellen können, wäre eine Besprechung der gesamten lateinischen Produktion der Zeit unmöglich, die Aufnahme nur der „bedeutenden" mittellateinischen Werke aber würde den Blick eher ablenken als schärfen. Immerhin haben wir uns bemüht, die beiden Bereiche dort einzubeziehen, wo die besprochenen Denkmäler dies erforderten. Wir haben auf die, wenn auch undeutlichen Spuren mündlicher Tradition hingewiesen und die Einflüsse herausgestellt, die die lateinische Literatur auf die eine und andere Gattung, auf das eine und andere Denkmal ausgeübt hat. Darüber hinaus sehen wir jedoch in der Beschränkung auf die deutsche schriftliterarische Produktion nicht nur einen notwendigen, wenn auch bedauerlichen Verzicht, sondern glauben, daß sich in einem solchen Vorgehen auch die bedeutendste Veränderung unserer Epoche widerspiegelt, die Verbindung der Volkssprache mit der Schriftkultur, Ausdruck und gleichzeitig Movens einer sich wandelnden Mentalität. In dem Augenblick aber, in dem man die schriftliche Fixierung als notwendig und mündlicher Tradierung überlegen empfand, war, auch wenn zunächst eine „literat-illiterate Mischkultur" (Curschmann) entstand, der traditionellen mündlichen Dichtung weithin der Boden entzogen, und auch die Bedeutung des Lateins mußte über kurz oder lang zurückgehen, da eine wesentliche Komponente seiner Überlegenheit über die Volkssprache, eben die Schriftlichkeit, von dieser selbst übernommen wurde.

Allen, die zum Zustandekommen dieses Buches beigetragen haben, sei hier gedankt. Zunächst den Personen und Institutionen, die die Beigabe der Abbildungen ermöglicht haben, sodann H. Linder für die Betreuung der Drucklegung. B. Wachinger danke ich für geduldige Auskunft aus der Werkstatt des Verfasserlexikons und P. Sappler für manchen hilfreichen Druck auf die richtige Computertaste zur rechten Zeit. Mehr, als sich in kurzen Worten sagen läßt, verdankt das Buch und seine Autorin W. Haug; möge es ihn bei der Lektüre erfreuen. Mein sehr herzlicher Dank gilt J. Heinzle — für gleichbleibende Geduld, freundliche Aufmunterung und für die Lektüre des Manuskripts. Ohne die Hilfe meines Mannes wäre ich an vielen Stellen ratlos gewesen — nicht nur bei der maschinellen Herstellung des Registers und der Bearbeitung des steinigen Bodens der frühen deutschen Predigt: gratulans fideliter et ex mente tota.

Tübingen, im November 1985   Gisela Vollmann-Profe

Zur 2. Auflage

Der Text der 1. Auflage wurde unverändert übernommen, die Literatur-hinweise auf den neuesten Stand gebracht.

Eichstätt, im Juli 1994   G. Vollmann-Profe

TEIL 2

Wiederbeginn volkssprachiger Schriftlichkeit im hohen Mittelalter
(1050/60 – 1160/70)

von Gisela Vollmann-Profe

Einleitung

Auch wenn jeder literaturgeschichtlichen Periodenbildung grundsätzlich etwas Problematisches anhaftet, gehört doch die Zeit von der zweiten Hälfte des ersten bis zum dritten Viertel des zwölften Jahrhunderts zu den Abschnitten der deutschen Literaturgeschichte, deren Ausgrenzung kaum nennenswerte Schwierigkeiten bereitet: Die Periode definiert sich gewissermaßen von selbst durch relativ klare Grenzlinien. Den Anfang markiert der um die Jahrhundertmitte zu beobachtende Neubeginn schriftliterarischer Produktion in der Volkssprache, nachdem etwa 150 Jahre lang volkssprachige Literatur kaum aufgezeichnet worden war. Der Eindruck des Neuen wird noch dadurch verstärkt, daß die sprachliche Gestalt dieser literarischen Erzeugnisse sich deutlich von der früherer Denkmäler unterscheidet: Sie gehören der (früh)mittelhochdeutschen Sprachstufe an. Das Ende der Epoche ist etwas schwieriger zu bestimmen; hier ist der Begrenzungsstreifen ein wenig breiter. Doch ist mit der sogenannten höfischen Klassik und dem unverwechselbaren Gepräge ihrer Werke in jedem Fall eine weitere Phase der literarischen Entwicklung erreicht, die sich klar vom Vorhergehenden abhebt.

Wenn wir freilich so die frühmittelhochdeutsche Literaturepoche durch vorgegebene Grenzmarken, gleichsam von außen her, konstituieren, dann müssen wir uns der Gefahr bewußt bleiben, die mit einem solchen Vorgehen verbunden ist. Sie besteht darin, die Periode zu definieren durch ein Nicht-mehr und Noch-nicht und dabei ihr charakteristisch Eigenes zu übersehen. Tatsächlich bestimmte der Blick auf das Vorausgehende und das Nachfolgende oft genug das Urteil über sie – häufig mit negativem Ergebnis. Einerseits vermißte man in ihr die Frische des althochdeutschen Aufbruchs, andrerseits die Reife der Klassik. Es soll nicht bestritten werden, daß Urteile dieser Art in gewissem Sinne zutreffen; dennoch verkennen sie die innere Einheit und die eigene Leistung dieser Zeit. Die Leistung läßt sich am prägnantesten dadurch charakterisieren, daß es der Volkssprache in diesen rund hundert Jahren gelingt, literarisch zu werden. Dies gilt zunächst in einem ganz wörtlichen Sinn: Sie verbindet sich nunmehr endgültig dem Buchstaben, der Schrift, derart daß wir seit dieser Zeit (und erst seit ihr) von einer kontinuierlichen Geschichte der deutschen Literatur sprechen können. Aber auch in einem tieferen Sinne kommt in dieser Zeit die deutschsprachige Literatur zu sich selbst. Am Anfang der Epoche steht die Volkssprache, soweit sie der Aufzeichnung für wert befunden wird, noch ganz im Dienste der Theologie, des Glaubens. Die Literatur dient damit einer unabhängig von ihr existierenden, unbezweifelbaren weil geoffenbarten Wahrheit, bei deren Verkündigung und Vertiefung sie Hilfestellung leistet. Wenn in diesem Zusammenhang ästhetische Wirkung angestrebt, wenn schöne Form bewußt eingesetzt wird, dann hat das Schöne die Funktion, dieser Wahrheit als Schmuck zu dienen, vergleichbar einem kostbaren Gewand, das sich dem unendlich edleren Träger anzupassen sucht. Am Ende der Epoche beginnt die Literatur sich als eigenständige Vermittlerin von Erkenntnis zu verstehen, als Möglichkeit zur Erfahrung einer Wahrheit, die es immer erst neu zu suchen gilt. Gleichsam das Siegel auf diese Entwicklung wird der Durchbruch zur reinen Fiktionalität im höfischen Roman sein.

So erstaunlich aber der Neueinsatz und rasche Fortschritt einer schriftsprachigen deutschen Literatur auf den ersten Blick erscheinen mag, so verständlich wird dieser Vorgang, wenn man die Literatur jenes Jahrhunderts nicht als isoliertes Phänomen, sondern als Teil einer umfassenden geschichtlichen Entwicklung betrachtet. Schon lange hat man erkannt, daß der unter Heinrich IV. ausgebrochene Investiturstreit bzw. die Gregorianische Reform eine neue Epoche des Mittelalters eröffnet, aber erst die Forschungen der letzten Generation haben deutlich gemacht, daß um die Mitte des 11. Jahrhunderts Zentraleuropa und speziell das Deutsche Reich von einem Wandel erfaßt wurde, der nahezu alle Lebensbereiche einschloß. War die vorhergehende karolingisch-ottonisch-frühsalische Epoche, in ihrem Grundcharakter „archaisch-patriarchalisch", von der (germanisch-fränkischen und der spätantik-christlichen) Tradition bestimmt gewesen und von daher eher statisch, so beginnt nunmehr ein Prozeß der Differenzierung, ein Anwachsen von „Mobilität und Rationalität" (Bosl), das die alten Denk- und Handlungsmuster in Frage stellt und durchgreifende Veränderungen hervorruft.

Um mit jenem Phänomen zu beginnen, das am tiefsten ins allgemeine Bewußtsein gedrungen ist: Im Investiturstreit, dem Kampf zwischen Kaiser und Papst um den Führungsanspruch in der christlichen Welt, zerbricht das bislang unerschütterte Vertrauen in die karolingische Vorstellung vom Sacrum Imperium als der politischen Verwirklichung des augustinischen Gottesstaates. Es war die Vorstellung eines „Heiligen Reiches" gewesen, das einträchtig vom Papst als dem kirchlich-religiösen und vom Kaiser als dem weltlich-religiösen Vertreter Gottes/Christi zu leiten, d.h. seinem Heil zuzuführen sei. Dabei kam nach dem Muster Konstantins und des byzantinischen Basileus und in Fortführung antiken Reichsdenkens dem Kaiser ein übergeordneter Rang zu. Unter Heinrich III. (1039–1056) erreichte jenes frühmittelalterliche theokratische Kaiserverständnis seinen Höhepunkt und zugleich sein Ende. Das Papstwahldekret von 1059 deutet an und der ‚Dictatus Papae' von 1075 zeigt mit aller Klarheit, daß man in den Kreisen der Reform zu einer radikal entgegengesetzten Bewertung des Verhältnisses

Kaiser-Papst gelangt war: Unterordnung des Kaisers unter den Papst. Der Vorgang ist signifikant: Jahrhundertealte Traditionen werden nicht behutsam korrigiert, sondern fundamental in Frage gestellt. Das deutsche Königtum hat diese Revolution nicht akzeptiert: Friedrich Barbarossa, unter dessen Herrschaft die frühmhd. Literaturperiode ausläuft, unternahm noch einmal einen großangelegten Versuch, dem Kaisertum die sakrale Würde wiederzugewinnen. Freilich, die zwischen dem großen Salier und dem großen Staufer schmerzlich gewonnene Erfahrung, daß weltliche und geistliche Dinge doch keine selbstverständliche Einheit bilden, war im Grunde irreversibel. Und so ist denn auch die problemlose Selbstverständlichkeit verloren, mit der die frühmittelalterliche „politische Religiosität" Welt und Überwelt ineins gesetzt hatte. An ihre Stelle tritt eine „religiöse Politik", politisches Handeln mit religiösen Implikationen, das nicht mehr selbstverständliche Folge eines weltlich-geistlichen Synergismus ist, sondern reflektierte Aufgabe und zäh verteidigter Anspruch. Dabei wird weder die Existenz eines religiösen Kaisertums noch die Gottgewolltheit des Papsttums in Frage gestellt — insofern befinden wir uns noch ganz im Mittelalter — aber beide Mächte, zuerst das Papsttum, dann auch das Kaisertum, nehmen ihre Zuordnung zueinander nicht mehr als gottgewollt-vorgegeben hin, sondern suchen sie (theoretisch wie praktisch) zu definieren, zu begründen und auch antagonistisch zu verändern. In dieser Auseinandersetzung vollzieht sich ein Vorgang der Differenzierung und Bewußtwerdung der je eigenen Wesenheit und der je eigenen Wirkungsmöglichkeiten.

Die im Kampf zwischen Papst und Kaiser zutage tretenden neuen Impulse lassen sich auch in anderen Bereichen beobachten. Zwar wird die „alte" Welt- und Werteordnung als Rahmen grundsätzlich anerkannt; gleichzeitig aber macht sich innerhalb dieses Rahmens ein starkes Streben nach Veränderung bemerkbar: die Erfahrung von Verschiedenheit, von Eigenheit, von subjektiv-individueller Entfaltungsmöglichkeit und — damit zusammenhängend — das Bedürfnis nach größerer Freiheit.

Dies zeigt sich etwa an der sozial niedrigsten Stufe der Unfreien, den nicht mit einer bäuerlichen Hube ausgestatteten, zu ungemessenem, willkürlichem Dienst dem Herrn verpflichteten Eigenleuten. Zwar ändert sich auch jetzt nichts an ihrem rechtlichen Status der Unfreiheit, sozial aber verbessert sich ihre Stellung entscheidend, da es vielen von ihnen ab dem 11. Jahrhundert gelingt, sich vom *opus servile* (der „knechtlichen Arbeit") durch die legitime Ergebung an einen Kirchenheiligen gegen Jahreszins freizukaufen und so einen Wandel der Leibeigenen-Grundstruktur herbeizuführen, der mit dem sozialen und wirtschaftlichen Aufstieg von Bürgertum und Bauerntum, den Anfängen des Kapitalismus und dem Wachsen eines selbständigen Arbeitsethos der Menschen identisch wird (Bosl). Das neue Bewußtsein, daß Tüchtigkeit und Wagemut die finanzielle und soziale Situation entscheidend verändern kann, treibt auch die nachgeborenen Bauernsöhne in die Kolonisation bzw. in die Neusiedlungen des Landesausbaus —

in dem Jahrhundert zwischen 1050 und 1150 werden in Deutschland die letzten großen Wälder gerodet. Es ist auch der Grund für das Entstehen eines Stadtbürgertums mit Kaufmannschaft und spezialisierten Handwerkern. Städte gab es in Deutschland natürlich schon zur Zeit der Ottonen, aber diese waren im wesentlichen Bischofsstädte mit angeschlossener laikaler *familia*, die im Dienste des Bischofs bzw. anderer geistlicher Herrschaften stand. Erst im 11. Jahrhundert kommt es zum Zusammenschluß, zur „Einung" der Kaufleute und Handwerker, die sich vor der Bischofsstadt, in den „faubourgs" (Vorstädten) angesiedelt hatten und nicht zur *familia* des Stadtherrn gehörten, und erst damit tritt das auf, was wir als Stadtbürgerschaft verstehen können: ein Korpus von „freien" Handels- und Gewerbetreibenden, die darauf hinarbeiteten, ihre Angelegenheiten selbst regeln zu dürfen. (1073 in Worms und 1074 in Köln erheben sich zum ersten Mal in Deutschland Bürgerschaften gegen ihre bischöflichen Stadtherrn.)

Auflösung der archaisch-patriarchalischen Ordnung, Ersatz der *familia*-ähnlich gedachten personalen Bindungen durch ein System von sachlichen Leistungen, verbunden mit dem Streben nach „objektiven" Machtmitteln kennzeichnen auch die Veränderungen im Feudalapparat der Oberschicht. In unser Jahrhundert fällt der Wandel von der alten zur neuen Grafschaftsverfassung. War die „alte" Grafschaft der bestimmte Gerichtsbezirk gewesen, in dem der Graf als der vom König (personal) Beauftragte Recht sprach, so versteht man nun darunter die Gesamtheit des allodialen (im freien Erbbesitz befindlichen) und feodalen (als Lehen verwalteten) Grundbesitzes, der sich in der Hand eines Grafenhauses befindet. Mit anderen Worten: die Grafschaft wird zum Territorium mit der festen Herrenburg als Machtzentrum, von der dann häufig die Grafschaft ihren Namen erhält. Auch hier konzentrieren sich „unternehmerische" Kräfte auf die Ausweitung der eigenen „Freiheit", sprich: der eigenen Herrschaft, versteht sich der Feudaladel nicht mehr als Teil des um den König gruppierten Personalverbandes, sondern als eigenständiger, sich seiner selbst bewußt werdender und oft genug seine eigenen Interessen rücksichtslos durchsetzender Machtfaktor — wenn auch immer noch im Rahmen des weiterhin gültigen und anerkannten Lehenswesens.

Historisch gesehen war die Zeit der Unmündigkeit Heinrichs IV. (1056–1065) für Neuerungen dieser Art günstig; entsprechend lag die Politik des zur Regierung gelangten Heinrich ganz auf der Linie der geschilderten Umorientierung des Herrschaft-Dienst-Verhältnisses. Heinrich schloß die Altadeligen weitgehend von der traditionellen Berater- und Mitherrscherfunktion aus und ersetze sie durch Ministerialen, d.h. unfreie Gefolgsleute, die sich durch Einsatzbereitschaft und Spezialisierung ihrer Kenntnisse qualifiziert hatten und so zu einer Sonderstellung in der herrschaftlichen *familia* aufgestiegen waren. Diese Männer konnte ein Herr nach ihren persönlichen Fähigkeiten, ihrer Tüchtigkeit (und ihrer Härte) einsetzen, ohne auf eventuelle adelige Empfindlichkeiten Rücksicht nehmen zu müssen.

Daß sich die Ministerialen ihrerseits nun nicht – trotz der Fortdauer der alten Bezeichnung – als *familiares* im archaisch-patriarchalischen Sinne verstanden, sondern als Gruppe mit spezifischen Gruppeninteressen, zeigen die neu entstehenden Dienstmannenrechte, in denen Verpflichtungen und Entlohnung schriftlich fixiert und damit rechtlich einklagbar wurden.

Noch auf eine weitere Entwicklung muß kurz hingewiesen werden, die ebenfalls mit dem Namen Heinrichs IV. verknüpft ist: auf die Veränderung des Strafrechtssystems, das hinter der nunmehr auch auf Deutschland übergreifenden und von Heinrich unterstützten Gottes- und Landfriedensbewegung steht.

Die „Gottesfrieden" waren von der Kirche (Cluny!) angeregte Friedenspakte, in denen sich die Beteiligten durch Schwur verpflichteten, zu bestimmten Zeiten (Freitagabend bis Montagmorgen, Fastenzeit) auf Fehdehandlungen zu verzichten. Friedensbrecher verfielen der kirchlichen Exkommunikation. Die „Landfrieden" gehen darüber hinaus: Sie betreffen nicht nur Fehdehandlungen, sondern eine Vielzahl von Straftaten; sie werden unter Mitwirkung des Landesherren (König, Herzog) beschlossen und der Friedensbruch wird vom weltlichen Arm bestraft. Die Straftat, die in der germanisch-fränkischen Rechtsordnung im wesentlichen Privatsache des oder der Geschädigten gewesen war, wird nunmehr zur Sache der Friedensgemeinschaft, des „Volkes", das sowohl am Friedensschwur als auch an der Aufspürung und Festnahme des Schuldigen beteiligt wird. Strafverfolgung von Amts wegen, Untersuchung des Tatbestandes, Beurteilung der subjektiven Schuld werden jetzt ebenso möglich wie die Verfolgung von adeligen und rittermäßig bewaffneten Gewalttätern durch das „Volk". Auch hier im Rechtswesen also ein tiefgreifender Wandel, ein Ablösen tradierter Rechtsvorstellungen und Rechtsgebräuche durch neue, objektive, rationale und – in gewissem Sinne – „demokratische" Normen.

Ein Blick auf die Wissenschaftsgeschichte vervollständigt das Gesagte. In dem durch Berengar von Tours 1050 ausgelösten Abendmahlsstreit kündigt sich das Aufbegehren der Ratio gegenüber dem Dogma zum ersten Mal im Mittelalter in voller Schärfe an; zur selben Zeit entwickeln sich in Chartres, im Loirebecken, in Laon und Paris internationale Bildungszentren; in Bologna wird 1084 durch Irnerius eine Schule des römischen Rechts begründet, die sehr rasch Studierende aus ganz Europa anzieht; Bernold von Konstanz († 1100), Lanfranc von Bec († 1089) und sein Schüler Ivo von Chartres († 1116) entwickeln Prinzipien einer wissenschaftlichen Behandlung des kirchlichen Rechts (Kanonistik), die dann mit dem ‚Decretum' Gratians (um 1142) ihren ersten großen Höhepunkt erreicht; um 1070 schreibt Anselm von Canterbury sein ‚Monologium', das erste Werk einer neuen Theologie (Scholastik), die bereits in der nächsten Generation einen Abaelard hervorbringen wird.

In all den genannten Erscheinungen erweist sich die Zeit um und nach 1050 als eine Epochengrenze, wobei die neue Epoche schlagwortartig als „Erwachen zum Selbst" charakterisiert werden könnte: Erfahrung des

Selbst als differenzierten Teils des Ganzen, Erfahrung der Fähigkeit zu
eigenem Urteil, eigenem Handeln, eigener Freiheit und damit auch zur
Distanzierung von dem, was bisher unbezweifelt und unangefochten gegolten
hatte. Aber wie immer in Zeiten allgemeinen Umbruchs und großer Veränderungen erlebt man das Neue nicht nur positiv als Eröffnung bisher
nicht gekannter Möglichkeiten, sondern auch als Gefährdung. Nicht nur
Erleichterung, Selbst- und Weltgewißheit sind die Folge, sondern auch
Unsicherheit und die Suche nach Orientierungspunkten. Beides findet sich
in unserer Periode nebeneinander, freilich nicht durchgehend gleich stark
ausgeprägt. Scheint zunächst das Gefühl der Verunsicherung vorherrschend,
so tritt doch nach und nach die Freude an der Erforschung und Beherrschung
der im konkreten und übertragenen Sinn weiter gewordenen Welt in den
Vordergrund.

Das immer stärkere Anwachsen der volkssprachigen Literatur ist
Ausdruck dieser Situation. Es erklärt sich aus dem gesteigerten Selbstbewußtsein, dem größeren Informations- und schließlich auch Repräsentationsbedürfnis einer unabhängiger und kritischer werdenden Laienschicht.

Die bildende Kunst der Zeit scheint auf ein ähnliches Bedürfnis zu reagieren, wenn
in diesen Jahrzehnten die Ausschmückung des Kirchengebäudes allenthalben über
das kultische Zentrum des Altars hinausgreift und die bildliche Darstellung des
Heilsgeschehens nicht nur das Informationsstreben der Laien befriedigt, sondern
durch anspruchsvolle Gestaltung auch ihrem gewachsenen Selbstbewußtsein entgegen-
kommt. (Vgl. Abb. 1.)

Mit dem größer werdenden Selbstbewußtsein wächst aber auch die Suche
nach verbindlichen Werten, nach lebensbestimmenden Normen. Die Literatur
vermittelt solche Werte, wenn auch nicht das ganze hier zu behandelnde
Jahrhundert hindurch auf gleiche Weise. Zunächst formulieren die Werke
mit allem Nachdruck die christlich-kirchlichen Forderungen und suchen
mitten im allgemeinen Wandel das Dauernde herauszustellen, die Welt *sub
specie aeternitatis* („mit dem Blick auf die Ewigkeit") zu betrachten.
Allmählich gehen sie dann dazu über, die Normen für ein vorbildliches
Leben nicht mehr allein vom Jenseits her zu entwickeln, sondern auch
danach zu fragen, welches Verhalten zu Ehre und Ansehen in der Welt
führt. Parallel dazu erweitert sich der Themenkreis über Biblisch-Theolo-
gisches hinaus, nehmen die Autoren größere Freiheit in Anspruch, schalten
sich weltliche Auftraggeber in den literarischen Betrieb ein.

Entsprechend gliedern wir die gesamte Periode in zwei Phasen: eine
erste, rein kirchlich geprägte, in der die klerikalen Autoren ihre spirituelle
Weltsicht — und ihre lateinische Bildungstradition — für die Laien in die
Volkssprache „übersetzen", und eine zweite, kirchlich-weltlich geprägte,
in der die Laien, insbesondere die laikale Oberschicht, Einfluß auf den
literarischen Produktionsprozeß gewinnen und ihn dadurch modifizieren.
Eine scharfe Grenzziehung zwischen den beiden Phasen ist nicht möglich,

nicht einmal im Sinne einer unbezweifelbaren Zuordnung aller Denkmäler, geschweige denn im Sinne einer chronologischen Fixierung. Letztere scheitert an der in unserem Zeitraum besonders großen Datierungsunsicherheit, erstere daran, daß der Wandel nicht abrupt erfolgte und in den verschiedenen Texten, zum Teil gattungsbedingt, verschieden stark ausgeprägt erscheint. Wir sehen daher die beiden Phasen nicht durch einen exakten Schnitt voneinander getrennt sondern durch eine längere Übergangszeit, die in etwa mit der Regierung Kaiser Lothars III. (1125–1137) zusammenfällt. Es ist nach den Wirren des Investiturstreites eine Zeit der Konsolidierung, die kirchlicherseits und weltlicherseits geprägt war vom Bewußtsein des Zueinander-Gehörens und vom Willen zur Zusammenarbeit. Literarischen Ausdruck findet diese Grundstimmung der dreißiger Jahre in einem Werk, das für uns zugleich der markanteste Vertreter der literarischen Entwicklung zwischen den beiden Phasen ist, in der sogenannten ‚Kaiserchronik‘. Gattungsmäßig und inhaltlich noch der klerikal-lateinischen Tradition verpflichtet, verrät sie unter Auftraggeber- und Rezipientenaspekt schon die neue, laikale Einflußnahme auf das literarische Geschehen. Sie bildet für uns Ende und Wendepunkt des ersten Darstellungsabschnitts.

ERSTER ABSCHNITT
Vom ‚Ezzolied‘ zur ‚Kaiserchronik‘
(1050/60 bis 1130/40)

Literarische Interessenbildung

Überblick

Vergleichen wir die rund hundert Jahre althochdeutsch/karolingischer Literatur mit den rund hundert Jahren unserer Periode statistisch-quantifizierend, so springt ein entscheidender Unterschied sofort ins Auge: Dort kumuliert nach vereinzelten kleineren Anfängen die Produktion zwischen etwa 830 und 870 in den großen, umfangreichen Werken des ‚Tatian‘, des ‚Heliand‘ und des ‚Evangelienbuches‘, um dann fast unvermittelt zum Erliegen zu kommen. Die frühmhd. Literaturproduktion ist am Beginn der Periode gleichfalls quantitativ bescheiden, nimmt dann aber rasch zu und erreicht schließlich einen solchen Umfang, daß an der Schwelle zur höfischen Klassik Dichtung in deutscher Sprache zu einem wesentlichen Faktor im schriftliterarisch geprägten Kulturbetrieb geworden ist.

Die Erklärung dieses Phänomens ist, wenn nicht alles täuscht, darin zu suchen, daß sich zwischen althochdeutscher und frühmhd. Zeit ein Wandel der literarischen Interessenbildung vollzog, der Produzenten und Rezipienten in gleicher Weise erfaßte. In althochdeutscher Zeit verdankte die volkssprachige Literatur, jedenfalls was die großen Oeuvres betraf, ihre Entscheidung direkt oder indirekt den kulturpolitischen Interessen und Bestrebungen der Kaiser und Könige. Bei diesen Bestrebungen konnten die Akzente unterschiedlich gesetzt werden, – das zentrale Motiv aber war stets die Schaffung eines einheitlichen christlichen Reichsvolkes, das sich seiner verbindenden und verbindlichen Normen bewußt werden sollte. Zu diesem Zweck entstand in wenigen Zentren – den großen Reichsabteien – durch die geistig führenden Männer der Zeit oder unter ihrer Leitung eine „von oben" geplante Literatur, die, sobald sie über den elementarsten praktischen Bereich hinausging, offenbar Mühe hatte, ihr Publikum zu finden. Die Kluft zwischen der volkssprachig-mündlichen Tradition und der lateinisch-geistlichen Schriftkultur war nicht im ersten Anlauf zu überwinden. Karls des Großen Versuch, heimisch-mündliche Dichtung in schriftlicher Form festzuhalten, dürfte nicht zuletzt deshalb keine Spuren hinterlassen haben.

Betrachtet man vor diesem Hintergrund die frühmhd. Literatur, bietet sich ein ganz anderes Bild. Die Vielzahl und die Verschiedenheit der Entstehungsorte veranschaulichen ebenso wie die buntere Zusammensetzung der Autoren (soweit bekannt) die Tatsache, daß hier kein zentraler königlicher Wille den Anstoß gibt. Diese Literatur ist zum größten Teil weit entfernt von imperialem Glanz, ist, von charakteristischen Ausnahmen abgesehen, keine „Hof "-Dichtung. Entsprechend fern liegen ihr im allgemeinen ästhetische Ambitionen. Sie ist ernst, informativ, verbindlich. Es geht ihr um die Sache, die sie dem Publikum verständlich machen möchte, – weil dieses danach fragt.

Diese Feststellung ist wichtig, da der geistlich-kirchliche Charakter dieser Literatur und die Tatsache, daß die Kirche ihr alleiniger Träger ist, die Vermutung nahelegen könnte, es handle sich hier wiederum um eine Literatur „von oben", deren Interesse primär die Stärkung der kirchlichen Position wäre. Zugegeben, die Texte des ersten Zeitabschnitts weisen alle eine geistlich-kirchliche Tendenz auf, zielen letztlich auf eine Festigung und Intensivierung des Glaubens und ganz nachdrücklich auch auf die sich hieraus ergebenden praktischen Konsequenzen: eine christliche Lebensführung im privaten und darüber hinaus im gesellschaftlich-sozialen Bereich.

Hier wirken sicher Anstöße nach, die auf die großen religiösen Reformbewegungen zurückweisen, die von dem französischen Kloster Cluny (gegründet um 908) und der auf Reichsgebiet liegenden Abtei Gorze ausgingen und für die Folgezeit, vor allem für das 11. Jh., von entscheidender Bedeutung waren. Gemeinsame Basis der Reformen von Cluny und Gorze war das Bemühen um eine Erneuerung des klösterlichen Lebens; gemeinsam war ihnen auch, daß diese Erneuerung weit über die Mauern des eigenen Klosters hinauswirkte und nicht nur zahlreiche andere Abteien erfaßte, sondern auch in den laikalen Bereich ausstrahlte, ja von führenden Laien gefördert wurde. Doch im Verhältnis zur weltlichen Macht liegt auch der vielleicht wesentlichste Unterschied zwischen Cluny und Gorze. Während die cluniazensischen Äbte für ihren Klosterverband Unabhängigkeit forderten und auch erreichten, konnte dieses Ziel dem lothringischen Gorze angesichts der ganz anders gearteten Verquickung von weltlicher und geistlicher Macht im Reich nicht in gleicher Weise erstrebenswert scheinen. – Man hat in der germanistischen Forschung diese Reformen zeitweilig als entscheidende Triebkraft für die Entstehung der frühmittelhochdeutschen Literatur betrachtet. Das ist sicher nicht richtig. Doch so wenig Cluny und Gorze diese Literatur erklären, so wenig wird man leugnen wollen, daß sie das geistige Klima mitgeprägt haben, in dem sie entstand.

Aber es wäre falsch, wollte man deswegen die frühmhd. Werke nur verstehen als Instrument, mit dem die zu höchster Macht emporgestiegene Kirche ihre Herrschaft endgültig festigen und widerstrebende Seelen in ihre Gewalt bringen wollte. De facto dürften sich kirchliches Bemühen und laikale Aufgeschlossenheit kaum je so sehr entsprochen haben wie in diesen Jahrzehnten zwischen 1050/60 und 1130/40. Das religiöse Engagement, das sich etwa in den zahlreichen Klostergründungen und im Aufblühen des Laienbrüderinstituts manifestiert, weist auf Bedürfnisse hin, die die Kirche zwar steuern, auch nützen, aber nicht einfach erzeugen konnte. Die spiritualistische Grundstimmung erklärt sich vielmehr aus der allgemeinen Unsicherheit, hervorgerufen durch den tiefgreifenden Wandel in allen Bereichen, die die Laien dazu brachte, dringlicher als bisher nach ihrer Stellung in der christlichen Weltordnung und nach den Möglichkeiten des

Glaubens zu fragen. Sie verlangten nun nach eingehenderen Informationen, als sie ihnen die rudimentären christlichen Belehrungen in der Volkssprache bisher geboten hatten.

Ist dies richtig, so darf die frühmd. Literatur auch nicht von vornherein verstanden werden als der Versuch der Kirche, einer zunehmend selbstbewußteren Laienwelt oder gar einer autonomen weltlichen Kultur entgegenzutreten – ein Mißverständnis, das durch die Texte selbst genährt werden könnte, wenn diese – so weit wir das beurteilen können – mehr oder weniger glückliche Anleihen bei der weltlich-mündlichen Dichtung machen, oder wenn sie ihre Absicht erklären, eben diese weltliche, gefährdende Kunst ersetzen zu wollen. Man darf die Bedeutung und das ideelle Gewicht dieser mündlichen Dichtung nicht allzu hoch ansetzen; es sind durchaus ungleiche Konkurrenten, die sich hier messen. Die schlüpfrige Abendunterhaltung, die durch die geistliche Lesung ersetzt werden soll, gefährdet zunächst eher das Seelenheil der Zuhörer als den Anspruch der kirchlichen Weltsicht. Wogegen sich die Kirche und „ihre" Literatur wendet, das ist – jedenfalls zunächst – keine autonome Kultur, kein laizistisches, kirchenferner Wertesystem, sondern eine unchristliche Lebenspraxis. So wird denn auch, z.B. im ‚Annolied‘, die weltliche Dichtung selbst in ihrer gewichtigsten Form, dem Heldenlied, nicht als gefährlich hingestellt, sondern als unzulänglich, und angesichts der umfassenden Veränderungen dürften die Antworten der traditionellen Dichtung auch tatsächlich als nicht ausreichend empfunden worden sei.

Anders die geistliche Literatur. Sie setzt sich ganz bewußt mit den neuen Erfahrungen auseinander, vor allem mit der Erfahrung des ständigen Wandels aller Verhältnisse, und sie sucht, diesen Wandel den Laien begreifbar zu machen, indem sie ihnen den Raum der Geschichte erschließt. Dem in der Wiedergabe einer fernen Vergangenheit fast zeitlosen Heldenlied und seiner Tragik setzt die geistliche Literatur die Vorstellung eines gottgewollten, zielgerichteten Geschichtsablaufs entgegen, in dem jeder einzelne seinen sinnvollen Platz hat. Die Kategorien, mit denen diese Aufgabe angegangen wurde, sind rein geistlich-theologisch, der Stoff aber war die reale Weltgeschichte, und dieses Vertrautwerden mit der Historie mußte fast zwangsläufig das Erwachen weltlich-laikaler Interessen zur Folge haben. Dieser Prozeß, der nach zögerndem Beginn sich im Verlauf unserer Epoche immer stärker beschleunigt, läßt sich an der gleichzeitigen Literatur deutlich ablesen. Herrscht am Anfang die unmittelbar heilsgeschichtliche Ausrichtung fast uneingeschränkt, so tritt diese nach und nach in den Hintergrund; geschichtliche Vergangenheit wird in sich selbst, außerhalb des theologischen Verbundsystems, als interessant, vorbildhaft, „groß" empfunden, kann ihrerseits Normen stiften. In der Begegnung mit der Geschichte, insbesondere mit der Antike, beginnen weltlich-autonome Anschauungen sich zaghaft zu regen und darstellbar zu werden. Erst auf diesem Grund erwächst der geistlichen Literatur allmählich eine ernstzunehmende Konkurrenz, und erst damit beginnt die Auseinandersetzung um die Universalität theologischer Weltdeutung und kirchlicher Lenkung. Wo die Kirche auf eine solche Herausforderung reagiert, kann dann auch geistliche Literatur zu einer Literatur der Geistlichkeit werden, zu einem Instrument, das dazu dient, die Ansichten und die Interessen der Institution Kirche gegen die Ansätze einer beginnenden Säkularisierung zu verteidigen.

Zeichnen sich die Interessenrichtungen, in deren Bezugsfeld die Literatur dieser Jahrzehnte zu sehen ist, im Umriß hinreichend deutlich ab, so sieht man sich rasch großen Schwierigkeiten gegenüber, wenn es darum geht, die Skizze näher auszuführen, sie durch Hinweise auf Autoren, Auftraggeber, konkrete Rezipientengruppen zu ergänzen. Autoren und Auftraggeber werden in den Werken selbst kaum genannt, das Publikum wird zwar oft angesprochen, bleibt aber doch in vielen Fällen farblos-unkonturiert. Selbst die grundlegenden Fragen nach Datierung und Lokalisierung, die für unsere Vorstellung vom Funktionszusammenhang eines Werkes von entscheidender Bedeutung sind, lassen sich in den seltensten Fällen exakt beantworten.

Über den Entstehungsort oder zumindest die landschaftliche Zugehörigkeit eines mhd. Textes gibt in der Regel seine Sprache Auskunft, und so hat man denn auch eine Art Topographie der frühmhd. Literaturlandschaften zu erstellen versucht – mit gewissen Schwerpunkten in Österreich und am Rhein neben alemannischen, bairischen und mitteldeutschen Produktionsstätten. In vielen Fällen ist aber die Zuordnung zu einer bestimmten Landschaft (von einem speziellen Ort ganz zu schweigen) zweifelhaft, in manchen unmöglich. Es können sich z.B., bedingt durch wiederholtes Abschreiben desselben Textes an verschiedenen Orten, mehrere Dialekte überlagern, ohne daß der ursprüngliche Dialekt noch eindeutig bestimmbar wäre, wenn etwa beweisende Reimformen fehlen. Oder es finden sich in einem sonst einheitlichen Textkorpus vereinzelte fremde Dialektformen, die auffällig genug sind, um eine genetische Erklärung nahezulegen, aber nicht zahlreich genug, um eine solche zweifelsfrei zu sichern. Ähnlich schwierig wie die Lokalisierung ist auch die Datierung vieler Denkmäler. Hilft man sich dort mit sprachlichen, so hier mit formalen Kriterien. Ausgehend von der grundsätzlich richtigen Überlegung, daß die formalen Fähigkeiten der Dichter (vor allem metrische Glätte und reiner Reim) auf lange Sicht zunehmen, wird vielfach das in einem Denkmal erreichte formale Niveau (insbesondere der Stand seiner Reimentwicklung) als entscheidendes Kriterium für seine Datierung verwendet. Zweifellos lassen sich so gewisse Anhaltspunkte gewinnen, aber das Maß der bei einem solchen Verfahren zu erreichenden Sicherheit darf nicht überschätzt werden. Denn zum einen gibt es keine absolute Kontinuität der Entwicklung, und zum andern ist mit regionalen Unterschieden zu rechnen. Ebenso kann nicht ausgeschlossen werden, daß neue formale Möglichkeiten, irgendwo entdeckt und erprobt, erst allmählich zum poetischen Gesetz mit allgemein verpflichtender Kraft gerinnen.

Eine weitere Hilfe für Lokalisierung und Datierung eines Denkmals sind seine Verbindungen zu anderen Texten, sei es in Form von Abhängigkeit oder von Einflußnahme. Prinzipiell gilt dies auch für die Literatur unseres Zeitabschnittes. Tatsächlich aber hat hier mit wachsender Kenntnis des Materials die Zuversicht, wenigstens eine relative chronologische Ordnung festlegen zu können, eher abgenommen. Was zunächst nur durch Abhängigkeit erklärbar schien, erwies sich inzwischen oft als Frage gemeinsamer Teilhabe an der Tradition, der Verwandtschaft des Denkens und der Gleichgerichtetheit der Wirkungsabsicht, ist in der Praxis oft Formel oder zu allgemein, um Filiationen zu beweisen.

Auch das Hilfsmittel der Überlieferung ist für die Bestimmung des Lebensraumes dieser Denkmäler nur begrenzt verwendbar. Natürlich setzt Aufzeichnung ein wie auch immer geartetes Interesse voraus. Was man aber bei unseren Texten auf diese Weise erschließen kann, ist häufig − selbst in günstig gelagerten Fällen − nur ein Stück Wirkungsgeschichte, nicht der Entstehungszusammenhang selbst, da die überwiegende Zahl der Denkmäler in relativ großer zeitlicher (und räumlicher) Entfernung von ihrem Ursprung überliefert ist. Rückschlüsse sind daher nur bedingt möglich, zumal viele Werke nur in Sammelkorpora auf uns gekommen sind, in die sie − als Gebrauchstexte weitgehend unfest − mehr oder weniger modifiziert eingepaßt wurden.

Das Gros der in diesem Zeitabschnitt entstandenen Denkmäler ist in fünf Sammelhandschriften auf uns gekommen: in der Handschrift 2721 der Österreichischen Nationalbibliothek in Wien (W), dem Kodex 2696 derselben Bibliothek, der Handschrift 6/19 des Geschichtsvereins für Kärnten in Klagenfurt (nach ihrer früheren Bibliotheksheimat Millstätter Handschrift genannt: M), dem Kodex 276 des Chorherrenstiftes Vorau (V) und der 1870 verbrannten, uns nur aus den Abdrucken des 19. Jahrhunderts bekannten Straßburg-Molsheimer Handschrift. Letztere, um 1189 geschrieben, ist im westlichen Deutschland entstanden: ihre Sprache weist südrheinfränkische Eigentümlichkeiten auf. Die anderen vier stammen alle aus Österreich, drei von ihnen, V W M, noch aus dem zwölften Jahrhundert. (Die Handschrift Wien 2696 ist zu Beginn des 14. Jahrhunderts geschrieben.) V, W und M gehen, wenigstens teilweise, auf eine gemeinsame ältere Vorlage zurück. V, W und M zeigen anschaulich, wie sich die Volkssprache in unserem Zeitraum das Pergament erobert: Während etwa die ältere Fassung des ‚Ezzoliedes‘ noch als Einsprengsel in lateinischer Umgebung erscheint (vgl. Abb. 2), ist die jüngere Überarbeitung in V Teil einer Handschrift, in der die Volkssprache dominiert. W und M unterstreichen die Bedeutung der volkssprachigen Produktion sogar durch Bildillustrationen (vgl. Abb. 3). (Nur wenig später wird dann in der Heidelberger Handschrift des ‚Rolandsliedes‘ diese Auszeichnung auch einem weltlichen Text zuteil − vgl. Abb. 4.)

Alle Aussagen zum Lebens- und Interessenbereich, in dem diese Literatur zu sehen ist, sind also notwendig mit beträchtlicher Unsicherheit behaftet. Vorbehaltlich dieser Einschränkung läßt sich aber doch auf der Basis der erhaltenen Texte und unter Berücksichtigung der historischen Forschung einiges zur literarischen Situation des in Frage stehenden Zeitraums aussagen. Erster Anhaltspunkt hierbei sind für uns die Literaturproduzenten, da diese etwas deutlicher faßbar sind als ihr Publikum. Verglichen mit der althochdeutschen Periode ist der Kreis der Literaturschaffenden differenzierter geworden. Zwar sind auch die Autoren dieser Zeit ausnahmslos Angehörige des geistlichen Standes, aber es sind nicht mehr ausschließlich Mönche. Neben die Repräsentanten der alten klösterlichen Schultradition treten gebildete Weltkleriker; darüber hinaus zeichnet sich eine dritte Gruppe ab, die gleichsam in einer Zwischenzone zwischen Klerus und Laien angesiedelten *homines religiosi*, d.h., zu frommer Lebensführung bekehrte, in mehr oder minder enger Verbindung mit einem Kloster lebende Menschen, wie Konversen (Laienbrüder) und Reklusen (Frauen oder Männer, die sich freiwillig in eine, meist an die Kirchenwand angebaute Klause für immer einschließen ließen).

Der Anteil dieser verschiedenen Gruppen an der literarischen Produktion ist unterschiedlich groß. Die *homines religiosi* spielen in den ersten Jahrzehnten der frühmhd. Periode zahlenmäßig noch kaum eine Rolle, auch wenn sie in Frau Ava eine gewichtige und charakteristische Vertreterin aufzuweisen haben; noch sind es in dieser ersten Phase fast ausschließlich „echte" Kleriker, die als Autoren in Erscheinung treten. Ob es sich dabei um Weltgeistliche oder Mönche handelt, darüber geben die Texte selbst nur selten Auskunft. Man könnte versucht sein, den Neueinsatz volkssprachiger Literatur um 1050 mit der Verlagerung der Bildungszentren von den Klöstern an die Domschulen in Verbindung zu bringen, mit der (wenigstens teilweisen) Ablösung des Mönchs und der Übernahme der geistigen Führungsrolle durch den Weltkleriker. Aber gegen diese naheliegende Überlegung spricht die Tatsache, daß intensivierte Pflege der Wissenschaft und fromme Publizistik nicht dasselbe sind. Die Autoren unserer Werke sind denn auch nicht die führenden Theologen der Zeit; andrerseits sind sie auch nicht ohne weiteres hinter schlichten Weltgeistlichen, hinter einfachen, mit der Seelsorge befaßten *plebani* (Dorfpfarrern) zu vermuten. Soweit die Denkmäler überhaupt Anhaltspunkte für die Rekonstruktion von Entstehungs- oder Überlieferungszusammenhängen geben, weisen diese überwiegend auf Klöster. Allerdings stellen sich diese Dichtungen weniger als eine Frucht traditioneller benediktinischer Wissenschaftspflege oder benediktinischer Formkultur dar denn als Ergebnis reformerischer Aufgeschlossenheit. Wohl sind auch Benediktinerklöster an der Hervorbringung einer geistlichen deutschen Literatur beteiligt, aber es sind nicht die großen, traditionsreichen alten Abteien, die hier in Erscheinung treten, sondern die jungen Gründungen, Häuser, die der Reform nahestanden. Daneben haben aber vor allem die neuen Orten Anteil am Aufblühen der volkssprachigen Dichtung: Zisterzienser und mehr noch Prämonstratenser und Augustiner-Chorherren, die, stärker als die Benediktiner, auf die Seelsorge ausgerichtet waren.

Die seit dem 10. Jahrhundert einsetzenden klösterlichen Reformbestrebungen hatten nicht nur zu einer tiefgreifenden Erneuerung des benediktinischen Mönchtums geführt (s.o. Cluny und Gorze), sondern brachten im ausgehenden 11. und beginnenden 12. Jahrhundert auch geistliche Gemeinschaften hervor, die, zu eigenen Orden gefestigt, bald große Bedeutung erlangten. Die Zisterzienser wollten die Regel des heiligen Benedikt in ihrer ursprünglichen Strenge wiederherstellen, vor allem durch Einfachheit der Lebensführung und Handarbeit. Von Stephan Harding durch die ,Charta Caritatis' (um 1115) als Orden konstituiert, wurden sie rasch zu einem wesentlichen Faktor im geistigen und sozialen Gefüge der Zeit.

Denn die in diesem Orden gepflegte Verbindung von Gottesdienst, intensiver geistlicher Lektüre und manueller Tätigkeit führte nicht nur zu einer persönlicheren
(auch gefühlsbetonteren) Form der Frömmigkeit und zu einem beachtlichen theologischen Schrifttum (in lateinischer Sprache), sondern ließ die Zisterzienserklöster
gleichzeitig zu landwirtschaftlichen Musterbetrieben werden, die beim Landesausbau
und besonders in der Ostkolonisation eine große Rolle spielten. Neben den auf der
Benediktusregel fußenden Mönchsorden entwickelten sich im selben Zeitraum die
Gemeinschaften der Chorherren zu weit ausstrahlenden religiösen Zentren.
Auch sie gingen aus der Reformbewegung hervor, die sich nicht nur die Erneuerung
der Klöster, sondern ebenso die Intensivierung des geistig-geistlichen Lebens beim
Weltklerus zum Ziel gesetzt hatte, indem sie versuchte, die Dom- und sonstigen
Stiftsherren zu einem gemeinsamen Leben nach der Regel zu bewegen. Vorbild für
sie war das Leben, das der heilige Augustinus († 430) als Bischof von Hippo mit
seinem Klerus geführt hatte, und so bildete die Augustinus-Regel die Grundlage
der neuen gemeinschaftlichen Lebensform, die sich als so attraktiv erwies, daß sie
bald nicht nur von vielen Domkapiteln und bestehenden Stiften übernommen wurde,
sondern auch eine große Zahl von Neugründungen hervorrief. Die Augustinus-Regel
bildete auch das Fundament der Prämonstratenser, einer den Chorherren
vergleichbaren, aber stärker klösterlich ausgerichteten geistlichen Gemeinschaft,
die sich 1121 in Prémontré unter Führung Norberts von Xanten bildete und zu
einem eigenen Orden entwickelte, der ein betont liturgieorientiertes monastisches
Leben mit reger Predigttätigkeit verband.

Von hier aus kann auch auf die Frage nach dem Publikum der „neuen"
Literatur eine erste konkrete Antwort gegeben werden: Im Umkreis der
neuen Orden bestand ein unmittelbares Bedürfnis nach geistlicher Literatur in
der Volkssprache. So verlangte zum einen das Institut der Laienbrüder nach
geistlicher Instruktion (und erbaulicher Unterhaltung), einer Instruktion,
die weder lateinisch noch theologisch-wissenschaftlich im eigentlichen Sinne
sein durfte; handelte es sich doch um ein Publikum, dessen religiöses
Interesse groß war, das aber im Normalfall keine theologische Ausbildung
besaß und – in Anbetracht des oft fortgeschrittenen Alters der Konversen
und ihrer innerklösterlichen Aufgabenzuweisung (körperliche Arbeit) –
eine solche auch nicht (mehr) erwerben konnte. Zum anderen gab es die
Frauenkonvente, die gerade Prämonstratenser- und Augustiner-Chorherrn-
stiften häufig angegliedert waren. Auch hier machte der im Schnitt geringere
Bildungsstand den Einsatz der Volkssprache notwendig. Die klösterliche
familia dürfte freilich nur den kleinsten Teil des Publikums gebildet haben,
an das sich unsere Literatur wandte. Ihre Themen und die Form, in der sie
diese darbietet, lassen in sehr vielen Fällen Laien als Adressaten erkennen,
gewöhnlich Laien der adeligen Führungsschicht.

Modelle

Nach dem knappen Überblick über die literarische Interessenbildung in der ersten Phase der frühmhd. Literaturperiode soll das Gesagte im folgenden durch einige Beispiele verdeutlicht werden, die Modellcharakter beanspruchen dürfen. Die Auswahl der Beispiele soll die Vielfalt der literarischen Erscheinungen dieser Jahrzehnte sichtbar machen: Die Werke vertreten verschiedene formale Typen und wenden sich an unterschiedliche Rezipientengruppen, sie entstammen verschiedenen Literaturlandschaften und ihre Entstehung verteilt sich über den gesamten hier zu besprechenden Zeitraum.

Das ‚Ezzolied‘

Unser erstes Beispiel ist das ‚Ezzolied‘, das älteste erhaltene Zeugnis der „neuen" deutschsprachigen Literatur. Es ist ein Hymnus auf die Heilstaten Christi/Gottes in der Geschichte von der Schöpfung bis zur Erlösung am Kreuz. In feierlich-gehobener Sprache, mit lateinischen Einsprengseln durchsetzt, werden die wesentlichen Phasen der *historia salutis* („Heilsgeschichte") preisend genannt und gleichzeitig als in die Gegenwart hineinwirkendes und verpflichtendes Geschehen verkündet. Sichere Erlösungsgewißheit verbindet sich mit dem Aufruf zum Kampf gegen den „alten Feind", den Teufel.

Das ‚Ezzolied‘ ist zweifach überliefert, einmal in einer sieben Strophen umfassenden fragmentarischen Gestalt (nach dem Aufbewahrungsort der Handschrift, Straßburg, Fassung S genannt), und ein zweites Mal in einer offenkundig jüngeren, teilweise erweiternden Bearbeitung, die in der Sammelhandschrift V erhalten ist.

V gibt in einer Einleitungsstrophe Auskunft über die Entstehungsgeschichte des Liedes. „Gunther, der edle Bischof von Bamberg" erteilte seinen Geistlichen den Auftrag zu dem Lied, Ezzo dichtete den Text, Wille komponierte die Melodie, und „als er das Lied schuf (nachdem er das Lied geschaffen hatte?), machten sich alle auf, ein mönchisch-reguläres Leben zu führen". Die Mitteilung dürfte auf authentische Tradition zurückgehen und verläßlich sein, obwohl sie nur in der jüngeren Handschrift überliefert ist − wie hätte man sonst nach hundert Jahren solche Details noch wissen können, oder zu welchem Zweck hätte man sie erfinden sollen? (Die Version der im 12. Jahrhundert geschriebenen ‚Vita Altmanni‘, wonach der Bamberger Scholastikus Ezzo die *cantilena de miraculis Christi* („Lied über die wunderbaren Taten Christi") anläßlich einer Pilgerfahrt ins Heilige Land (1064−65) verfaßte, scheint weniger glaubwürdig, da der Autor der Vita offenkundig bestrebt ist, diese Pilgerfahrt als bedeutendes Ereignis herauszustellen.)

Bamberg, die geistige Heimat des Liedes, war im 11. Jahrhundert ein wissenschaftliches und literarisches Zentrum ersten Ranges und vor allem durch seine Domschule weithin berühmt. (Auch Williram von Ebersberg −

s. Bd. I/1 — und Anno, der spätere Erzbischof von Köln, waren dort tätig
gewesen.) Zur Zeit Bischof Gunthers (1057—1065) leitete Meinhard die
Schule, ein ebenso frommer wie gelehrter Mann und ein brillanter Stilist,
wie seine wissenschaftlichen Werke und die Sammlung seiner Briefe belegen.
Die Volkssprache freilich spielte in diesem Schulbetrieb — wie im Notker-
schen St. Gallen — allenfalls die Rolle einer Verständigungshilfe, wenn wir
von Willirams deutsch-lateinischem ‚Hohelied'-Kommentar auf den
Bamberger Unterricht rückschließen dürfen. Zwar ist für das Bamberg
dieser Jahre auch Interesse an deutscher Dichtung bezeugt, aber dieses
zielt auf die traditionellen Heldensagen-Stoffe: *Semper ille Attilam, semper
Amalungum et cetera id genus portare retractat* („Dauernd gibt er sich
mit Etzel, dauernd mit Dietrich von Bern und anderem solchen Zeug ab"),
sagt Meinhard mißbilligend von seinem bischöflichen Herrn. Volkssprachig-
mündliche Tradition auf der einen, gelehrt-lateinische Schriftkultur auf
der anderen Seite, das sind die beiden Bereiche, die seit dem Ende der
karolingisch/althochdeutschen Phase nahezu beziehungslos nebeneinander
existiert hatten. Das ‚Ezzolied' stellt dem gegenüber ein Novum dar, indem
es Volkssprache und schriftliterarische Kultur zusammenführt: es bietet
künstlerisch geformte, geistlich-verbindliche (und daher der Aufzeichnung
für würdig befundene) Aussage in der Volkssprache. Wenn Bischof Gunther
demnach den Auftrag zu einem solchen Werk gibt, kann dies nicht verstanden
werden als etwas, was sich mit selbstverständlicher Konsequenz aus seinen
volkssprachigen Neigungen ergibt, es ist vielmehr Antwort auf eine sich
wandelnde Situation und darf wohl interpretiert werden als Reflex einer
neuen literarischen Interessenbildung in einer breiteren Öffentlichkeit.

Für eine solche nämlich muß das ‚Ezzolied' gedacht gewesen sein, obwohl
dies im Widerspruch zu dem zu stehen scheint, was unmittelbarer Anlaß
für den bischöflichen Dichtungs- und Kompositionsauftrag gewesen sein
dürfte: die von Gunther betriebene Reformierung der Bamberger Geistlichkeit, ihre Verpflichtung zu gemeinsamem regulärem Leben (*duo ilten si
sich alle munechen* „da eilten sie alle, sich auf eine mönchische Lebensweise
zu verpflichten" V, v. 10). Das Lied mag bei einem feierlichen Ereignis
in Verbindung mit dem Reformgeschehen (Gelübdefeier?) als eine Art
„Festkantate" aufgeführt worden sein, sei es bei der sich über mehrere
Jahre erstreckenden Reform des Domkapitels, sei es bei der Einweihung
des regulierten Kollegiatsstiftes St. Gangolf im Jahre 1063. Gerade ein
solcher Anlaß aber erklärt nicht von sich aus die Wahl der Volkssprache:
die unmittelbar betroffene Geistlichkeit hätte ein stilvolles lateinisches
Poem sicher ebenso goutiert. Der Einsatz des Deutschen in diesem Kontext
wird erst verständlich, wenn das Lied für eine größere Öffentlichkeit
konzipiert war, der man auf diese Weise ein verstehendes Partizipieren am
Geschehen ermöglichen wollte. Wie diese Öffentlichkeit zu denken ist,
darüber läßt das Lied keinen Zweifel aufkommen; in seltener Eindeutigkeit
spricht Ezzo (S, v. 1—2) sein Publikum an: *Nu wil ih iu herron heina*

war reda vor tuon („Nun will ich euch, ihr Herren, eine wahre Botschaft verkünden"). Das ‚Ezzolied‘ wendet sich also dezidiert an eine adelige Zuhörerschaft.

Der sozialen Qualität des Publikums entspricht der soziale Anspruch des Auftraggebers. Unter dem letztgenannten Aspekt erscheint das ‚Ezzolied‘ als kirchlich-bischöfliche Selbstdarstellung, als ein Werk geistlich-fürstlicher Repräsentation. Dem Umstand, daß es sich hier um „Hofliteratur" repräsentativen Charakters handelt, verdanken wir wohl überhaupt die Existenz der Vorsatzstrophe mit ihren in dieser Form für unseren Zeitabschnitt absolut einmaligen Aussagen zur Entstehungsgeschichte des Werkes.

Gleich die erste Zeile nennt Namen und Titel des Auftraggebers, dessen Ruhm durch die ihm zugeordneten Schöpfer des Werkes (V, v. 3: *er hiez die sine phaphen* „er befahl seinen Geistlichen") ebenso erhöht wird wie später der Ruhm weltlicher Fürsten durch ihre Hofdichter. Nennung des Auftraggebers bedeutet Ehrung; sie fehlt selten dort, wo Literatur ihre Entstehung auf einen fürstlichen Herrn zurückführt, und sie findet sich nicht − oder allenfalls in gänzlich anderer Stilisierung −, wenn der Bezug zu einem Hof, der mäzenatische Aspekt, nicht vorhanden oder die repräsentative Funktion sekundär ist. Von der letztgenannten Art sind alle Texte unseres Zeitraums − mit Ausnahme eben des ‚Ezzoliedes‘. Darüber hinaus verzeichnet die Strophe auch die Namen der beteiligten Künstler und zwar, fern aller geistlichen Demuts-Topik, unter stolzer Betonung ihrer Qualifikation (V, v. 6: *want si di buoch chunden* „denn sie waren gelehrte Theologen"). Es läßt sich daran ablesen, daß der Text über seinen geistlichen Verkündigungsauftrag hinaus auch als Kunstwerk gewürdigt werden wollte, und so wird man denn auch die Kennzeichnung des Liedes als *ein vil guot werch* („ein überaus wertvolles Werk", V, v. 2), nicht nur auf den geistlichen Gehalt (und Nutzen) der Dichtung beziehen müssen, sondern mindestens ebensosehr auf den Anspruch ästhetischer Qualität. Die Art, wie die erwähnte ‚Vita Altmanni‘ Ezzos Leistung charakterisiert, bestätigt diesen Eindruck: *nobiliter composuit* („er schuf eine edle Dichtung").

Bietet das ‚Ezzolied‘ also ein anschauliches Beispiel für den Zusammenhang zwischen Repräsentationsabsicht und ästhetischem Anspruch, so darf doch die Art dieser Repräsentation nicht mißverstanden werden. Wenn hier Literatur die kirchlich-bischöfliche Würde hervorhebt, so tut sie das nicht, um vor der Welt einen Anspruch zu beweisen oder zu verteidigen, vielmehr „repräsentiert", vergegenwärtigt sie in sicherer Gelassenheit die eine, alles und alle umfassende weltlich-überweltliche Ordnung. Das Spezifische des historischen Augenblicks, der Übergang von Altem zu Neuem, manifestiert sich in dem noch unerschütterten Grundkonsens der gesellschaftlich führenden Kräfte ebenso wie in der Wahl der Volkssprache, die den Beginn einer neuen Interessenbildung ankündigt.

Das ‚Annolied‘

Das ‚Annolied‘ ist eine in 49 Abschnitte unterschiedlicher Länge gegliederte Versdichtung, die im ersten Teil (Abschnitt 1—33) einen Abriß der Heils- und Weltgeschichte enthält, im zweiten Teil (Abschnitt 34—49) eine legenden-haft-verherrlichende Darstellung des Lebens und der Wunder des heiligen Bischofs Anno von Köln (1056—1075).

Unser zweites Modell enthält, wie alle anderen Dichtungen dieses Zeitabschnitts, ausgenommen das ‚Ezzolied‘, keine Einleitungsstrophe mit Hinweisen auf Dichter, Auftraggeber und Anlaß der Entstehung. Auch die Überlieferung hilft nicht weiter: Das ‚Annolied‘ ist vollständig nur in einer Abschrift erhalten, die Martin Opitz 1639 veröffentlicht hat. So muß man zur Bestimmung eines möglichen Interessenten-kreises vom Inhalt und der Tendenz des Liedes selbst ausgehen. Ein solches Verfahren ist mühsam und führt kaum je zu unangreifbar sicheren oder gar endgültigen Ergebnissen, am wenigsten dann, wenn man es mit einem so vielschichtigen Gebilde wie dem ‚Annolied‘ zu tun hat. Dennoch läßt sich gerade am Fall des ‚Annoliedes‘ zeigen, wie es trotz aller Unsicherheiten möglich ist, den ursprünglichen Intentionen eines Werkes nachzuspüren und seine Interessenverflochtenheit schrittweise schärfer zu erfassen.

Befragt man das ‚Annolied‘ nach seiner Tendenz, seinem Anliegen, so stellt man fest, daß mehrere Schwerpunkte vorhanden sind. Der erste ist die legendarische Erhöhung Annos zum Kultheiligen. Die Annahme legt sich nahe, daß mit dem Lied unter dem Volke für die Anno-Verehrung geworben, daß Annos Heiligsprechungsprozeß mit den Mitteln literarischer Propaganda gefördert und beschleunigt werden sollte. Interessiert an solcher Werbung dürften vor allem die Mönche von Siegburg gewesen sein, d.h. die Mönche jener Anno-Gründung, in der der Bischof begraben lag, und so hat man — auch in Analogie zu den beiden sicher in Siegburg verfaßten lateinischen Anno-Viten — den Schöpfer des deutschen Liedes unter den Konventualen dieser Abtei vermutet.

Nicht aus Siegburger Lokalinteresse erklärbar ist dagegen der zweite Schwerpunkt des Werkes: das *rîche*. Das Engagement des Dichters für das Reich, die ausführliche Schilderung seines Entstehens, das Eingehen auf die weltgeschichtliche Rolle Cäsars und seine besondere Beziehung zu den deutschen Stämmen, der Schmerz über die gegenwärtige Selbstzerfleischung im Investiturstreit, all dies ist unüberhörbar präsent. Nicht daß das ‚Anno-lied‘ in den Streit der Parteien unmittelbar eingriffe — ein Papst kommt in ihm nicht vor —, aber die Herleitung des Reiches aus dem Imperium Romanum und die Definition seiner Erstreckung (Abschnitt 40) enthalten doch eine implizite Kritik an den diesbezüglichen kurialen Vorstellungen. Der Dichter vertritt nicht eigentlich die Politik Heinrichs IV., wohl aber das Anliegen des Reiches.

Ein dritter Schwerpunkt des ‚Annoliedes‘ wurde erst jüngst in seiner Bedeutung erkannt und als der vielleicht entscheidende herausgestellt:

die Stadt und insbesondere die Stadt Köln. Ebenso wie das Reich werden die großen Bischofsstädte auf römische Gründung zurückgeführt und ihre Christianisierung auf den Apostel Petrus. Eine so auffallende Verherrlichung der Stadt ist nicht einfach aus der topischen Tradition des Städtelobs ableitbar, sie kann ihren Grund nur darin haben, daß das Lied ein Publikum anvisierte, das in dem Städtelob sich selbst angesprochen fühlen mußte, d.h. generell das Stadtbürgertum und speziell die Kölner Bürgerschaft.

Drei intentionale Schwerpunkte der Dichtung lassen sich also festmachen; sie weisen auf eine Verbindung der Dichtung mit Siegburg, vor allem aber mit Köln hin. In Siegburg dürfen wir den Dichter vermuten, nicht nur wegen des Anno-Kultes, sondern mehr noch wegen des theologischen und historischen Gehalts des Liedes, das so, wie es ist, nur in einem wissenschaftlich-literarischen Zentrum geschaffen werden konnte, einem Zentrum wie Siegburg eben, das zu der Zeit im Kölner Raum seinesgleichen nicht hatte. Mag aber auch der Dichter ein Mönch des Anno-Klosters gewesen sein, die beiden anderen Anliegen des Werkes reichen weit über die Klostermauern hinaus; sie lassen sich in dieser Kombination nur aus dem Interessenhorizont des Kölner Erzbischofs, der Reichsfürst und Stadtherr in einem war, erklären, und so haben wir guten Grund, in ihm den Auftraggeber des ,Annoliedes' zu sehen.

Die spezifische Gebrauchsfunktion der Dichtung ist freilich mit dieser Feststellung noch nicht hinreichend exakt bestimmt. Hier kann jedoch das erwähnte Städtelob weiterhelfen. Wir wissen, daß seit Annos Zeiten die Beziehungen zwischen bischöflichem Stadtherrn und Kölner Bürgerschaft gespannt bis feindselig waren. Wenn nun der Kölner Erzbischof in einer volkssprachigen Dichtung, deren Mittelpunkt Anno ist, das stolze Selbstbewußtsein der Städte, der Stadt, ansprechen läßt, so wird man das als ein „Kompromißangebot" (Haverkamp) an die Bürgerschaft interpretieren dürfen, bei grundsätzlicher Aufrechterhaltung der bischöflichen Herrschaftsansprüche doch die Würde der Stadt zu respektieren und auf Willkürakte zu verzichten. Als Initiator der „Kompromißschrift" käme Bischof Sigewin (1079– 1089) in Frage, da seit dem 1976 bekannt gewordenen Fund von Fragmenten der ersten (lateinischen) Anno-Vita die Datierung des Liedes in die achtziger Jahre größte Wahrscheinlichkeit für sich beanspruchen darf.

Unter einem bestimmten, aber zentralen Aspekt stellt somit das ,Annolied' ein erstes Beispiel „städtischer" Literatur in Deutschland dar. Der Stadt ganz allgemein und Köln speziell wird hier eine Position eingeräumt wie in keinem anderen zeitgenössischen Werk. Das Lied hebt die Größe der Stadt Köln und den Glanz des Erzbistums gleichermaßen hervor und macht so deutlich, wie sehr beide aufeinander angewiesen sind, sich gegenseitig steigern. Von einer Dichtung dieser Art mag man sich integrierende Wirkung erhofft haben, und diese Integration mag stärker im Interesse des Erzbischofs gelegen haben als in dem der Bürger. Als sehr tief dürften jedoch die Initiatoren des ,Annoliedes' die Kluft zwischen Bischof und Bürgerschaft nicht angesehen haben, sonst wäre Anno trotz allem ein schlecht gewählter Patron für eine Versöhnung und einen friedlichen Ausgleich gewesen. Es ist freilich denkbar, daß die Zeitumstände einem solchen Ausgleich entgegenkamen. Wenn man annimmt, daß das ,Annolied' in den achtziger Jahren

gedichtet wurde, so fiel seine Entstehung in eine Zeit der pausenlosen
Kämpfe, der Verwüstungen im ganzen Reich, der allgemeinen Verelendung.
Angesichts des herrschenden Chaos verkündete Bischof Sigewin 1083 für
sein Territorium einen Gottesfrieden. Im Zusammenhang dieser Bemühungen um Ruhe und Ordnung wäre das ‚Annolied‘ vorstellbar; dies umso
leichter, als Sigewin zum einen ein treuer Anhänger Heinrichs, zum anderen
ein ehemaliger Vertrauter Annos aus dessen nächster Umgebung war.
Die bei aller Zurückhaltung doch eindeutig reichsorientierte Einstellung
des ‚Annoliedes‘ wäre von hier aus ebenso erklärlich wie die Wahl eines
verehrten Amtsvorgängers zum Helden der Dichtung.

Blicken wir von hier aus nochmals zurück zum ‚Ezzolied‘, so springt der
Unterschied zwischen den beiden Werken ins Auge: Dort spiegelt Literatur
den bestehenden Grundkonsens einer geistlich-weltlichen Gesellschaft
wider, die sich im gleichen Glauben und der gemeinsamen Heilserwartung
verbunden fühlt; hier wird an die Gemeinsamkeit des Glaubens, der Heilserwartung appelliert, wird die Darstellung des *ordo salutis* („Heils-
ordnung“) zur Mahnung, von Parteienstreit und der Verfolgung partikularer
Interessen um des übergeordneten, universellen Zieles willen abzulassen.
Der Einsatz von deutscher Literatur als Instrument der Konfliktbewältigung
ist für unseren Zeitabschnitt einmalig, er war wohl nur denkbar in einer
so weit entwickelten Stadt wie Köln; aber in diesem einen Sonderfall
kündigt sich bereits die Breite der Möglichkeiten an, die das Medium
Literatur sich in Zukunft erobern wird.

‚Vom Rechte‘

Das Gedicht ‚Vom Rechte‘, eine Art gereimter Predigt über die Ordnung
der Welt, 274 Doppelzeilen zählend, gehört dem Ende unseres Zeitabschnitts
an.

Fast sicher ist es, der Reimtechnik nach zu schließen, im 2. Drittel des 12. Jahrhunderts verfaßt worden. (Nicht endgültig geklärt ist die Frage, ob man eher an
die Zeit vor oder nach 1150 zu denken hat. Eine Datierung um 1160 wird gegenwärtig am häufigsten vertreten, doch scheinen die bislang hierfür vorgebrachten
Gründe einen so späten Ansatz nicht zu decken.) Auch die Entstehungslandschaft
ist nicht eindeutig bestimmbar; der Dialekt des Denkmals ist überwiegend öster-
reichisch, nach Österreich weist auch die Überlieferung. Andrerseits enthält es
sprachliche Spuren, die dem Alemannischen zugeordnet werden müssen.

Als Modell stellen wir das weder besonders umfangreiche noch besonders
bekannte Werk deswegen heraus, weil es, verglichen mit dem ‚Ezzolied‘
und dem ‚Annolied‘, einen völlig neuen Typ geistlicher Literatur verkörpert,
andere Interessenhorizonte eröffnet und eine von den bisher betrachteten
Modellen verschiedene Argumentationsstruktur aufweist. Gemeinsam ist
allen drei Dichtungen, daß sie ein Orientierungsangebot unterbreiten, das

dem einzelnen seinen Platz in einem umfassenden, gottgewollten Ganzen zu-
teilt und die mehr und mehr in den Blick tretende Vielfalt der Erscheinungen
zu verstehen und zu bewältigen hilft, – aber die Art der Orientierungshilfe
ist in dieser Dichtung eine andere. Im ,Ezzolied' und im ,Annolied' wird
der Mensch aufgerufen, den *ordo historicus* zu verwirklichen, das heißt,
dem göttlichen Zeitenplan, der insgesamt ein Heilsplan ist, zu entsprechen,
die von Gott zugewiesene Rolle im Geschichtsablauf zu spielen. Im ,Recht'
tritt an die Stelle dieses diachronen ein synchrones, auf natürliche Konstanten
aufbauendes Ordnungsprinzip: der Mensch wirkt sein Heil, indem er die
von Gott in der Schöpfung angelegten Strukturen, den *ordo naturalis*,
anerkennt, durch sein Tun bejaht und nicht durch selbstgesetzt-selbstsüchtige
Normen verletzt. Diese „natürliche Ordnung" umfaßt die Grundgegeben-
heiten der menschlichen Einzelexistenz ebenso wie das Geflecht der zwischen-
menschlichen Beziehungen. Unser Autor nennt sie *daz reht*. So ist es das
reht des Menschen, d.h. seine Bestimmung, geboren zu werden, zu sterben
und aufzuerstehen, so bilden Mann, Frau und Kind drei „Rechte", d.h.
drei aufeinander hingeordnete Existenzweisen, und besteht der Mensch aus
einem dreifachen *reht* – wir würden sagen: aus drei Wesenselementen –,
nämlich aus Fleisch, Gebein und Seele. Sein Heil ist gesichert, wenn der
Mensch nach den drei fundamentalen *rehten* lebt, nach den verpflichtenden
Normen der Treue, der Wahrhaftigkeit und der Nächstenliebe.

Man könnte einen Augenblick versucht sein zu denken, daß altgermanische
Vorstellungen nachwirken, wenn das gesamte ethische Verhalten aus der Idee des
„Rechtes", aus dem Muß der Verpflichtung und des Schuldens abgeleitet wird.
Tatsächlich ist jedoch die Ähnlichkeit nur äußerlich, da für den Dichter unseres
Denkmals „Recht" eben mehr bedeutet als die Summe der formalen Spielregeln,
die die Fortexistenz der Sippe oder des Volkes garantieren; das „Recht" ist die
Schöpfung selbst, die Grundwirklichkeit des Seins. Die Aufstellung von Regeln für
das richtige, das heißt, das heilswirksame Verhalten der Menschen, erfolgt von
einem einheitlichen Prinzip aus, das zutiefst philosophischer Natur ist, und seine
Anwendung auf alle Lebensbereiche erzeugt einen Argumentationsduktus, der in
weit höherem Maße dem rationalen Diskurs verpflichtet ist als die hymnischen
Lyrismen des ,Ezzoliedes' oder die historische Bilderfolge des ,Annoliedes'.

Ebenso wie durch die Argumentationsstruktur unterscheidet sich aber das
,Recht' auch durch den Interessenhorizont von den ersten beiden Modellen.
Zwar sind fast alle hier gegebenen Analysen generell zutreffend, ist die
Mehrzahl der erteilten Anweisungen generell anwendbar, so wenn vor den
Gefahren des Reichtums gewarnt wird, wenn das rechte Zueinander der ver-
schiedenen sozialen Konstellationen (Herr-Knecht, Frau-Magd, Ehemann-
Ehefrau, Priester-Laie) zur Sprache kommt, aber die Lebensrealität, aus
der die Beispiele genommen sind und auf die sich die Mahnungen zu
allererst beziehen, ist das Dorf, die ländliche Bevölkerung mit Bauern,
Knechten und Mägden, mit Leutpriestern und landsässigem Niederadel.
Da ist die Rede vom Herrn und seinem Knecht, die gemeinsam den Wald

roden, vom Nachbarn, der mit seinem Ochsen beim Ackern aushilft, von der Lüge, die *in dem dorfe gat*. Diesen, von der mittelalterlichen Literatur weitgehend ausgesparten Lebenskreis spricht der Dichter an; für ihn entwickelt (und begründet) er Normen „rechten" Verhaltens, wobei er den sozialen Beziehungen besondere Aufmerksamkeit schenkt. Nicht daß die bestehende Sozialordnung in Frage gestellt würde, es ist *reht*, daß es Herren und Knechte gibt, und jeder hat an seinem Platz seine Pflicht (*sin reht*) zu tun, aber eben nur dieses Tun und nicht der zugewiesene Platz entscheidet über den wahren Wert eines Menschen: Wenn beide, Herr und Knecht, das Recht lieben, sind sie auch beide von gleichem Adel (*ebenhere*); wer das Recht mißachtet, sei er Herr oder Knecht, steht rangmäßig unter einem Menschen, der es liebt (v. 217–220, 235–238). Das ist zwar eine sich am Jenseits orientierende Wertung ohne direkte Auswirkung auf die real bestehenden Verhältnisse, aber sie relativiert doch sehr nachdrücklich die herrschende Rangordnung als eine zwischenzeitliche, als eine Ordnung „auf Probe", die mit der „eigentlichen", der werthaften Rangordnung möglicherweise nicht identisch ist. Das Gedicht ‚Vom Rechte' ist kein sozialrevolutionäres Manifest, aber es spiegelt deutlich wider, daß jetzt, und gerade unter der agrarischen Bevölkerungsschicht, die Klassenstruktur der Gesellschaft reflektiert wird, daß eine Antwort erwartet wird auf die Frage nach der Berechtigung und Bewertung des „oben" und „unten" in der bestehenden Ständehierarchie.

Noch an anderer Stelle des Gedichts zeigt sich der neue Geist, diesmal konkret und praktisch: Wenn Herr und Knecht in gemeinsamer Anstrengung ein Stück Land roden, dann sollen sie auch die auf dem Rodungsland wachsende Ernte zu gleichen Hälften teilen; mit ihrem Schweiß haben sie der Erde den Ertrag abgerungen, drum soll auch jeder dem anderen seinen Anteil gönnen (v. 163–184). Man darf die Intention des Dichters wohl so deuten: Im Altsiedelland gilt Herrenrecht mit Grundzinsen und festgelegten Diensten – das soll nicht umgestürzt werden; aber im Rodungsland soll der erbrachte Einsatz belohnt werden und nicht ständischen Privilegien zum Opfer fallen.

Hier wird etwas von der veränderten Mentalität des hohen Mittelalters greifbar, die wir in der Einleitung angesprochen haben. Das Erstaunliche dabei ist, daß der geistliche Dichter sie sich voll und ganz zu eigen macht. Wo wir diesen einzuordnen haben, wissen wir nicht genau. Vielleicht war er Mitglied eines der neuen Orden, die im Landesausbau engagiert waren und den für die Rodung und Besiedlung benötigten Menschen bei prinzipieller Abhängigkeit doch relativ große Freiheit einräumten. So würde sich auch das Ineinander von ökonomischem Aspekt, sozialem Engagement und religiöser Fundierung, das das Gedicht bestimmt, gut verstehen lassen. Man könnte aber auch an einen Mönch aus dem Umkreis der Hirsauer Reform denken: Die Nähe mancher Passagen unseres Denkmals zum alemannischen ‚Memento mori' (nur leicht verdeckt durch die Zugehörigkeit

zu einem anderen literarischen Typ), die bei den Hirsauern vorhandene
Aufgeschlossenheit für soziale Probleme und ihr Eifer in der religiösen
Unterweisung der Landbevölkerung würde gut zu dieser Hypothese passen.
Sicherheit ist nicht zu gewinnen; aber wichtiger als die exakte Beantwortung
solcher Fragen ist die Erkenntnis, daß in dem Gedicht ,Vom Rechte' das
Dorf, die Landbevölkerung als Zielpublikum eines Literaturwerkes erscheint,
daß seine Probleme durchdacht und dargestellt werden. Vielleicht ist dieses
Gedicht kein epochemachendes Stück Literatur; ein Zeugnis für die Aus-
differenzierung der Lebensformen im beginnenden Hochmittelalter und
für die Auffächerung literarischer Interessen ist es gewiß. Darin besteht
für uns sein Modellcharakter.

Die ,Kaiserchronik'

Unser letztes Modell ist die ,Kaiserchronik'. Der Prolog charakterisiert
das Werk so: „Dies ist ein Buch, in deutscher Sprache gedichtet, das uns
gründlich über das Römische Reich unterrichtet. Sein Titel ist ,Chronica'.
Es gibt uns Kunde von den Päpsten und Königen, guten wie bösen, die von
der Vergangenheit bis zur Gegenwart das Römische Reich regierten…"
(v. 15—22). In 17 283 Reimpaarversen wird die Herrscherreihe von Cäsar
bis zu König Konrad III. behandelt; mit der Schilderung der Kreuzzugs-
predigt Bernhards von Clairvaux vor dem König (Weihnachten 1146) bricht
es ab. Der Text ist, wenn man die Zeugen der überarbeiteten Fassungen B
und C mitzählt, in 16 vollständigen Handschriften und ca. 25 Fragmenten
überliefert. Schon aus diesen knappen Angaben geht hervor, wie sehr sich
die ,Kaiserchronik' von den bisher behandelten Modellen abhebt: Weltlicher
Inhalt, Umfang und Überlieferungsdichte erweisen sie als eine Dichtung
eigenen Gepräges. Dazu kommt noch der Unterschied im Entstehungsprozeß,
der sich, wie wir mit guten Gründen annehmen dürfen, über zehn oder
noch mehr Jahre hinweg erstreckte. Zum ersten Mal wird hier im Deutschen
ein Literaturtyp angeboten, den es bis dahin nur im Lateinischen gab: die
„Chronik", die große weltliche Geschichtsdarstellung.

Vorausgegangen war mit der gegen Ende des 11. Jahrhunderts einsetzenden Bibeldichtung (,Altdeutsche Genesis', ,Altdeutsche Exodus', ,Vorauer Bücher Mosis'
u.a.) die Wiederentdeckung der epischen Großform für die Volkssprache – eine
wichtige literarische Neuorientierung, nachdem zweihundert Jahre lang, wie die
indirekten Zeugnisse nahelegen, deutsche Erzähldichtung den Umfang des „Liedes"
nicht überschritten hatte. Inhaltlich jedoch war diese Dichtung weitgehend „Nacherzählung" des biblischen Textes, eine Umsetzung der in der Schrift vorgelegten
Heilsgeschichte in Reimpaarverse. Auch die ,Kaiserchronik' hat mit dem Heilswerk
Gottes zu tun, insofern als für ihren Autor das Römische Reich nach Annahme
des Christentums die von Gott selbst gelenkte geistlich-weltliche Führungsmacht
auf dem Weg zum ewigen Ziel darstellt, aber dieses Heilswerk Gottes vollzieht sich
im Raum der profanen Geschichte, im Rahmen einer Institution, deren Gründung

v o r der Inkarnation liegt und deren Herrscherreihe von Cäsar über Konstantin
und Karl den Großen bis zur Gegenwart des Autors reicht. Damit stellt sich die
deutsche ‚Kaiserchronik‘ neben vergleichbare Werke der lateinischen Gelehrsamkeit,
wird prinzipiell Historiographie zu einem Gegenstand deutscher Literatur, auch
wenn dann in der Ausführung Legenden und Sagen, Anekdoten und Wunder-
geschichten die historischen Daten in noch weit stärkerem Maße überwuchern,
als dies in der spätantiken Kaiserbiographie und zum Teil auch noch in der
mittelalterlich-lateinischen Geschichtsschreibung der Fall gewesen war. Deutsche
Chronistik, gewiß ein kühnes Wagnis, aber die Zeit war hierfür reif geworden, wie
sich aus der Entstehungs- und Rezeptionsgeschichte des Werkes erkennen läßt.

Wenden wir uns zuerst der Entstehungsgeschichte zu. Ihre Erhellung ist
verknüpft mit der Frage nach dem Auftraggeber der ‚Kaiserchronik‘. Da
ein solcher nirgendwo explizit genannt wird, ist seine Existenz, streng
genommen, nur eine wissenschaftliche Hypothese, freilich eine so wohl
fundierte, daß die überwiegende Mehrzahl der Forscher ihr beipflichtet.
Schon allein der Umfang des Werkes drängt zu der Annahme eines potenten
Mäzens; hinzu kommt, daß Geschichtsschreibung seit karolingischer Zeit
in engem Kontakt zur politischen Führung betrieben wurde. Natürlich entstanden in den Kloster- und Domschulen große Geschichtswerke auch ohne
Auftraggeber von außen, und natürlich waren die Abteien, Stifte, Bistümer
reich genug, solche Vorhaben aus eigenen Mitteln zu finanzieren, aber diese
– lateinischen – Produktionen waren immer für die eigene Bibliothek
oder für den wissenschaftlichen Leihverkehr gedacht. Daß eine geistliche
Institution, von sich aus und auf eigenes Risiko, für Außenstehende (d. h.
den weltlichen Adel) den Einsatz einer deutschen Dichtung dieses Umfangs
erbracht hätte, ist fast undenkbar; jedenfalls sind vergleichbare Fälle von
Volksapostolat nicht bekannt geworden. Dagegen wird der weltliche Mäzen,
der einen Mönch oder Kleriker mit der Abfassung eines Werkes beauftragt,
ab der Jahrhundertmitte zu einer ganz geläufigen Erscheinung. So weit
nun die Forschung die Hypothese eines solchen Mäzens vertritt, ist sie sich
einig darin, daß der Auftraggeber ein dem Reich und seinen Geschicken
verbundener bedeutender Herr, also ein Mitglied des führenden Adels
gewesen sein muß; ebenso gilt als sicher, daß er Beziehungen zur Regensburger Geistlichkeit hatte, in deren Kreis der Autor zu suchen ist. Strittig
hingegen bleibt jede weitere Festlegung. Fast alle Großen, die zwischen 1125
und 1165 im Reich, in Bayern, in Regensburg Herrschaft ausübten, wurden
vorgeschlagen: Kaiser Lothar III. und Friedrich Barbarossa, die bayrischen
Welfenherzöge Heinrich der Stolze und Heinrich der Löwe, die Babenberger
Interimsherzöge und die Pfalzgrafen aus dem Hause Wittelsbach, die
Regensburger Bischöfe Kuno und Heinrich. All diese Namen sind nicht mit
Sicherheit, die meisten aber doch mit einiger Wahrscheinlichkeit auszu-
schließen. Wäre Kaiser Lothar der Auftraggeber gewesen, hätte er den Autor
wohl eher in seiner sächsischen Umgebung gesucht, und Kaiser Friedrich
Barbarossa hätte kaum den jetzigen abrupten Schluß hingenommen,

sondern das Werk bis zu seiner Regierungszeit fortführen lassen. Bischof Kuno von Regensburg (1126–1132), vormals Abt von Siegburg, wäre durchaus denkbar als Vermittler des in die ‚Kaiserchronik' eingearbeiteten ‚Annoliedes'; das Fehlen jeglicher Tendenz hinsichtlich des Regensburger Bistums spricht jedoch nicht dafür, in ihm oder seinem Nachfolger Heinrich (1132–1155) den Auftraggeber zu sehen. Was bleibt, sind die bayerischen Herzöge und das unbestreitbare Faktum, daß Herzog Heinrich der Stolze (1126–1139) zusammen mit seinem kaiserlichen Schwiegervater Lothar III. durch auffälliges Lob ausgezeichnet wird. Dazu paßt die in dem Werk zutage tretende besondere Ausprägung der Reichsidee, die nach dem Urteil der Geschichtswissenschaft mit der lateinischen Historiographie in der Zeit Lothars und unmittelbar danach konform geht. Einem solchen Ansatz widerspricht auch nicht die Tatsache, daß nicht unerhebliche Teile des Werkes erst in den vierziger Jahren, also nach dem Tode Heinrichs des Stolzen, geschrieben wurden: Wie die Überlieferung zeigt, bestand bei den Zeitgenossen ein ungewöhnliches Interesse an dem Werk. Man darf vermuten, daß dieselben Kreise, die die fertige Dichtung zu besitzen wünschten, bereits vorher von dem Unternehmen erfahren hatten und den (oder die) Dichter zur Fortsetzung ermutigten, nachdem der ursprüngliche Auftraggeber gestorben war. (Die spätere Unabhängigkeit vom ersten Anreger würde auch die deutliche Distanzierung von der welfischen Politik erklären, die gegen Ende des Werkes spürbar wird, während frühere Passagen – ohne geradezu parteiisch zu sein – doch insgesamt einen recht welfenfreundlichen Eindruck hinterlassen.)

Wenn wir nun mit gutem Grund in Heinrich dem Stolzen den Initiator der ‚Kaiserchronik' sehen, dann wird für uns zum ersten Mal in der deutschen Literaturgeschichte ein weltlicher Fürst unterhalb der Ebene des Königtums als Förderer volkssprachiger Dichtung greifbar, sehen wir einen Personenkreis Anteil am literarischen Leben gewinnen, der wenige Jahrzehnte später in den Mittelpunkt des Geschehens rücken wird. Die Dichtung ist noch Geistlichendichtung – Abneigung gegen weltliche, spielmännische Sänger und ausgebreitete Kenntnis der lateinischen Quellen erweisen den Autor der ‚Kaiserchronik' als Kleriker, – aber der Inhalt ist religiös durchdachte Profangeschichte, und die Anregung zu dem Werk kommt aus der weltlichen Oberschicht.

In den Kreisen der adeligen Herrschaftsträger dürfen wir auch das von Mäzen und Autor anvisierte Publikum vermuten. Aber nicht dieses Faktum als solches erhebt die ‚Kaiserchronik' in den Rang eines rezeptionsgeschichtlichen Modellfalls, sondern die bereits mehrfach angesprochene Bereitschaft des Zielpublikums, dieses Literaturangebot anzunehmen. Zwar stammt die Hauptmasse der vollständigen Handschriften und der Fragmente erst aus dem 13. Jahrhundert, aber zumindest ein vollständiger Textzeuge und 5 Fragmente gehören noch dem 12. Jahrhundert an; darüber hinaus beweisen die ‚Kaiserchronik'-Zitate in den verschiedensten Literaturwerken dieses

Jahrhunderts (,Straßburger Alexander', ,Rolandslied', ,Eneide'), daß die
Dichtung trotz ihres Umfangs schon bald – und nicht nur in Bayern –
abgeschrieben wurde.

Unter dem Gesichtspunkt „literarische Interessenbildung" stehen wir
damit an der Schwelle einer neuen Epoche. Bis dahin ist deutsche Dichtung
großteils in Einzelüberlieferung auf uns gekommen, und wo von einem
Werk mehrere Textzeugen vorhanden sind, wie z.B. von Otfrids ,Evangelien-
buch', vom ,Tatian', oder auch von Willirams ,Hohelied'-Kommentar,
drängt sich der Verdacht auf, daß die Mehrfachüberlieferung weniger auf
echte Nachfrage als vielmehr auf systematische „Verbreitung" zurückgeht.
(Einzige Ausnahme vielleicht: Notkers Psalmenübersetzung). Mit der ,Kaiser-
chronik' verhält es sich anders: Dieses Opus wünschte man zu kennen, zu
besitzen – und zwar weit über den Entstehungsort und die Entstehungszeit
hinaus, wie die Überarbeitungen und Fortsetzungen des 13. und 14. Jahrhunderts zeigen. Der weltliche Adel rezipiert ein Werk, das vom Umfang
und von der Gattung her eher der lateinischen Gelehrtenkultur zuzuordnen
ist, er begehrt Einlaß in eine Welt, die ihn bisher kaum interessiert hatte.
Gewiß, der Autor der ,Kaiserchronik' erleichterte diesen Eintritt, indem er
farbige Geschichten, Legenden, romanhafte Erzählungen, Sagen einwob;
aber dies gilt fast ausschließlich für den ersten, den altrömischen Teil.
Der zweite Teil mit den deutschen Kaisern und Königen, immerhin noch
fast 3000 Verse, ist weitgehend nüchtern-sachliche Geschichte. Was beide
Teile, den phantastisch-erzählerischen und historisch-berichtenden verbindet,
ist die Idee des Reiches, und um genau diese muß es den Rezipienten, dem
Auftraggeber und dem Autor gegangen sein. Nach den politischen und
geistigen Zusammenbrüchen unter den letzten beiden Saliern (Bannung
und Absetzung eines Königs, Gegenkönigtum, kirchliche Schismen) bietet
die ,Kaiserchronik' den neuen Entwurf eines Reiches, indem sie aus den
historischen Erscheinungen von *guoten und ubelen* Päpsten und Königen
einen Idealtypus herausfiltert und der Gegenwart als Modell empfiehlt.
Dieses Modell ist nicht staufisch oder welfisch, es ist auch nicht päpstlich
oder kaiserlich, es ist vielmehr reichsorientiert, und das Reich verlangt eben,
um sein von Gott gesetztes weltlich-religiöses Ziel realisieren zu können,
nach dem übernatürlich gelenkten Zusammenwirken von Papst und Kaiser,
typisch vorgebildet in den Paaren Silvester – Konstantin, Karl – Leo,
und konkret erfahren in der Gegenwart durch das exemplarische Verhalten
Kaiser Lothars und der Päpste Honorius und Innozenz.

Das Modell war im Grunde vorgregorianisch und es entsprach auch
nicht den Leitideen der Kurie, wie sie in dem berühmten (leider zerstörten)
Gemälde des Lateranpalastes zum Ausdruck kamen, in dem Kaiser Lothar
als Lehensmann des Papstes dargestellt war, aber es war ein Modell, das
der deutschen Führungsschicht jenes Selbstbewußtsein zurückgeben konnte,
dessen sie bedurfte, um die Gegenwart zu bestehen. Die gemeinsame
Sorge, das gemeinsame Interesse trieb den Mäzen, selbst Aspirant auf den

Kaiserthron, dazu, das Werk in Auftrag zu geben; es bewegte den Autor, auch nach dem Tode des Auftraggebers weiterzuschreiben, und es veranlaßte den Adel, das Werk zu rezipieren. Die literarische Interessenbildung in Deutschland hat mit der ‚Kaiserchronik' einen weiteren, entscheidenden Schritt nach vorne getan.

Die literarischen Formen

Überblick

Versucht man, die Literatur vom ‚Ezzolied' bis zur ‚Kaiserchronik' nach
ihren Formen zu bestimmen, fragt man nach „Gattungen, Arten, Typen"
(Kuhn), will man charakteristische, entscheidende Gestaltungen beschreiben
(wie sie die folgende Periode etwa mit dem Artusroman aufweisen kann),
so erfährt man rasch, wie sehr sich diese Denkmäler gegen den Versuch
einer Kategorisierung sperren. Nur selten schließen sich zwei oder mehr
Texte zu einem deutlich ausgrenzbaren Typ zusammen; allenthalben herrscht
eine große Variationsbreite und Unfestigkeit. Es handelt sich um eine
Literatur, die eine Vielfalt von Möglichkeiten, Ansätzen, Versuchen zeitigt,
aber noch kaum literarische Verbindlichkeiten kennt, die eigene literarische
Traditionen erst allmählich entwickelt. Natürlich ist auch diese Literatur
nicht aus dem Nichts entstanden. Es lassen sich Einflüsse nachweisen sowohl
aus dem Bereich der lateinischen wie aus dem der volkssprachig-mündlichen
Dichtung, aber diese Traditionen stellen keinen verpflichtenden Bezug dar,
sie werden nicht als Anspruch empfunden, als verbindlich nachgeahmt,
sondern man bedient sich ihrer, wo und wie man sie brauchen kann.
Elemente verschiedenster Herkunft können auf diese Weise nebeneinander
erscheinen, einem neuen Zweck dienstbar gemacht und einzig auf diesen
hin ausgerichtet – und dieser Zweck ist die Beförderung des Heils. Die
frühmhd. Literatur der ersten Phase zielt vor allem anderen auf religiöse
Information und Aktivierung des Publikums, sie will Heilswissen und
Heilserfahrung vertiefen. Daher verdanken die jetzt aufkommenden
literarischen Typen ihre Entstehung und ihre Form im wesentlichen der
Funktion, die sie in diesem Zusammenhang ausüben. Steht der Aspekt
der unterhaltenden Information im Vordergrund, dann entwickeln sich
erzählende Formen, deren Gegenstand bis an die Grenze unseres Abschnitts
hin grundsätzlich das Heilsgeschehen ist: Gottes Handeln mit den Menschen
vom Anbeginn der Welt bis zum Jüngsten Gericht. Neben die Erzählung
vom Heil treten Stücke, in denen der Aspekt der Belehrung dominiert
und die man vielleicht unter dem Typus Rede zusammenfassen könnte.
Sachliche dogmatische Darlegungen unterschiedlichen Inhalts und Anspruchs
finden sich neben Unterweisungen, in denen das paränetische Element
entschieden über die bloße Darstellung der Heilstatsachen dominiert.
Schließlich gibt es eine dritte Gruppe literarischer Typen, in denen die
christliche Gemeinschaft oder auch der einzelne Gläubige unmittelbar sich
des Heils zu vergewissern trachtet – betend, büßend, Gott und seine

Heiligen verherrlichend: literarische Formen lyrischen Charakters wie Gebete, Klagen und Hymnen.

Wenn wir hier drei charakteristische Haupttypen herausstellen, so ist freilich sofort die Einschränkung zu machen, daß eine Zuordnung des einzelnen Denkmals nur nach den jeweils dominanten Elementen erfolgen kann. Übergänge vom einen zum anderen Typ sind innerhalb desselben Textes durchaus möglich, ja sogar üblich. So wie sich eine Erzählung in unmittelbarer Ermahnung an die Hörer wenden oder zum Gebet werden kann, so können in der belehrenden Literatur erzählende Partien starkes Eigenleben gewinnen; wenn dogmatische Unterweisung über heilsgeschichtliche Tatsachen spricht, liegt der Sprung von der Systematik zur sich verselbständigenden Erzählung nahe. Auf der anderen Seite sind auch Gebetstexte u.ä. offen für Belehrungen und erzählende Einschübe.

Was wir beim Überblick über die literarischen Typen unserer Periode beobachten, die große Freiheit, die Vielfalt der Ansätze und Möglichkeiten, gilt ähnlich auch im Bereich der Form im engeren Sinn, im Bezug auf die Fragen der metrisch-rhythmischen Gestaltung und der Strophik. Auch hier läßt sich eine Mannigfaltigkeit und Variationsbreite konstatieren, die man nur auf einen gemeinsamen Nenner bringen kann, wenn man diesen sehr weit faßt. Es handelt sich in aller Regel um endgereimte Versdichtung, binnengegliedert durch Versgruppen, deren Zusammengehörigkeit durch den metrischen Bau mehr oder weniger deutlich definiert sein kann. Versuche, diese Verse und ihre Gruppierung näher zu bestimmen und in eine historische Entwicklung einzuordnen, orientieren sich für gewöhnlich an den „sicheren" poetologischen Daten des Vorher und Nachher, konkret: an der strophisch gebundenen Otfridschen Langzeile hier und an den fortlaufenden Reimpaarversen des höfischen Epos dort. Man hat damit zwei klar umrissene formale Möglichkeiten an der Hand, und es liegt nahe, die zeitlich zwischen Otfrid und Veldeke entstandenen Werke von diesen Fixpunkten her als Bestandteile einer Entwicklungsreihe zu verstehen. Entwicklung bedeutete in dieser Sicht die Ablösung der einen Norm durch die andere, und das Problem bestünde nur darin, festzustellen, zu welchem Zeitpunkt diese Ablösung erfolgte. Tatsächlich hat man sich ernsthaft bemüht, diesen Zeitpunkt zu präzisieren, kam dabei jedoch zu sehr unterschiedlichen Ergebnissen. Während die einen die Meinung vertraten, die Herrschaft der Langzeile sei bereits mit dem Beginn der frühmhd. Literatur gebrochen, setzten andere ihr Ende erst mit der Übernahme des höfischen Romans, also mit Veldeke an. Diese unterschiedliche Interpretation desselben Materials nährt den Verdacht, daß das erwähnte Entwicklungsmodell mit seiner Präzision die Realität der Texte überfordert. Schon allein die Tatsache, daß man dieselben Verse und Versfolgen sowohl für die Langzeilentheorie wie für die Reimpaartheorie reklamiert hat, läßt vermuten, daß sie weder mit den streng gebauten althochdeutschen Langzeilen, noch mit den komplizierten Reimpaargebilden des höfischen Romans wesensgleich sind. Gerade die Indeterminiertheit, das Sich-nicht-Festlegenlassen auf die eine oder die andere Form scheint das Kennzeichen vieler Denkmäler unseres Zeitraums zu sein; ihr Wesen verändert sich nicht, ob man sie nun als Langzeilen oder als Reimpaarverse liest. Neben den Dichtungen mit „unentschiedenem" Versbau stehen aber auch Werke, bei denen man den Eindruck hat, daß der Autor echte Langzeilen schreiben wollte, und andere, die dem Sprechduktus des höfischen Reimpaarverses bereits sehr nahe kommen. Diese Vielfalt und Offenheit erscheint uns repräsentativ für die Zeit, in der vieles im Fluß ist und allenthalben Neues erprobt wird. Wie immer man sich nun aber zum Problem der frühmhd. Versform stellen mag, sicher ist, daß auch sie auf ihre Weise teilhat an der allgemeinen Entwicklung sprachlichen Gestaltens in diesen Jahrzehnten, einer Entwicklung, die bestimmt ist von dem Bemühen um komplexere und differenziertere Darstellungsformen, durch die Tendenz, von der Addition zur Integration zu gelangen. Es ist ein Bemühen, das den syntaktischen Bereich ebenso erfaßt wie den metrischen und kompositorischen. Vorangegangen war hierin bereits Otfrid, der darauf aufmerksam macht, daß zur Darstellung komplexer Sachverhalte vers- und strophenübergreifende Aussageformen nötig seien; in der höfischen Klassik werden diese Bestrebungen einen neuen Kanon poetologischer Normen hervorbringen, in dem nicht nur der Bau des Erzählverses exakt geregelt, sondern auch − in Opposition zu ihm − Wesen und Funktion der Strophe neu definiert werden wird. Die Dichtungen, die zwischen den beiden Polen liegen, sind weder formlos, noch folgen sie einem einheitlichen formalen Prinzip; ihre Form ist die Variabilität.

Das „Heil im Vollzug"

Wir beginnen unsere Darstellung der literarischen Formen mit der zahlenmäßig wie umfangmäßig kleinsten Gruppe frühmhd. Literatur, d.h. mit jenen Werken, in denen das Heilsbegehren im unmittelbaren Vollzug aktualisiert wird als Lobpreis, Glaubens- und Schuldbekenntnis, Gebet. Die Typen Lobpreis und Schuldbekenntnis sind in diesem ersten Zeitabschnitt mit Denkmälern in gebundener Sprache vertreten, Glaubens- und Schuldbekenntnis sowie Gebet mit Prosastücken. Entsprechend der literarischen Intention sowie der Gebrauchsfunktion behandeln wir Versdichtung und Prosa getrennt.

Zuerst die Denkmäler in gebundener Sprache. Von den weiter unten zu erörternden Dichtungen des belehrenden und des erzählenden Genres unterscheiden sie sich durch ihren vorwiegend lyrischen Charakter. Lyrisch meint hier freilich nicht eine Erlebnislyrik goethescher Prägung, sondern ganz allgemein „Ich-Aussage", d.h. das nicht-belehrende, nichterzählende Sprechen eines Ich (Wir) über sich selbst oder über die Dinge in ihrem Bezug auf das eigene Selbst. Dabei zeigt sich allerdings in den Dichtwerken der frühmhd. Periode, daß auch dort, wo das Ich ganz auf sich selbst konzentriert erscheint, sein Sprechen außerordentlich stark in das kollektive Bewußtsein und in die tradierten Ausdrucksweisen dieses Bewußtseins eingebunden ist. Andrerseits hat, auch wenn diese Ich-Aussagen weitgehend des individuellen Tons entbehren, das Aufkommen solcher Formen in frühmhd. Zeit doch mit jenem Anwachsen subjektiver Welterfassung zu tun, das für die Epoche kennzeichnend ist. Um das Neue dieser geistlichen Lyrik zu beurteilen, braucht man sie nur mit den deutschen Hervorbringungen der karolingischen und ottonischen Epoche zu vergleichen. Echte Ähnlichkeit weisen im Grunde nur die in Otfrids ‚Evangelienbuch' eingestreuten Gebete auf (vor allem 1,2; 1,28; II,24; III,1; V,24); die übrigen hier in Frage kommenden Stücke sind entweder Gebrauchstexte bescheidensten Umfangs (Versgebete, gereimte Segen, Kyrieruf und Kyrielied), oder sie gehören wie der ‚Ratperthymnus' und das ‚Georgslied' zum Typ „Erzähllied". Eine eigenständige, vom Umfang wie vom Gehalt her anspruchsvolle religiöse Lyrik in deutscher Sprache muß daher als schöpferische Leistung der frühmhd. Literaturperiode gewertet werden.

Fragt man sich nach den Gründen, die das Entstehen solcher Dichtung erklären, so dürfte in erster Linie der schon erwähnte neue Subjektivismus zu nennen sein, der sich auch und gerade im religiösen Bereich entfaltete. Wo in zunehmendem Maße der Glaube persönlich erfahren wurde, mußte dies den Wunsch erzeugen, diesem Glauben auch in der eigenen Sprache angemessenen Ausdruck zu verleihen. Hinzu trat das Bedürfnis nach subjektiver Aktualisierung des Heils, ein Bedürfnis, das die nüchtern-objektive kirchliche Liturgie mit ihren fast ausschließlich von Priestern vollzogenen Riten und ihren festgelegten lateinischen Gebetsformeln nicht hinreichend befriedigen konnte. Ein vergleichbarer Vorgang hatte sich zwar auf der Ebene der lateinischen Klerikerkultur schon mindestens zwei Jahrhunderte früher abgespielt, als Tropen und Sequenzen die strenge römische Liturgie um Elemente persönlicher (und literarisch geformter) Glaubensaussage erweiterten, aber diese Neuerung hatte die volkssprachige Dichtung nicht berührt. Sie konnte es auch nicht, da − anders als bei den lateinischen Dichtungen − deutsche „Sequenzen" nicht in die eigentliche Liturgie integrierbar waren. Raum für das deutsche Lied, das deutsche Gebet war innerhalb der Messe nur in Verbindung mit der Predigt, im übrigen nur im Bereich der außerliturgischen („privaten") und der paraliturgischen Frömmigkeit, d.h. im Zusammenhang mit Prozessionen, Wallfahrten und ähnlichen frommen Anlässen. Die geschilderte Situation besteht im 11. und 12. Jahrhundert grundsätzlich weiter fort, aber gerade deswegen ist das Hervortreten neuer Typen religiöser Lyrik so signifikant. Hatten wir im 9. Jahrhundert den schlichten Prozessionsgesang vom Typ ‚Petruslied', so tritt uns nunmehr die durchkomponierte Großform des ‚Ezzolieds' mit seinem hymnischen Schwung entgegen, und das einfache Gemeinschaftsgebet der karolingisch-ottonischen „Beichten" wird Ausgangspunkt für lyrische „Sündenklagen", in denen das Schuldbekenntnis dichterisch gestaltet wird und ein Gebrauchstext des Gemeindegottesdienstes hinüberwächst in jene Sphäre privater Andacht, in der religiöse Erbauung mit ästhetischem Genuß gepaart zu einer verfeinerten Kultur der *sentiments religieux* führt. Die Trägerschicht dieser neuen Seelenkultur wird in der nächsten und übernächsten Generation den Minnesang hervorbringen und rezipieren.

Ein überzeugender Beweis für die neuen dichterischen Möglichkeiten ist bezeichnenderweise bereits das erste Denkmal der frühmhd. Literaturepoche, das ‚Ezzolied' (s.o. S. 19–21). Man hat ihm auch den Namen ‚Ezzo-Hymnus' gegeben – zu Recht, wenn damit der feierlich-preisende Ton des Gedichts charakterisiert werden soll. Mit der ebenmäßigen Bauform der lateinischen Hymnenstrophe hat das ‚Ezzolied' freilich nichts gemein, ja, es läßt sich nicht einmal mit der kirchlichen Sequenz vergleichen, weder mit der frühen, noch mit der klassischen, noch mit der Sequenz des Übergangsstils. Eine einzige weltliche Sequenz der ‚Carmina Cantabrigiensia' (einer Sammlung von – im wesentlichen lateinischen – Texten des 10. und 11. Jahrhunderts) kommt ihr in der Freiheit des Vers- und Strophenbaues nahe, der Leich von ‚Lantfrid und Cobbo', ein Stück, das so gut wie sicher der volkssprachigen Leichtradition entstammt. Der Befund ist aufschlußreich: Das ‚Ezzolied' übersetzt nicht lateinisch Vorgeprägtes, sondern entwickelt seine Form für die Laienwelt aus der Tradition der Laienwelt, weil es auf ein Bedürfnis antwortet, das eben in dieser Zeit von „unten" her aufgebrochen war. Was im Hinblick auf die äußere Form zu beobachten ist, gilt ähnlich auch für die Gestaltung der Aussage. Der Dichter zeigt eine bemerkenswerte Selbständigkeit in der Auswahl, Darbietung und Formulierung des theologischen Gedankenguts, gewiß weil er von einem Publikum her dachte, das nicht im Milieu der lateinisch-theologischen Klerikerkultur groß geworden war. So hat man denn für das ‚Ezzolied' zwar viele inhaltliche Parallelen und formale Anklänge aus Werken unterschiedlichsten Charakters nachweisen können, nicht aber eine direkte Quelle oder gar eine Übersetzungsvorlage. Eines freilich hat die sehr ausführliche Quellendiskussion der Forschung doch ergeben: Daß der Autor des ‚Ezzoliedes' ein außergewöhnlich belesener Mann gewesen sein muß, den theologisches Wissen und Sprachgewalt zu einer dichterischen Leistung befähigten, von deren ungewöhnlicher Faszination nicht zuletzt die zahlreichen Spuren in den Werken der folgenden Jahrzehnte zeugen.

Die ältere, d.h. die Straßburger Fassung des ‚Ezzoliedes' (S) ist unvollständig überliefert. Die Meinungen über den ursprünglichen Umfang des Liedes gehen weit auseinander, doch herrscht immerhin Einvernehmen darüber, daß die jüngere Fassung V (Vorau 276) stark erweitert hat. (In den inhaltlich vergleichbaren Abschnitten entsprechen 76 Verse in S 132 Versen in V.) Von dieser Erweiterung ist auch der Charakter des Werks nicht unberührt geblieben: Stellenweise verwandelt sich der Erlösungshymnus in eine theologische Abhandlung über die Erlösung, in einen soteriologischen Traktat. So zweifelt man nicht ohne Grund, ob V überhaupt noch zum musikalischen Vortrag bestimmt war. Wie dem auch sei, für uns bleibt interessant, wie hier in den beiden Fassungen ein und desselben Gedichts jene Gattungsunfestigkeit zum Ausdruck kommt, von der wir oben in der Einleitung gesprochen haben, jenes Changieren von theologischer Lyrik zu gereimter Theologie, das den Vorauer ‚Ezzo' fast an den Rand des Typus drängt.

Ebenfalls am Rande des Typus angesiedelt ist das sogenannte ‚Vorauer Marienlob'. Entstanden wohl um 1120–30, ist es in der Vorauer Sammelhandschrift zwischen ‚Moses' und ‚Balaam' überliefert (s.u. S. 70f.). Verschiedene Gründe sprechen für die Annahme, daß das kleine Werk ursprünglich selbständig existierte und erst nachträglich in die Kompilation der sechs ersten Bücher des Alten Testaments (Genesis bis Josua) eingefügt wurde. Obwohl sein Inhalt nichts mit den Büchern Mosis zu tun hat, bildet es doch in seiner neuen Umgebung keinen reinen Fremdkörper: Wie ‚Moses' und ‚Balaam' verbindet es Bibeltext mit umfänglicher Allegorese. Im ersten, exegetischen Teil wird die bekannte Jesaja-Stelle 11,1–4 auf Christus gedeutet, auf seine davidische Abkunft, seine wunderbare Geburt, seine Geisterfülltheit und gerechte Herrschaft. Zum Ende mündet dann die Dichtung in ein Marienlob ein. Trotz alledem ist das Werk weder der erzählenden noch der dogmatisch-lehrhaften Dichtung zuzuschlagen, da alle die zweifellos vorhandenen narrativen und didaktischen Elemente einem feierlichen, das Publikum einbeziehenden Sprechen untergeordnet werden, das bruchlos in den hymnischen Schlußpreis übergeht. Das Gedicht ist ein Werk des Übergangs und illustriert als solches sowohl die Entwicklung des Marienkultes wie der entsprechenden Literatur. Es führt zum einen nochmals vor Augen, daß der Ansatzpunkt aller Marienverehrung in der Christologie liegt, und zeigt zum anderen, wie Marienverherrlichung als selbständiges literarisches Thema sich erst allmählich aus dem biblischen Zusammenhang löst, in den es von Anfang an eingebettet war. (Eine vergleichbare Entwicklung läßt sich in der bildenden Kunst beobachten, wo die Mariendarstellungen in unserem Zeitraum nicht nur zahlenmäßig zunehmen, sondern sich auch eine Tendenz zur Isolierung der Madonnenfiguren, zu ihrer Herauslösung aus szenischen Anordnungen abzeichnet. Vgl. Abb. 7.)

Erst am Ende unseres Zeitraums entsteht das erste selbständige Marienlob in deutscher Sprache, erst jetzt versucht man, die Fülle der preisenden Epitheta und der bildhaften Symbole, die die byzantinische und die lateinische Theologie im Laufe der Jahrhunderte für die Gottesmutter gefunden hatte, in der Volkssprache wiederzugeben – im ‚Melker Marienlied'.

Das Denkmal ist in einer Melker Handschrift überliefert; der Eintrag dürfte von einem Schreiber stammen, dessen Hand auch anderweitig in den Jahren zwischen 1123 und 1142 nachzuweisen ist. Nicht geklärt ist das Verhältnis zu den ‚Vorauer Büchern Mosis'; in beiden Werken finden sich einige fast identische Verse. Wenn direkte Abhängigkeit besteht, dann wohl am ehesten in der Form, daß der Dichter des Liedes die Verse für seine Zwecke adaptiert hat. Aber auch die Benützung einer gemeinsamen Quelle ist nicht auszuschließen; eine ebenfalls verwandte Formulierung der ‚Altdeutschen Exodus' scheint dies nahezulegen. Das Gedicht umfaßt 14 Strophen zu je drei Reimpaaren (Maurer: drei Langzeilen), die mit dem Ruf *Sancta Maria* schließen.

In seinem ersten Teil (Str. 1–6) evoziert das Lied die Zeit der Verheißung, indem es vor allem Aussagen des Alten Testaments aufgreift, die auf das Erlösungsgeschehen vorausweisen. Der zweite Teil (Str. 9–14) umspielt preisend die vollzogene Erlösung, Mariens Anteil daran und ihre sich hieraus ergebende immerwährende Herrlichkeit. In der Mitte des Werkes aber (Str. 7–8) steht die Geburt des Erlösers als das zentrale Heilsereignis, herausgehoben nicht nur durch die Position im Aufbau des Liedes, sondern auch

durch formale Gestaltungsmittel: Nur in Str. 7f. wird eigentlich erzählt, wird
der Eindruck historischer Faktizität angestrebt, was auch in dem formelhaft
wiederholten *dô* („damals") zum Ausdruck kommt: „Damals vermählte
sich...", „Damals hast du geboren...". Damit wird nicht nur die Bedeutung der Erlösung selbst unterstrichen, sondern auch die christologische
Rückbindung aller Marienverehrung betont. Es ist also ein streng theologisch-
dogmatisches Fundament, das das Gedicht trägt, und damit korrespondiert
die Tatsache, daß der Autor nirgends seine persönliche Haltung, seine
eigene Devotion zum Ausdruck bringt, sondern immer nur − greifbar in
der durchgehaltenen Wir-Formel − die Stimme der preisenden Gemeinde
wiederzugeben scheint. Man hat dem Lied deshalb ein starres Marienver-
ständnis vorgeworfen, einen Mangel an menschlicher Wärme und Anteilnahme. Zu einem solchen Urteil kommt man aber nur, wenn man spätere,
ganz von inniger, gefühlsbetonter Frömmigkeit getragene Mariendichtung
zum Maßstab nimmt. Von einer solchen ist das ‚Melker Marienlied‘ allerdings weit entfernt, ebenso weit aber auch von der älteren Art objektiver
Glaubensdarstellung, wie sie uns etwa im ‚Ezzolied‘ entgegentritt. Das
Marienlied aus Melk verbindet eine objektiv-dogmatische Grundhaltung
mit einer Sprache, die von äußerster Lebendigkeit, ja Unruhe geprägt ist,
einer Unruhe, die aus dem Gefühl des eigenen Ungenügens herzurühren
scheint. Hier sagt ein Autor einmal nicht nur, daß die Sprache angesichts
des überwältigenden Gegenstandes unzulänglich sei, sondern er stellt diese
Unzulänglichkeit mit den Mitteln sprachlichen Ausdrucks dar. Man braucht
nur die Satzblöcke, aus denen das ‚Ezzolied‘ aufgebaut ist, neben die klein-
gliederigen Strophen des Melker Liedes zu halten, um zu sehen, was hier
an Dynamik, Differenziertheit und Subjektivität hinzugekommen ist −
auch wenn diese sich nicht im Gebrauch der Ich-Form niederschlägt.

Das ‚Melker Marienlied‘ ist ein weiteres anschauliches Beispiel für die
Souveränität, mit der die volkssprachigen Autoren unseres Zeitraums über
das ihnen von der lateinischen Tradition bereitgestellte Material verfügen.
In der Forschung herrscht weithin Einigkeit über den hymnischen Charakter
des Liedes, und in diesem Fall meint „hymnisch" etwas mehr als nur
„feierlich-preisend". Die Nähe zu sechszeiligen lateinischen Hymnen-
strophen ist − trotz der Füllungsfreiheit im Versinneren − unverkennbar,
auch die Nähe zum knappen, ausdrucksstarken Sprechstil der ambrosia-
nischen Hymnik. Und dennoch ist keineswegs ein Hymnus die Hauptquelle
des Liedes; vielmehr gehen Auswahl, Anordnung und Ausdeutung der Bilder
im wesentlichen auf Predigten zurück, die der Dichter selbständig in eine
andere literarische Form umgegossen hat. Diese Form lehnt sich, wie gesagt,
an die lateinische Hymnenstrophe an, macht sie sich aber nicht zum streng
verbindlichen Vorbild. Dies wird nicht zuletzt in dem refrainartigen Strophen-
schluß *Sancta Maria* deutlich. Man ist versucht, in diesem Anruf ein Stück
volkssprachiger Liedtradition zu sehen: ‚Petruslied‘ und ‚Georgslied‘ weisen
beide vergleichbare Refrains auf. Vielleicht ist hier ein kirchlich-liturgischer

Strang (*Kyrie*-Ruf) mit älteren, volkssprachigen Traditionen zusammen-
geflossen, was umso leichter möglich wäre, als die Funktion des Rufes/
Refrains in beiden Fällen die gleiche gewesen sein mußte: Einbeziehung
aller Anwesenden in das Lied als gemeinschaftsstiftenden Vollzug.

Neben den Liedern des Lobpreises bildet sich in dem hier zu behandelnden
Zeitabschnitt ein zweiter Untertypus lyrischer Produktion heraus: die
„Sündenklage". Die Gattungsbezeichnung ist gerade wegen ihrer Doppel-
deutigkeit recht gut gewählt: In dem Ausdruck „Klage" steckt sowohl das
Element des Anklagens, der Selbstbezichtigung (*accusatio*) als auch das
Element des Klagens, der Trauer (*planctus*). Ersteres setzt die in den sogenannten ‚Altdeutschen Beichten' (s. Bd. I/1) schon vorhandenen Sünden-
kataloge fort; letzteres fügt einen Ton subjektiver Empfindung hinzu, der
so in den ‚Beichten' nicht zum Ausdruck kam.

Um das Neue deutlich zu machen, werfen wir noch einmal einen kurzen Blick auf
diese ‚Beichten', wobei es uns nur auf den Typ als solchen und auf seinen „Sitz
im Leben" ankommt, nicht auf die einzelnen Formeln und ihre weitverzweigte
Filiation.

Zu allererst muß man sich darüber im klaren sein, daß der nhd. Ausdruck
„Beichte" zu Mißverständnissen Anlaß bietet: Keiner der zahlreichen Texte kann
so, wie er ist, in der sakramentalen Einzelbeichte „aufgesagt" worden sein. Dort
bekannte man die Sünden, die man wirklich begangen hatte, und bekam dafür,
wie die sehr ins Detail gehenden Kataloge der zeitgenössischen ‚Bußbücher' zeigen,
eine der objektiven wie subjektiven Schuld entsprechende Buße auferlegt. Allenfalls
als Orientierungshilfe für die Gewissenserforschung („Beichtspiegel") ließen sich
die ‚Altdeutschen Beichten' im Zusammenhang mit dem sakramentalen Sündenbekenntnis verwenden; daß dies aber nicht ihr hauptsächlicher Verwendungszweck
gewesen sein kann, beweist der gebetsähnliche Charakter der Texte. Welches der
ursprüngliche „Sitz im Leben" dieser *confessio*-Formeln gewesen ist, zeigen uns
einige der ältesten Denkmäler (‚Sächsische Beichte', ‚Lorscher Beichte', ‚Würzburger
Beichte' mit ihrer lateinischen Vorlage: ‚Othmarus ad discipulos'). Es ist die
klösterliche Gemeinschaft, zu deren geistlichen Übungen auch die Erweckung von
Buß- und Reuegesinnung gehörte. Diese klösterliche „Gewissenserforschung" wurde
schon im 9. Jahrhundert auch den Laien nahegelegt und wohl in irgendeiner Form
mit dem Gemeindegottesdienst verknüpft, in dieser Phase freilich noch ohne anschließende „Sündenvergebung" durch den Priester. Diese ist ab der Mitte des
10. Jahrhunderts nachweisbar, zuerst als einmaliger Akt des Bischofs am Grün-
donnerstag bzw. Palmsonntag in Ausweitung des Sündennachlasses für die „öffent-
lichen Sünder" auf die ganze Gemeinde; bereits im 11. Jahrhundert jedoch erteilen
auch einfache Priester den *antlaz* (Sündennachlaß) u.z. beim sonntäglichen Pfarr-
gottesdienst. In den Texten zeigt sich die Erreichung dieser Stufe darin, daß der
„Beichte" ein Glaubensbekenntnis (mit oder ohne Abschwörungsformel) beigegeben
wird. Damit erweist sich der Ritus der „Allgemeinen Schuld" („Offenen Schuld",
confessio generalis) als Nachahmung des Tauf- bzw. des sakramentalen Beichtritus,
ohne freilich die Würde und Verbindlichkeit der beiden Sakramente zu erreichen.
Aus dieser Zwischenstellung zwischen strenger Liturgie und rein privater Andacht
erklärt sich auch die Textgestalt der hierher gehörenden Denkmäler: Sie sind offener

für Varianten als die eigentliche Liturgie (man vergleiche nur die ‚Altdeutschen Glaubensbekenntnisse' mit dem ‚Credo' der Messe), aber doch in Aufbau und Formelgut so eng miteinander verwandt – und dies bis in die Neuzeit hinein –, daß man sie in ihrer Mehrzahl als rituelle Gebrauchstexte bezeichnen muß.

Die ‚Sündenklagen' benützen zwar unter anderem auch Material, das in den ‚Beichten' bereitgestellt lag, wie z.B. Gliederungsschemata für die Erfassung von Sündenbereichen, aber sie gehen völlig frei damit um. Der Grund hierfür ist der, daß sie als Typ nicht aus den ‚Beichten' hervorgegangen sind, sondern von Haus aus der Sphäre der „privaten" Erbauung zugehören und zugleich von Anfang an ein ästhetisches Element in sich schließen. „Privat" meint natürlich nicht, daß eine ‚Sündenklage' nur im stillen Kämmerlein gebetet worden sei; wie alle Literatur der Zeit ist auch die ‚Sündenklage' in erster Linie für eine rezipierende Öffentlichkeit bestimmt. Aber diese Öffentlichkeit ist nicht die betende Kirchengemeinde, sondern ein an religiöser D i c h t u n g interessiertes Publikum, vermutlich das gleiche Publikum, das auch für Bibelepik u.ä. empfänglich war.

Daß dem so ist, kann mit ziemlicher Sicherheit aus der unbezweifelten Literarizität der mittellateinischen Vorbilder geschlossen werden. Von Paulinus von Aquileja († 802) und Alkuin († 804) über Walahfrid († 849), Hraban († 856) und Gottschalk den Sachsen († 867/69) zieht sich bis ins 12. Jahrhundert hinein eine Kette von namhaften mittellateinischen Autoren, die in ihrem poetischen Oeuvre auch einen oder mehrere *planctus poenitentiae* aufzuweisen haben. Eine Reihe von ihnen sind in der nur für Kleriker-Literaten bestimmten metrisch-quantitierenden Dichtweise verfaßt, auffallend viele aber auch in der rhythmisch-akzentuierenden. Letztere ist weniger schulmäßig, weniger esoterisch. Wir dürfen annehmen, daß die Rhythmen auch jener obersten Laienschicht, die etwas Latein gelernt hatte, zugänglich waren, ja, daß sie auch im Hinblick auf diese Schicht geschaffen worden sind. (Noch in der um 1050 aufgezeichneten Gedichtsammlung der ‚Cambridger Lieder' findet sich als Carmen 18 [Strecker] ein merovingischer ‚Rhythmus', der als Bußpredigt dem Typus der ‚Sündenklage' nahekommt und sich dezidiert an einen weltlichen Rezipientenkreis wendet.) Dies würde auch erklären, warum wir aus karolingischer und ottonischer Zeit keine deutschen ‚Sündenklagen' besitzen, obwohl der Typus lateinisch voll ausgebildet war: Dem „einfachen Mann" genügte der religiöse Akt der formelhaften „Beichte" in der Gemeinde; die kleine Schicht von Laien aber, die an religiöser Literatur interessiert waren, fanden das, was sie suchten, im Bereich der lateinischen Poesie. Dies ändert sich in unserer Periode. Wohl kaum deswegen, weil die Lateinkenntnisse der adeligen Führungsschicht zurückgegangen wären, sondern viel eher deswegen, weil das Verlangen nach verfeinerter Kultur, sei sie nun religiöser oder sprachlicher Art oder beides zusammen, sich nach unten ausgebreitet hatte in Schichten hinein, die zwar nur der Volkssprache mächtig waren, nunmehr aber Bedürfnisse entwickelten, die früher nur in der allerobersten Spitze der laikalen Führungskreise anzutreffen gewesen waren.

Aus den Jahrzehnten zwischen 1050/60 und 1130/40 sind zwei ‚Sündenklagen' auf uns gekommen, eine selbständige, die ‚Millstätter Sündenklage', und eine in einen Erzählrahmen eingebettete, die Sündenklage des sogenannten ‚Rheinauer Paulus'.

Erstere, in der Millstätter Sammelhandschrift überliefert, ist ein umfängliches Werk von 864 z.T. erheblich beschädigten Reimpaarversen (426 Langzeilen [Maurer]) und dürfte in der uns vorliegenden Form gegen 1130 entstanden sein. Letztere, fragmentarisch überliefert in einer Handschrift aus dem Kloster Rheinau bei Schaffhausen, bietet in 128 Versen den letzten Teil einer Bußklage des reuigen Saulus; in den Versen 129–154 der abschließenden Rahmenerzählung wird kurz von der Taufe, der Predigttätigkeit und der Himmelsherrlichkeit des Apostels Paulus berichtet. Die Bußklage selbst ist fast wörtlich mit den Versen 769–796, 642–668, 797–864 der ‚Millstätter Sündenklage' identisch. Das Verhältnis der beiden Werke wird unterschiedlich beurteilt, doch ist wahrscheinlich die Rheinauer Klage, obwohl älter als die Millstätter, nicht als deren unmittelbare Vorlage anzusprechen. Beide Denkmäler dürften aus einer gemeinsamen Quelle geschöpft haben.

Die ‚Millstätter Sündenklage' steht deutlich erkennbar in der Tradition des lateinischen Planctus mit seiner individuellen Stoffschöpfung und -anordnung. Während die ‚Beichten' mit der Formel „Ich bekenne" beginnen, setzt unser Text mit einem Lobpreis auf Gott den allmächtigen Schöpfer ein, um dann die Schrecken des Gerichts und der Verdammnis auszumalen. Erst in v. 315 geht der Autor zur Beicht-Klage über. Auf diesen Mittelteil (bis v. 640) folgt dann ein dritter und letzter Abschnitt (v. 641–864), in dem Gott unter Berufung auf frühere Heilserweise um gnädiges Verzeihen angefleht wird. (Letzteres ist typisch für die Gattung Gebet, aber wiederum nicht für die Gattung Beichte.) Vor allem jedoch ist die ‚Millstätter Sündenklage' weit entfernt von jenem rituellen und formelhaften Sprechen, das den ‚Beichten' notwendigerweise eignet. Hier spricht ein Ich von sich, von seinen Sünden, seinen Ängsten, seiner Hoffnung auf Vergebung. Doch trotz aller persönlichen Betroffenheit ist es immer auch der sündige Mensch schlechthin, der bekennt und sich beichtspiegelartig aller denkbar möglichen Sünden zeiht. Diese Verbindung von Persönlichem und Überpersönlich-Allgemeinem ist das eine Charakteristikum der Gattung Planctus/Klage, das andere ist das bewußte Streben nach kunstvoller Form.

In unserem Text kommt dies besonders deutlich in der Bearbeitung des Mittelteils, der eigentlichen Beicht-Klage, zum Vorschein. Der Autor macht sich hier die lateinische Tradition des Streitgesprächs („Streit zwischen Leib und Seele") zu Nutze und läßt das lyrische Ich nicht einfach sich selbst, sondern die einzelnen Körperteile wegen ihres sündhaften Handelns anklagen. So werden etwa die Füße beschuldigt, daß ihnen der Weg des Guten so beschwerlich sei, während sie die Hintertreppe zur Dirne beflügelt hinaufeilten; die Ohren, daß sie sich sofort spitzen, wenn sie Verbotenes hören, oder die Hände, daß sie als Fäuste lostrommeln, sich aber rasch in die Gewandfalten zurückziehen, wenn sie einem Hilfsbedürftigen unter die Arme greifen sollten. Auch wenn der Autor damit eher Lebendigkeit als tiefgründige Seelenanalyse erreicht und erreichen will, so greifen wir hier doch – etwa in der Anklage des Ich gegen sein böses Herz – eine frühe Spur jener Entwicklung, die schließlich zur psychologisierenden Darstellung des eigenen Inneren im Minnesang führen wird.

Über den ,Rheinauer Paulus' können wir infolge der Überlieferungsverluste
nur Vermutungen anstellen. Nach v. 131 scheint die *pihte* („Beichte") des
Saulus mit einem Glaubensbekenntnis verbunden gewesen zu sein, sich also
im Gesamtaufbau dem Typus ,Glaube und Beichte' angenähert zu haben.
Richtiger: Der Autor hat sich des genannten Typus bedient, um ein höchst
eigenwilliges literarisches Gebilde zu schaffen, das dem Geschmack der
Zeit entsprechend – man denke an die Planctus Abaelards – als Klagelied
einer biblischen Person auftritt. Freilich nicht als frei dahinströmende
,Rachelklage' oder ,Klage des Jephtha' oder dergleichen, sondern eben als
,Saulus-Klage', in der man schon Gedichtetes versatzstückartig verwenden
konnte. Einmal mehr wird darin deutlich, wie mühsam sich deutsche
Dichtung an subjektiven Gefühlsausdruck herantastete. Ein gutes Halb-
jahrhundert später wird Hartmann von Aue (s. Bd. II/1) seiner Enite eine
Totenklage in den Mund legen, in der alle sprachlichen und stilistischen
Mittel souverän zum Einsatz gebracht werden.

Wenden wir uns nunmehr den aus der Zeit bis 1130/40 erhaltenen
frühmhd. P r o s a stücken zu, in denen der Mensch in Bitte, Preis,
Bekenntnis seinen Glauben aktuell vollzieht. Hier erstaunt vielleicht
zunächst die geringe Anzahl der vorhandenen Denkmäler. Diese hat jedoch
ihren Grund nicht darin, daß die Menschen jener Zeit nur wenig gebetet
hätten, sondern darin, daß Gebete nur dann aufgezeichnet wurden, wenn
man sie als rituelle Gebetsformeln benötigte oder wenn sie wegen ihres
literarisch-ästhetischen Wertes der Niederschrift für würdig erachtet wurden.
Zur ersten Kategorie gehören verschiedene ,Glaube und Beichte'-Formeln
(samt Zusätzen), deren Alter freilich nur ungefähr aus der handschriftlichen
Überlieferung und dem Lautstand erschlossen werden kann. Wir dürfen
hierher rechnen: ,Glaube und Beichte' aus St. Gallen I und III, Benediktbeuren I und II. Zu den Gebrauchsformeln im weiteren Sinn gehört auch
das ,Klosterneuburger Gebet', eine kurze, vermutlich aus dem Lateinischen
übersetzte Oration, die eine starke Ähnlichkeit mit dem althochdeutschen
,St. Emmeramer Gebet' aufweist.

In die zweite, literarische Kategorie reihen wir ,Otlohs Gebet' ein, das,
gegen 1050 verfaßt, noch den althochdeutschen Lautstand aufweist, seiner
Mentalität nach aber der neuen Zeit zugehört und in seiner Diktion das
literarische Bewußtsein eines Autors verrät. Nur wenig jünger dürfte auch
ein Glaubensbekenntnis und eine Beichte sein, die in einer aus Bamberg
stammenden Sammelhandschrift (Staatsbibliothek München, Clm 4460)
erhalten sind und von daher ihren Namen tragen: ,Bamberger Glaube und
Beichte'. Es handelt sich dabei um ein auffälliges Gebilde, da es in seiner
formalen wie inhaltlichen Grundstruktur den erwähnten liturgischen Beichten
ähnlich ist, durch seinen Umfang aber sowie durch sein theologisches und
sprachliches Niveau entschieden über den Gemeindegebrauch hinausweist.
Die nicht-liturgische Funktion des Textes erhellt auch daraus, daß das
Schuldbekenntnis nur vor Gott, nicht – wie in den gottesdienstlichen

Beichten üblich — auch vor dem Priester abgelegt wird. Der „Sitz im Leben" unseres Denkmals ist in der „Privatandacht" zu suchen, wobei „privat" im oben definierten Sinne zu verstehen ist, also auch das gemeinsame Beten im Kreise gleichgesinnter Frommer einschließt.

Auf den religiösen Kreis einer Nonnengemeinschaft weist ein mit unserem Text aufs engste verwandtes Denkmal: ‚Wessobrunner Glaube und Beichte I', erhalten in der Handschrift 2681 der Österreichischen Nationalbibliothek Wien aus dem 11. Jahrhundert. Der Text ist zum Gebrauch für Frauen eingerichtet; als Vorlage diente vermutlich die Urfassung von ‚Bamberger Glaube und Beichte'.

Daß auch in diesem Fall das Bemühen um Literarisierung von Gebrauchstexten eine Rolle spielt, geht aus der Verbindung von ‚Bamberger Glaube und Beichte' mit dem sicher vom gleichen Verfasser herrührenden Stück ‚Himmel und Hölle' hervor. ‚Himmel und Hölle' ist eine Predigt über die Wonnen des Himmels und die Schrecknisse der Hölle und würde von daher gut als vorbereitende Ermahnung zum gemeindlichen Sündenbekenntnis passen, das ja von Anfang an in Symbiose mit der gottesdienstlichen Predigt auftritt. Vergleichen wir jedoch die erhaltenen „echten" Predigten aus frühmhd. Zeit mit ‚Himmel und Hölle', so erkennen wir sofort die Andersartigkeit dieses Produktes. Dort rechtschaffene, bisweilen schwerfällige Übersetzungsprosa, hier Kunstprosa der preziösesten Form mit Alliterationen, Reimen, Assonanzen und vor allem einer sich geradezu überschlagenden Fülle kleinster paralleler Satzglieder, was die Herausgeber der ‚Denkmäler deutscher Poesie und Prosa' denn auch veranlaßte, ‚Himmel und Hölle' in die Abteilung „Poesie" aufzunehmen. Ebenso wie bei ‚Bamberger Glaube und Beichte' liefert auch für ‚Himmel und Hölle' der Gottesdienst — oder besser: der in den Gottesdienst eingebaute volkssprachige Teil zwischen Evangelium und Credo — die Anregung; aber diese Anregung wird ausgebaut zu einem Kunstgebilde mit ästhetischem Anspruch. Ein solcher Anspruch kommt auch in der Überlieferung zum Ausdruck. Anders als bei den liturgischen Glaube-und-Beicht-Formeln, die oftmals auf frei gebliebene Vorsatzblätter schon existenter Handschriften eingetragen wurden, bildeten diese beiden Denkmäler zusammen von Haus aus ein selbständiges Büchlein — ein beredtes Zeugnis für den hohen Wert, das man ihnen beimaß.

Damit wären wir am Ende unserer ersten Formenreihe mit Texten, in denen das Heil aktualisiert wird. Literarhistorisch betrachtet, ergab sich ein erstaunlich geschlossenes Bild: Wo wir es mit Gebrauchsformen zu tun haben, lassen sich deren Vorgänger bis in die althochdeutsche Zeit zurückverfolgen; wo uns jedoch literarische Formen gegenübertreten, handelt es sich um Neuentwicklungen, die erst in frühmhd. Zeit auftreten.

Formen der Rede: Belehrung über das Heil

Eines der zentralen Anliegen der Literatur unseres ersten Zeitabschnitts ist die Belehrung, vor allem die Belehrung der Laien über die Inhalte des Glaubens und über die sich aus diesem Glauben ergebenden Konsequenzen für ein christliches Leben. Bemerkenswert hieran ist nicht so sehr, daß religiöse Unterweisung stattfindet – das Christentum als Offenbarungsreligion ist ohne „Katechese" nicht vorstellbar –, sondern daß diese Unterweisung jetzt nach langer Pause wieder als Literatur, genauer, als volkssprachige Schriftliteratur in Erscheinung tritt. Sie tut das in ungebundener, vor allem aber in gebundener Sprache. Zum einen werden, was nach dem Zeugnis der handschriftlichen Überlieferung in karolingischer Zeit nur vereinzelt, in ottonischer Zeit kaum je der Fall gewesen war, deutsche (Prosa-)Predigten auf Pergament festgehalten; zum andern entsteht eine religiöse Lehrdichtung mit einem bemerkenswerten Spektrum an Formen und Typen, die man vielleicht am besten unter dem Begriff Rede zusammenfaßt. Nährboden für diese Literatur ist das intensive religiöse Engagement der Zeit, auch und gerade in Laienkreisen. Es drückt sich aus in den zahlreichen klösterlichen Neugründungen jener Jahre, es manifestiert sich aber auch in dem Verlangen nach weitergehender, vertiefter Information über die Heilstatsachen und nach Anweisungen zum „richtigen" Leben. Hatte bis dahin Glaubensunterricht für Laien im wesentlichen darin bestanden, daß man Credo und Vaterunser mehr oder weniger mechanisch auswendig lernte und die eine oder andere Predigt (vorwiegend im Stile von Ermahnungen) hörte, so genügte dies nun offenbar nicht mehr. Man wollte den Glauben gründlicher kennenlernen, besser verstehen und persönlich erfahren.

So erklärt sich die Niederschrift von Predigten und ganzen Predigtzyklen teils aus dem Wunsch der Laien, das einmal Gehörte durch Aufzeichnung zur Verfügung zu haben, teils aus dem Bedürfnis der Geistlichen, Musterpredigten hoher Qualität als Anregung und Vorbild zu besitzen, um dem gestiegenen Erwartungsstand einer neuen, wacheren Zuhörerschaft zu entsprechen. Auch die frühmhd. geistliche Lehrdichtung sucht den veränderten Bedürfnissen und Ansprüchen der Laien Rechnung zu tragen, und hieraus erklärt sich zu einem guten Teil auch ihre Physiognomie: Sie bietet Theologie, aber keine Schultheologie, keine wissenschaftliche Diskussion dogmatischer und kirchenpolitischer Probleme, sondern eine Theologie der schlichten Glaubenswahrheiten, deren Erkenntnisse in religiöse Erfahrung und praktisches Handeln umgemünzt werden konnten. Dabei sind dogmatische Unterweisung und Praxisbezug im einzelnen Denkmal oft nicht gleichgewichtig vertreten; im einen wird mehr die Handlungsrelevanz der vorgetragenen Lehre betont, im andern überwiegt die Darlegung und Ausdeutung der Glaubensinhalte. Entsprechend entstehen verschiedene formale Typen der Rede: einerseits ein Typ, für den sich der Name Reimpredigt eingebürgert hat, und auf der anderen Seite ein Typ, den man in Korrespondenz dazu als Reimtheologie bezeichnen könnte. Der jeweils zweite Bestandteil dieser Wortzusammensetzungen verweist auf Herkunftsbeziehungen und Einflüsse (hier Predigt, dort Traktat), der erste, formalliterarische hingegen (Reim-) macht deutlich, daß diese Werke einen eigenen, poetischen Lebensraum besitzen, der nicht identisch ist mit dem der gottesdienstlichen Predigt oder der Fachtheologie. Die beiden Typen sind nicht scharf voneinander abgegrenzt; man kann nur die jeweils vorherrschende Tendenz berücksichtigen und dort, wo Klassifikationen ganz versagen, versuchen, das Vorhandene zu beschreiben.

Neben der eigentlichen Belehrung über den Glauben findet sich in unserem Zeitraum auch ein Werk, dessen Gegenstand nicht die Heilstatsachen selbst sind, sondern in dem versucht wird, die Naturwelt und ihre Erscheinungen vom Glauben her zu deuten, sie den Glaubensvorstellungen einzuordnen und dienstbar zu machen: theologische Naturkunde. Von hier aus führt ein weiterer Schritt zu Erd-, Natur- und Heilkunde, Gegenständen also, die an sich der profanen Literatur zugehören, im frühen und hohen Mittelalter jedoch vielfältige Querverbindungen zu Glaube (und Aberglaube) aufweisen.

Predigt

In der Forschung werden drei Gruppen von Predigttexten dem 11. und frühen 12. Jahrhundert zugewiesen: der aus den Resten dreier Sammlungen (A, B, C) bestehende Überlieferungskomplex der ‚Wessobrunner Predigten‘, die ‚Wiener Bruchstücke‘ (Österr. Nationalbibl. Ser. nov. 333) und die sogenannten ‚Klosterneuburger Predigtentwürfe‘ (CCl 1118).

Die erste Gruppe umfaßt in A drei, in B vier und in C sechs Predigten, von denen B 2 vollständig auf uns gekommen ist, während die anderen nur mehr oder weniger fragmentarisch erhalten sind. Der größte Teil der Texte (Sammlung B ganz, A 1 und A 3 teilweise) findet sich in der Wiener Notkerhandschrift (Österr. Nationalbibl. 2681), die aus dem oberbayerischen Benediktinerkloster Wessobrunn bei Weilheim stammt. Da auch A 1 (Schluß), A 2 und A 3 (teilweise) sowie C 3 und C 4 aus Wessobrunner Inkunabeln („Wiegendrucken") ausgelöst wurden, besteht große Wahrscheinlichkeit, daß Wessobrunn der Ursprungsort aller drei (in bairischem Dialekt abgefaßten) Sammlungen ist. Sie sind von verschiedenen Händen des 11. Jahrhunderts geschrieben; die ahd. Sprachform legt eine Entstehung des Predigten noch vor 1050 nahe. C, deren erste drei Predigten mit dem Kirchenjahr gehen, scheint eine planmäßig angelegte Sammlung gewesen zu sein, während B, zwischen und nach dem Notkertext eingetragen, kaum als „Predigtwerk" konzipiert gewesen sein dürfte. A 2f. (über Buße und Fegefeuer) könnten als Fastenpredigten verstanden werden, doch fällt A 1 (über den Vorzug des Witwenstandes) ganz aus dem Rahmen dessen, was

wir in den Sammlungen des 12. Jahrhunderts antreffen. Damit stellt sich
die Frage nach der speziellen Interessenlage, der die ‚Wessobrunner Predigten‘
ihre Existenz und ihre Überlieferung verdanken. Edward Schröder hat sie
als „Pfarrpredigten" bezeichnet, und die meisten von ihnen sind an sich
nach Inhalt und Form als sonntägliche Gemeindeansprachen durchaus
vorstellbar. Nur: sie entsprechen nicht dem Erscheinungsbild der frühen
mhd. Volkspredigt im 12. Jahrhundert, die uns in einer sehr viel schlichteren
Form entgegentritt. (S.u. S. 121f.: Typus I.) Die ‚Wessobrunner Predigten‘
stammen, vermittelt durch die Redaktion des ‚Bairischen Homiliars‘, fast
alle aus Augustinus (354−430), Ps. Cäsarius von Arles, Papst Gregor I.
(um 540−604) und Beda (672/73−735), wobei − mit Kürzungen und leichter
Vereinfachung der Syntax − der exakte Wortlaut der übernommenen
Passagen wiedergegeben wird. Hätte aber eine deutsche Pfarrgemeinde
des 11. Jahrhunderts den gedanklichen und formalen Ansprüchen der
großen lateinischen Kanzelredner so ohne weiteres genügen können, wäre
kaum verständlich, warum die Predigt des 12. Jahrhunderts so viel weiter
unten ansetzt. Hinzu kommt, daß die Predigt C 5 (über die 12 Stufen der
Demut nach der ‚Regula Benedicti‘, Kap. 7) ein klösterliches Publikum
voraussetzt und daß die Predigt über den Witwenstand (A 1), die die Vorteile
der Ehelosigkeit preist, sehr gut in ein Nonnenmilieu paßt. (Die verwitweten
Ehefrauen von Adeligen zogen sich oft ins Kloster zurück.) Ferner wissen
wir, daß die Wiener (= Wessobrunner) Handschrift von Notkers Psalmenübersetzung, Überlieferungsträger der Sammlungen A und B, höchstwahrscheinlich für Nonnen hergestellt wurde. (S. Bd. I/1). So haben wir gute
Gründe für die Annahme, daß die ‚Wessobrunner Predigten‘ als fromm-
belehrender Lese- bzw. Vorlesestoff für weibliche Religiosen aufs Pergament
gebracht wurden. Ist diese Zuweisung richtig, dann fassen wir hier wieder
einen Rezipientenkreis, der uns an der Wende vom 9. zum 10. Jahrhundert
schon einmal begegnet ist: Der altsächsische Auszug aus Bedas Predigt zum
Allerheiligenfest, möglicherweise die Übersetzung einer Lesung zur Mette,
wurde für die Essener Stiftsdamen aufgezeichnet (s. Bd. I/1). Die Interessenlage ist die gleiche, der Unterschied zwischen dem Essener und dem Wessobrunner Denkmal besteht jedoch darin, daß es sich im ersteren Fall um
einen Versuch handelte, der für längere Zeit keine Nachahmung fand,
während es von den ‚Wessobrunner Predigten‘ an eine Kontinuität geistlichen
Prosaschrifttums in deutscher Sprache gibt, das, auch wenn es nicht direkt
für weibliche Ordensgemeinschaften geschaffen, so doch von ihnen rezipiert
wurde. Man denke etwa an die Klosterpredigten der Blaubeurer Handschrift
(s.u. S. 121) und des sog. ‚St. Georgener Predigers‘ (Bd. II/2 S. 174)
sowie an die zahlreichen Predigten der deutschen Mystiker (Eckhart, Seuse,
Tauler), die aus der Nonnenunterweisung hervorgegangen sind und durch
Nonnenklöster weiter verbreitet wurden. Die ‚Wessobrunner Predigten‘
können sich mit den letztgenannten Werken weder vom denkerischen
Anspruch noch von der sprachlichen Gestalt her messen, aber sie sind uns

wichtig als Zeugnis für die Ausbildung eines ganz konkreten Interesses an deutscher Prosa, eines Interesses, das sich zwar primär religiös verstand, das aber auch literarisch fruchtbar wurde.

Die zweite Textgruppe, bestehend aus Bruchstücken von drei Predigten, die heute in Wien aufbewahrt werden, wirft Probleme auf sowohl in Bezug auf die zeitliche Einordnung wie auch in Bezug auf die Bestimmung der Gebrauchsfunktion. Noch in der 1974 erschienenen ‚Bibliographie der deutschen Predigt des Mittelalters' wird die Niederschrift der Fragmente in die 1. Hälfte des 12. Jahrhunderts gesetzt und die Einheitlichkeit der dritten Predigt in Frage gestellt, also die Vermutung des ersten Herausgebers weitergereicht, daß diese Predigt durch Verwirrung der dem Abschreiber vorliegenden Blätter aus den Trümmern dreier Predigten hervorgegangen sei. Dies wiederum führte zu dem Schluß, daß die Originalpredigten noch dem 11. Jahrhundert angehören müßten. Nun sind die ‚Wiener Bruchstücke' aber in gotischer Buchschrift geschrieben, u.z., wie die Graphie *aei* für *ei* zeigt, im bairisch-österreichischen Raum; eine Datierung in die 1. Hälfte des 12. Jahrhunderts erscheint dadurch fast ausgeschlossen. Ferner ist an der Einheitlichkeit von Predigt 3 (zum Epiphaniefest) nicht zu zweifeln: Die Anbetung der Weisen, die Taufe Jesu im Jordan und das Weinwunder zu Kana gehören von alters her zum Festgeheimnis und werden in den Predigten zu Epiphanie regelmäßig zusammen behandelt. Von daher würde sich eine Einordnung der ‚Wiener Bruchstücke' unter die Predigten des zweiten Epochenabschnitts (s.u. S. 120–126) nahelegen, zumal die Predigten 2 und 3 vollkommen dem dort beschriebenen Typus II entsprechen. Bedenken erregt nur die 1. Predigt (über das Evangelium der Weihnachtsvigil). Sie ist in lateinisch-deutscher Mischprosa geschrieben, wie wir sie von Notker dem Deutschen und Williram von Ebersberg her kennen (s. Bd. I/1). Wenn die Ansprache so gehalten wurde, wie sie überliefert ist, kann es sich nur um eine Klosterpredigt (Kapitelpredigt) für lateinkundige Mitbrüder gehandelt haben. Vielleicht war sie aber auch als Musterpredigt für einen Priester gedacht, der geschickt genug war, im mündlichen Vortrag das Lateinische aus dem Kopf ins Deutsche umzusetzen. Die Anforderungen, die dieses Verfahren stellte, würde erklären, daß diese Art von Musterpredigten in den späteren Sammlungen des 12. Jahrhunderts kaum mehr erscheint. Möglicherweise verkörpert Predigt 1 neben Predigt 2 und 3 einen älteren Typ, der in die Sammlungen aufgenommen wurde, weil für diesen Tag des Kirchenjahres nichts anderes greifbar war. (Sowohl in den lateinischen wie in den deutschen Predigtkorpora findet sich nur ganz selten eine Erklärung des betreffenden Evangeliums.)

Drei Bußpredigten aus Klosterneuburg bilden die dritte Textgruppe. Sie ähneln bezüglich ihrer Überlieferung der ersten, bezüglich ihrer Textgestalt der zweiten Gruppe. Wie die Sammlung B der ‚Wessobrunner Predigten' sind sie auf den letzten Seiten einer Handschrift verwandten Inhalts eingetragen (CCl 1118, 11. Jahrhundert, Sermones des heiligen Augustinus);

wie die 1. Predigt der ‚Wiener Bruchstücke' sind sie in lateinisch-deutscher Mischprosa abgefaßt. Der Herausgeber datierte die Handschrift ins angehende 12. Jahrhundert, doch nährt die Diphthongierung von *iu* zu *eu* (z.B. *leute* „Leute" und *eu* „euch") den Verdacht, daß auch hier der zeitliche Ansatz zu hoch liegt. Der Herausgeber nannte die Texte „Predigtentwürfe", wohl um damit anzudeuten, daß keine der drei Predigten einen „ordentlichen" Schluß hat. Die erste (vielleicht über das Schriftwort *Beati qui audiunt verbum Dei et custodiunt illud* „Selig, die das Wort Gottes hören und es befolgen") bricht nach 29 Zeilen mit einem *et cetera* ab; die zweite (über den Vers *Popule meus, quid feci tibi?* „Mein Volk, was habe ich dir getan?") kommt zwar bis zu den gegen Predigtende üblichen Mahnungen, läßt aber die abschließende Formel weg; die dritte (über den Vers *Venite, filii, audite me!* „Kommt, ihr Kinder, hört auf mich!") enthält nur einen Predigtanfang. Doch bieten alle drei, so weit sie reichen, „normale" Predigt, nicht nur die Skizze einer solchen. Der Text selber ist mit vielen Abkürzungen – also in der niedrigsten Stilstufe – geschrieben, nicht als Reinschrift einer Musterpredigt für andere, sondern eher als Konzept für den Selbstgebrauch. Wie bei den ‚Wiener Bruchstücken' entspricht der Stil dem Typus II der Sammlungen des 12. Jahrhunderts: zahlreiche Schriftzitate, Allegoresen, Redeschmuck. Trotzdem dürften die drei Texte älter sein als die vergleichbaren „rein" deutschen Predigten. Möglicherweise haben wir hier den Typus II *in statu nascendi*, in seiner allerersten Entstehungsphase, vor uns.

Nicht zu den Predigten, wohl aber unter die Rubrik „Belehrung über das Heil" ist ein vereinzelter Prosatext zu stellen, dem man den Titel ‚Geistliche Ratschläge' gegeben hat. In (wahrscheinlich indirekter) Abhängigkeit von Gregor dem Großen werden Gestalten des Alten und Neuen Bundes als Vorbilder für einzelne Tugenden bzw. als Träger der sieben Gaben des Heiligen Geistes aufgelistet. Bemerkenswert ist, daß auch dieses Denkmal deutscher geistlicher Prosa aus Wessobrunn stammt (Staatsbibliothek München, Cgm 5284/4, 11. Jahrhundert).

Reimpredigt

Die älteste und zugleich die bekannteste unter den frühmhd. Reimpredigten ist das sogenannte ‚Memento mori', eine aufrüttelnde Mahnung, sich von den faszinierenden Aspekten der Welt nicht blenden zu lassen, sondern ihre Endlichkeit zu bedenken.

Das in 19 Strophen gegliederte Werk umfaßt in Maurers Edition 76 Langzeilen. Es ist in der gleichen Ochsenhausener Handschrift überliefert, die auch die Fassung S des ‚Ezzoliedes' bewahrt hat. Wie dieses ist es um 1130 auf freigebliebenen Seiten des ca. 50 Jahre älteren Kodex nachgetragen worden. Das Gedicht selbst dürfte im ausgehenden 11. Jahrhundert verfaßt worden sein; Entstehungsheimat ist sicher der alemannische Raum. Als Autor nennt der letzte Vers einen *Noker*. Trotz intensiver Bemühungen ist es bisher nicht gelungen, diesen Noker/Notker eindeutig zu identifizieren. Das Ende des Gedichts – sicher Strophe 19, vielleicht auch schon Strophe 18 – geht in der überlieferten Form nicht auf den Autor, sondern auf den Schreiber zurück. So hat die früh geäußerte Überlegung immer noch etwas für sich, der Schreiber habe aufgrund seines ungefähren Wissens um die deutschen Werke Notkers III. von St. Gallen in diesem auch den Autor des ihm vorliegenden volkssprachigen Werkes vermutet.

Der Nachdruck, mit dem das Gedicht die Vergänglichkeit und Unzulänglichkeit der Welt ins Bewußtsein ruft, die Einprägsamkeit, mit der es davor warnt, um eines kurzen Augenblickes willen die Ewigkeit aufzugeben, lassen das ‚Memento mori‘ auch heute noch als ein Glanzstück geistlicher Rhetorik erscheinen, selbst wenn man berücksichtigt, daß der Dichter seine Leistung nicht aus sich selbst allein hervorgebracht hat, sondern einer langen Tradition in lateinischer Sprache verpflichtet ist. Das ‚Memento mori‘ ist eine Bußpredigt – und unzählige Aufrufe zu Buße und Umkehr sind ihm vorangegangen. Nur weil schon so oft um die Präzisierung der gleichen Gedanken, um ihre wirksamste Formulierung gerungen worden war, kann der Verfasser des ‚Memento mori‘ seine Aussagen mit so großer Sicherheit und Schärfe artikulieren. Der Blick auf die Tradition relativiert auch die oft betonte zeitkritische Aktualität des Werkes. Wenn der Prediger vor Rechtsmißbrauch warnt und die Bestechlichkeit der Richter anprangert, wenn er mahnt, sich rechtzeitig und freiwillig vom Reichtum zu trennen, von dem der Tod den Menschen ohnehin trennt, so sind dies die seit Jahrhunderten in der geistlichen Literatur wiederholten zentralen Gedanken zum Thema „Gefährdung des Seelenheils". Das bedeutet nicht, daß Habgier und Rechtsbeugung zur Entstehungszeit unseres Werkes nicht drückende Mißstände gewesen wären und daß ihre Beseitigung dem Autor nicht besonders am Herzen gelegen hätte. Er klagt diese Vergehen an und erinnert eindrücklich daran, daß ein solches Handeln nicht dem Willen Gottes entspricht. Gott hat die Nächstenliebe zur Richtschnur menschlichen Miteinanders gemacht; sie ist das allen gemeinsame *reht*, gegen das die Menschen fortwährend verstoßen. Solche Verstöße sind schwer begreiflich angesichts der Gotteskindschaft aller Menschen und ihrer Abstammung von dem einen Stammvater Adam. Diese gemeinsame Abstammung bedeutet, daß alle Menschen verwandt und letztlich gleichwertig sind.

Diese Gedanken sind sicher vom Dichter in die eigene Zeit hineingesprochen, wollen die Hörer und Leser seiner Gegenwart erreichen, aber sie sind nicht „aktuell" in dem Sinne, daß sie neue Tendenzen zum Ausdruck brächten, die dem Frühmittelalter fremd gewesen wären. Der moderne Leser könnte zwar versucht sein, den Satz *ube ir alle einis rehtin lebitint* („wenn ihr alle nach dem gleichen Recht lebtet", Str. 11) als Forderung nach Rechtsgleichheit zu verstehen, aber ein Blick auf die Dichtung ‚Vom Recht‘ (s.o. S. 24–27), das sich stellenweise fast wie ein Kommentar zum ‚Memento mori‘ liest, macht deutlich, daß mhd. *reht* nicht dasselbe

bedeuten muß wie nhd. ‚Recht', sondern identisch sein kann mit „göttlicher
Weltordnung" – und in dieser ist für das mittelalterliche Bewußtsein soziale
Ungleichheit durchaus vorstellbar. Daß ein ähnliches „Gesellschaftsmodell"
auch dem ‚Memento mori' zugrunde liegt, dafür gibt das Werk selbst in der
ihm eigenen verknappten Sprechweise einen Fingerzeig: *taz ir warint als ein
man* („daß ihr wie ein Mensch wäret", Str. 7): Die Menschen sollen sich
als Glieder eines Leibes verstehen, der gefügt ist aus verschiedenen Teilen
mit unterschiedlichen Funktionen; nicht alle Teile sind gleich edel, alle
aber gleich wichtig und keiner von ihnen darf verachtet werden. Es ist das
bekannte, christlich überformte Bild der Menenius-Fabel (Livius 2,32), das
hier wie anderwärts (etwa in der ‚Summa theologiae', Str. 20) zur Interpretation der gesellschaftlichen Realität herangezogen wird. Doch die
Gesellschaft und ihre Struktur bilden nicht das Hauptanliegen des Predigers.
Im Gegenteil: ihn interessiert nicht so sehr die soziologische Verschiedenheit
der Menschen als vielmehr ihre existentielle Gleichheit, die allen Menschen
gemeinsame Unzulänglichkeit, Abhängigkeit und Todesverfallenheit. Speziell
der Gedanke an den gleichmacherischen Tod (*ter tot ... er ist ein ebenare*,
Str. 13) wird ihm zum Mittel, individuelle Unterschiede und die sich hieraus
ergebenden unterschiedlichen Leistungen und Erfolge als letztlich unbe-
deutend erscheinen zu lassen. In diesem zentralen Punkt seiner Darlegungen
zeigt sich nun in der Tat ein direkter Zeitbezug, wird ein Problem angesprochen, das sich in dieser Schärfe dem frühen Mittelalter nicht gestellt
hatte: die ethische Bewertung der neuen, auf Erfolg und Selbstentfaltung
hin ausgerichteten Mentalität. Er beobachtet den in allen Lebensbereichen
stürmisch und oft genug rücksichtslos sich durchsetzenden Individualismus
und versucht, diesen zurückzudämmen, zu relativieren. In ihm und in dem,
wie er glaubt, damit notwendig verbundenen praktischen Amoralismus
erblickt der Autor des ‚Memento mori' die eigentliche Gefährdung seiner
Zeit, ihm gilt sein warnender Zuruf.

Noch unter einem dritten Aspekt ist der Blick auf die Tradition für die Beurteilung
des Werkes von Bedeutung. Das ‚Memento mori' wird gern als Musterbeispiel für
den Einfluß „cluniazensischen" Denkens auf die frühmhd. Literatur angeführt.
Selbst die jüngere Forschung, die es ablehnt, die gesamte Literatur unseres Abschnitts
aus dem mönchisch-strengen Geist der kirchlichen Reformbewegung abzuleiten,
neigt doch dazu, wenigstens das ‚Memento mori' als Manifestation radikaler
Weltverachtung und tiefgreifender Seelenangst anzufassen und es mit der „vor-
reformatorischen" Erlösungsgewißheit des ‚Ezzoliedes' zu kontrastieren. Gewiß,
unser Denkmal ist von strengem Ernst und tiefer Skepsis geprägt, und es läßt sich
nicht leugnen, daß eine gewisse Jenseitsstimmung a u c h mit zu den charakteristischen
Zügen der Zeit gehört. Dennoch verringert sich das angenommene Gefälle vom
‚Ezzolied' zum ‚Memento mori' beträchtlich, wenn man bedenkt, daß die zwei
Werke verschiedenen literarischen Typen zugehören. Das festliche Lied hat von
vornherein andere Voraussetzungen als die strenge Bußpredigt. Wie wenig man die
beiden Werke als Exponenten zweier sich ausschließender Sichtweisen der Welt
betrachten darf, macht die Überlieferung deutlich. Will man die Notierung der

beiden Denkmäler in ein und derselben Ochsenhausener Handschrift nicht als ganz
zufällig ansehen, wird man aus diesem Faktum schließen müssen, daß man noch
rund sechzig Jahre nach der Entstehung des ‚Ezzoliedes‘ beide Werke für wichtig
hielt und daß das ‚Ezzolied‘ nicht vom „cluniazensischen" Zeitgeist überholt worden
ist. Neben der Härte des ‚Memento mori‘ behauptete die optimistische Sicht eines
Ezzo unangefochten ihren Platz – und dies innerhalb des gleichen Klosters.

Gleichfalls dem Typ „Reimpredigt" zuordnen läßt sich das Gedicht ‚Vom
Recht‘ (s.o. S. 24–27), nur daß der Typ hier anders ausgeformt erscheint
als beim ‚Memento mori‘. Legt dieses den Hauptakzent auf reuige Zer-
knirschung, so zielt das ‚Recht‘ auf Ermunterung zu ordogemäßem Handeln
und zwar im konkreten Umfeld einer ganz bestimmten Lebenssphäre. Auch
hierfür hatte die lateinische Tradition Vorarbeit geleistet. Nicht nur, daß
die Predigtlehre Anweisung gab, auf den Lebensbereich des jeweiligen
Publikums Rücksicht zu nehmen, es hatte sich sogar ein eigener Typus,
die sogenannte „Ständepredigt", entwickelt, in der der Prediger auf die
besonderen Pflichten und Aufgaben einer bestimmten sozialen Gruppe
(Mönche, Nonnen, Priester, Ritter, Kaufleute, Bauern) einging. Es ist anzunehmen, daß der Autor unseres Gedichtes sich hierdurch anregen ließ, seine
Unterweisung so eng mit den realen Lebenssituationen des Dorfes zu verbinden; die Konsequenz jedoch, mit der er, vom konkreten Ansatzpunkt
ausgehend, ein allgemeines und umfassendes Ordnungssystem entwirft, ist
nicht selbstverständliche Predigttradition, sondern seine eigene Leistung.

Am Rande des Typs „Reimpredigt" stehend, ihm aber doch in vielen
Zügen verwandt und zudem mit dem Gedicht ‚Vom Recht‘ in mehrfacher
Hinsicht verknüpft ist eine allegorische Dichtung mit dem Titel ‚Die
Hochzeit‘.

Das Werk ist in der Millstätter Handschrift überliefert; es folgt dort unmittelbar
auf das Gedicht ‚Vom Recht‘. Mit diesem verbinden es sprachliche (Wortschatz),
formale (Reim- und Verstechnik) sowie gedankliche Übereinstimmungen: Auch die
‚Hochzeit‘ versteht richtiges menschliches Verhalten als Beachtung des *rehtes*, ohne
freilich den Begriff *reht* als zentrales Ordnungsprinzip zu verwenden. Die literarhistorische Deutung dieser Konvergenzen ist umstritten; manche Forscher nehmen
für beide Stücke denselben Verfasser an, andere glauben hingegen, daß der Autor
des Gedichts ‚Vom Recht‘ die ‚Hochzeit‘ in seinem Sinne überarbeitet habe. Die
Frage muß offen bleiben.

Mit der Gattung Predigt hat die ‚Hochzeit‘ die belehrende Absicht gemein-
sam. So spricht der Dichter in der Einleitung von der Verpflichtung des
Weisen, für die Verbreitung der Weisheit, für die Verkündigung der göttlichen Botschaft zu sorgen. Predigthaften Stil verraten auch die ermahnenden
Hinwendungen des Autors zum Publikum, und selbst die allegoretischen
Ausdeutungen (s.u.) haben ihre Entsprechung in der exegetischen Homilie
der Patristik und des Frühmittelalters. Dennoch gibt es einen entscheidenden
Unterschied zur herkömmlichen Schriftpredigt; er besteht darin, daß diese
einen vorgegebenen Text, etwa ein neutestamentliches Gleichnis, nach

seinem geistlichen Sinn befragt, während der Autor unseres Denkmals einen
Text auslegt, den er selbst – zum Zweck der Auslegung – erst in der
vorliegenden Form zusammengestellt hat. So gliedert sich die ‚Hochzeit'
(nach der ebenfalls von einer Allegorie ausgehenden Einleitung) in zwei
Teile, in einen ersten, erzählenden Teil, das *spel*, und in einen zweiten,
deutenden Teil, die Allegorese.

Das *spel* erzählt von einem mächtigen Herrn, dessen Herrschaft hoch oben im
Gebirge liegt. Unter seinem Gesinde erhebt sich ein Aufstand, den der Herr bestraft,
indem er die Schuldigen ins tiefe Dunkel eines von Untieren bevölkerten Abgrundes
stößt. Von dort aus versuchen sie mit Erfolg, weitere Unruhe unter den Leuten
des Herrn zu stiften. Da beschließt dieser, sich mit einem herrlich schönen Mädchen
aus dem Tal zu vermählen, um durch den zu erwartenden Erben dem *reht* Geltung
zu verschaffen. Man schickt einen Boten hinab zu der Jungfrau; diese erklärt ihr
Einverständnis, und wie der Tag der Hochzeit gekommen ist, wird sie prächtig
geschmückt und in frohem Zug zum Sitz ihres Bräutigams geführt. Dort findet ein
großartiges Freudenfest statt.

Die sich an die Erzählung anschließende allegorische Ausdeutung nimmt
weder alle Einzelelemente des *spel* auf, noch folgt sie konsequent seinem
Verlauf. Sie setzt vielmehr in mehreren Gedankenbögen an, das *spel* teilweise punktuell, teilweise in größeren Zusammenhängen auslegend. Dabei
ergeben sich drei Deutungszentren: Braut und Bräutigam stehen für die
Seele und die Zuwendung Gottes zu ihr; die Hochzeitsfeier ist das ewige
Leben im himmlischen Jerusalem; die zielstrebige Eile der Brautbegleiter
bedeutet das intensive Bemühen der Menschen um das Himmelreich.

Allegorese, wie sie der Autor der ‚Hochzeit' vorführt, ist für das Mittelalter eine
wesentliche Form des Verstehens. Sie basiert auf der Überzeugung, daß jedes
geschaffene Sein unter der Oberfläche der jeweiligen Erscheinung eine verborgene
Sinnschicht enthält, die Hinweise gibt auf die Intentionen ihres Schöpfers und auf
den Bezug des jeweiligen „Dinges" zum Ganzen. „Geschaffenes Sein" in diesem
umfassenden Sinne ist sowohl die göttliche Schöpfungswirklichkeit und das göttliche
Offenbarungswort der Heiligen Schrift als auch (freilich in der Unebenbürtigkeit der
Analogie) das dichterische Kunstwerk. Allegoretische Interpretation nun sucht diese
Tiefenschicht der Dinge zu erfassen, den religiösen Verweisungscharakter der
Erscheinungswelt (z.B. der Tiere im ‚Physiologus'), den hinter dem *sensus litteralis*
(„Wortsinn") der Bibel verborgenen *sensus spiritalis* („geistlichen Sinn"), oder –
auf der Ebene der Profanliteratur – den philosophischen Gehalt des im Dichtungs-
werk gestalteten Mythos (Beispiel: Vergils ‚Aeneis').

Die ‚Hochzeit' folgt in ihrem interpretatorischen Teil den Grundstrukturen
der traditionellen Bibelallegorese, wie sie schon mit Otfrids *mystice*-Kapiteln
(s. Bd. I/1) Eingang in die volkssprachige Literatur gefunden hatte; darüber
hinaus scheint sogar das Schema des vierfachen Schriftsinns vom Autor
als formales Gliederungsprinzip der sonst locker aneinander gereihten
Deutungen verwendet worden zu sein. Auch für den erzählenden Teil, die

Allegorie, hat wohl die lateinische theologische Literatur die Anregung gegeben. Eine unmittelbare Quelle ist zwar nicht bekannt, doch ist dem theologischen Schrifttum die Darstellung der Versöhnung Gottes mit den Menschen im Bild der Hochzeit vertraut; relativ nahe kommt unserem Gedicht das Prooemium des Philipp von Harvengt († 1183) zu seinem Hohelied-Kommentar.

Auch die volkssprachige Literatur des 11. und 12. Jahrhunderts kennt die Vorstellung der „heiligen Hochzeit" im Zusammenhang der Inkarnation oder auch Geburt Christi, wie z.B. das ‚Ezzo-Lied' (V, v. 171) oder Frau Ava (‚Leben Jesu', v. 74) belegen. Das Bild bot den Autoren eine ebenso einleuchtende wie poetisch reizvolle Möglichkeit, den heilsgeschichtlichen Vorgang anschaulich zu machen.

Doch wenn der Dichter der ‚Hochzeit' bei seinem *spel* auch lateinische Vorbilder als Ausgangspunkt nimmt, so geben diese doch nur den Anstoß zu einer Gestaltung, die nach Art und Umfang ein erstaunliches erzählerisches Eigenleben entwickelt. Die Mittel zu dieser Darstellung mögen partiell von der mündlichen Dichtung bereitgestellt worden sein – eine gewisse Nähe zu Brautwerbungserzählungen, wie wir sie später in den Spielmannsepen wieder antreffen werden, läßt dies vermuten. Darüber hinaus aber ist es die zeitgenössische Realität, die der Erzählung Farbe verleiht: die Verlobung nach „rechtem, altem Brauch", die Pracht des Hochzeitszuges mit Gesang und Frohsinn und mit dem Zudringen der Bedürftigen, die hoffen, an der allgemeinen Fröhlichkeit bescheiden partizipieren zu dürfen.

Was auf diese Weise entsteht, ist ein komplexes poetisches Gebilde, ein Experiment, das in dieser Form keine Nachfolge gefunden hat, das aber in seiner Art für unsere Zeit charakteristisch ist. Erfindungsreichtum und die Bereitschaft, Neues zu erproben, paaren sich in ihm mit einem wachsenden Interesse an der irdischen Welt, die zwar (noch) nicht um ihrer selbst willen, sondern wegen ihres Verweisungscharakters, aber doch positiv und real in die schriftliterarische deutsche Dichtung hereingeholt wird.

Keine Predigt, aber doch gereimte Unterweisung auf theologischer Grundlage bieten die ‚Idsteiner Sprüche der Väter', die wir daher an dieser Stelle anschließen. (Sie sind benannt nach dem Herkunftsort der Handschrift, Idstein im Taunus.) Sie bieten Lebenslehre in knappster Form, indem sie als „gereimte Memorierverse" (Pretzel) entsprechende Stellen aus der Bibel und den Schriften der Kirchenväter versifizieren. Die in den ersten Jahrzehnten des Jahrhunderts entstandenen 142 – teilweise verstümmelten – Verse sind thematisch geordnet; sie behandeln Verschwiegenheit, die rechte Einstellung zum Lob, Beherrschung im Essen und Trinken, Askese überhaupt.

Reimtheologie

Frühmhd. Reimpredigt und frühmhd. Reimtheologie sind nicht scharf voneinander zu trennen (vgl. o. S. 44f.). Dem gleichen Ziel der Belehrung verpflichtet, unterscheiden sie sich nur durch ein Mehr an ermahnender

Publikumszuwendung oder ein Mehr an gedanklicher Durchdringung der Glaubensinhalte. An der sogenannten ,Summa theologiae' ist dieser Sachverhalt recht gut abzulesen. Die in den Versen 255–304 ausgesprochene Warnung vor Sünde und Gericht entspricht ganz der Art der Predigt, aber dieser Zug ist nicht der bestimmende. Vielmehr überwiegt das intellektuelle Moment, der Versuch, die Heilsereignisse zu erklären und zu einem Deutungssystem zu versammeln.

Das 324 Kurzverse (Waag) bzw. 32 fünf- bis sechszeilige Strophen (Maurer) umfassende Gedicht ist in der Vorauer Sammelhandschrift überliefert; hinzu kommen zwei weitere, jeweils nur wenige Verse umfassende Fragmente, ebenfalls aus dem 12. Jahrhundert. In der Vorauer Fassung ist das Werk vom bairischen Dialekt des Schreibers geprägt, doch weisen Spuren einer darunter liegenden Sprachschicht nach Westen: rheinfränkische oder alemannische Herkunft wurde erwogen. Im Vorauder Kodex hat eine jüngere Hand den Titel ,De sancta trinitate' (,Über die heilige Dreifaltigkeit') nachgetragen. Als Entstehungszeit kommen die ersten Jahrzehnte des 12. Jahrhunderts in Betracht.

Der Titel ,Summa theologiae' ist modern (Scherer) und hat immer wieder Anstoß erregt. Er ist in der Tat irreführend, wenn man ihn als Terminus technicus auffaßt; das Werk ist keine gelehrt-scholastische ,Summa' in der Volkssprache. Es wäre leicht, unserem Denkmal Unvollständigkeit und Ungleichmäßigkeit in der Darstellung der behandelten Gegenstände nachzuweisen, aber wissenschaftliche Vollständigkeit ist gar nicht das intendierte Ziel, sondern die möglichst präzise und einprägsame Darstellung der zentralen Themen des Glaubens (Trinität, Fall der Engel, Erschaffung des Menschen, Kreuzestod Christi). Dabei wird nun nicht einfach die Bibel nacherzählt, sondern durchaus der Versuch gemacht, die genannten Themenkomplexe mit den Mitteln der zeitgenössischen Theologie (typologische Verknüpfung von Altem und Neuem Testament, Natursymbolik) zu durchdringen. Aus dem, was die Fachtheologie an Erklärungen zusammengetragen hatte, gibt die Dichtung einen „summarischen" Auszug, zusammengestellt im Blick auf den interessierten Laien. In diesem Sinne verstanden ist der Titel nicht unzutreffend.

Die genannte Zielsetzung prägt auch die Form der Darstellung, wofür die einleitenden Verse 1–30 als Beispiel dienen können. In ihnen gibt der Autor gleichsam als Basis für alle weiteren Darlegungen eine Wesensbestimmung Gottes. Er kennzeichnet ihn als den ewigen, dreieinigen, allmächtigen und allgütigen. Diese Definition Gottes durch seine Proprietäten (wesentlichen Eigenschaften) zielt aber nicht auf ein theoretisch-abstraktes Begreifen der göttlichen Essenz, sondern auf ein „religiöses" Erfassen der Gotteswirklichkeit und deren Relevanz für das menschliche Tun. Aus der Tatsache, daß Gott allmächtig und gütig ist, ergibt sich für den Menschen als angemessene Haltung Furcht und Liebe und als Aufgabe immerwährender Lobpreis. Die Befähigung hierzu empfängt er aus seiner Gottesebenbildlichkeit: die Seele ist vom göttlichen Geiste durchdrungen, die drei Seelenkräfte *ratio, memoria, voluntas* (Verstand, Gedächtnis, Wille) sind ein Abbild der Trinität.

Damit ist das Thema gegeben, das im Verlauf des Werkes breiter entfaltet wird: der große Gott, Schöpfer und Erhalter alles Seienden, auf der einen Seite, und auf der anderen der auf diese Größe hingeordnete Mensch und sein Verhalten. Die Macht- und Gnadenerweise Gottes in der Geschichte – von der Erschaffung der Engel bis zur Erlösung – bilden das Hauptthema des ersten Teils (v. 31–174). Diese Geschichte wird freilich nicht als Kontinuum dargestellt wie noch im ‚Ezzolied‘, das in Str. 11f. den Bogen von Adam über Abel, Henoch, Noe, Abraham, David, Johannes Baptista bis zu Christus wenigstens andeutet. Der Dichter der ‚Summa‘, Konstruktivist und Systematiker, konzentriert sich darauf, die geschichtstheologisch entscheidenden Wendepunkte herauszuholen und einsichtig zu machen: die Erschaffung der „hehren und edlen Geister" (v. 38), ihre freie Willensentscheidung für oder gegen Gott (Ursprung des Bösen), die Erschaffung des Menschen als Mikrokosmos, der verlorengegangene Stellvertreterkampf Adams mit dem Teufel und die hieraus sich ergebende Knechtung der gesamten Menschheit, die Herausforderung des Teufels durch den *andir Adam* (v. 137), Christus, und dessen Sieg am Kreuz. Der Opfertod Christi steht inhaltlich und formal im Zentrum des Gedichts; seine heilsgeschichtliche Bedeutung wird in einer Kreuzes-Allegorese theologisch reflektiert. Der zweite Teil der ‚Summa‘ (v. 175–314) legt den Schwerpunkt auf die christliche Lebensführung. Zwar ist durch das Kreuz die Erlösung fundamental vollzogen, damit aber der einzelne das Heil wirklich erlangt, ist ein Leben „im Zeichen des Kreuzes" notwendig. Als Fundament eines solchen Lebens wird das Doppelgebot der Liebe herausgestellt. Das Gedicht endet mit dem Ausblick auf das Jüngste Gericht und die Seligkeit in der unvergänglichen Gegenwart Gottes und schlägt damit den Bogen zurück zum Ausgangspunkt.

Man hat der ‚Summa theologiae‘ im Vergleich zum ‚Ezzolied‘ Mangel an hymnischer Gestimmtheit vorgeworfen und darüberhinaus festgestellt, daß sie sich sprachlich weit weniger als alle anderen frühmhd. Dichtungen vom lateinischen Vorbild lösen konnte. Gewiß, die ‚Summa‘ ist kein Festlied, sie will dies aber auch gar nicht sein. Sie versteht sich selbst als eine Lehrdichtung, und als solche ist sie achtenswert, nicht nur im Hinblick auf die Gesamtkonzeption, sondern auch wegen ihres aufs Ganze gesehen erfolgreichen Bemühens um die präzise und verständliche Wiedergabe theologischer Begriffe und Sachverhalte in der Volkssprache. Neuere Forschung hat die lateinischen Wurzeln der ‚Summa theologiae‘ im einzelnen nachgewiesen und gezeigt, daß oft hinter einer andeutenden Wendung eine lange und reiche Tradition theologischen Denkens steht. Daß diese lateinische Ausgangsbasis im Sprechduktus des Dichters bisweilen noch durchschlägt, ist ihm kaum zum Vorwurf zu machen. Insgesamt läßt sich sagen, daß der Dichter für sein Vorhaben, einem theologisch ungeschulten Publikum die zentralen Punkte christlichen Glaubens zu erklären, eine überzeugende Darstellungsform gefunden hat, und dies höchstwahrscheinlich ohne Anlehnung an eine vorgeformte lateinische Quelle. Was der Dichter der ‚Summa theologiae‘ vorlegt, erscheint vielmehr als ein eigenständiges Gebilde, zusammengefügt aus Elementen, die dem Fundus des theologischen Wissens entnommen sind, und entworfen für die Rezeption durch interessierte Laienkreise, ein

im besten Sinn des Wortes populärwissenschaftliches Werk. Darin zeigt sich
eine geistige Verwandtschaft mit Honorius Augustodunensis († um 1137),
der in lateinischer Sprache für den Seelsorgeklerus ein im Ansatz vergleichbares, freilich entschieden umfassenderes Popularisierungsprogramm durchführte. Beide Autoren antworteten offenkundig auf ein Bedürfnis ihrer Zeit.
Dieses Bedürfnis erkannt zu haben, wird man dem ‚Summa'-Dichter zum
Verdienst anrechnen müssen, auch wenn sein bescheidenerer Versuch, wie
es scheint, selbst für Laien bald nicht mehr genügte. Schon ein halbes
Jahrhundert später wird das Gedankengut des Honorius im wesentlich
umfangreicheren deutschen ‚Lucidarius' jene Verbreitung finden, die der
‚Summa' versagt blieb (vgl. Bd. II/1).

Theologische Naturkunde

Belehrung über das Heil und über dessen Gefährdung ist auch das Thema
des jetzt zu besprechenden Werkes. Der Weg freilich, auf dem dieses Ziel
verfolgt wird, unterscheidet sich von dem der bisher behandelten Denkmäler.
Es ist das ‚Buch der Natur', die Schöpfung, die hier als Erkenntnisquelle
fungiert. So werden aus dem Tierreich einzelne, vor allem exotische Vertreter
mit den Methoden der christlichen Allegorese nach ihrer tieferen geistlichen
Bedeutung befragt. Das Werk trägt den Titel ‚Physiologus', das heißt,
„der Naturforscher".

Entstanden wohl gegen Ende des 2. nachchristlichen Jahrhunderts in Alexandrien,
fand es als christliches „Volksbuch" rasche Verbreitung und wurde noch in der
Antike in die verschiedensten Sprachen übersetzt, so auch zu Beginn des 5. Jahr-
hundets ins Lateinische, und zwar in zwei verschiedenen Fassungen, AB und C.
Eine Bearbeitung der Fassung AB, der man im 19. Jahrhundert den Titel ‚Dicta
Chrysostomi' gab, wurde zur Vorlage der drei deutschen Übersetzungen. Deren
älteste, in der 2. Hälfte des 11. Jahrhunderts im alemannischen Raum entstanden
und in einer Wiener Handschrift aus St. Paul/Kärnten überliefert (Österreichische
Nationalbibliothek 223, Ende des 11. Jahrhunderts), kürzt die lateinische Vorlage
stark aus und bricht mitten in Kapitel 12 ab, während der ‚Jüngere Physiologus',
in der Wiener Handschrift 2721 zwischen ‚Altdeutscher Genesis' und ‚Altdeutscher
Exodus' überliefert, den vollständigen Text der ‚Dicta Chrysostomi' enthält. Diese
zweite Übersetzung wurde um 1120 in Bayern/Österreich unabhängig vom ‚Älteren
Physiologus' hergestellt, war aber ihrerseits Ausgangspunkt für eine Reimbearbeitung,
den ‚Millstätter Physiologus' oder ‚Reimphysiologus'. (‚Älterer' und ‚Jüngerer
Physiologus' sind, wie ihre Vorlage, in Prosa.) Der ‚Reimphysiologus' ist in der
Millstätter Handschrift auf uns gekommen; er steht dort gleichfalls zwischen
‚Genesis' und ‚Exodus'. Als Abfassungszeit gelten jetzt die Jahre zwischen 1120
und 1130.

Der ‚Physiologus' bietet das Schema allegorischen Denkens in geradezu
klassischer Einfachheit und Einprägsamkeit. Die Ebene des zu Deutenden
und die Interpretation sind klar voneinander getrennt und in ihrer Funktion

kenntlich gemacht. Das betreffende Tier — insgesamt sind es 30 in 27 Kapiteln — wird benannt und unter Berufung auf die Autorität des „Natur- forschers" (den man vielleicht mit Aristoteles identifizierte) in seinen wesentlichen Eigenschaften beschrieben. Hierauf folgt die typologische oder moralische Ausdeutung des ermittelten „Sachverhalts".

Als Beispiel diene Kapitel 18: Physiologus sagt vom Igel: Er hat Stacheln und ist von übler Beschaffenheit. Zur Zeit der Weinlese klettert er an den Weinstöcken hoch, schüttelt die Beeren herunter, wälzt sich über sie, spießt sie so auf seine Stacheln und trägt sie nach Hause. Der Igel bezeichnet den Teufel, vor dem der Mensch seinen Weingarten, das heißt, die Früchte seiner guten Werke, bewahren soll. (Vgl. Abb. 3)

Als ganzes ist dieses geistlich-naturkundliche Werk in deutscher Sprache von den folgenden Jahrhunderten nicht rezipiert worden. Der Grund hier- für ist vielleicht gerade in dem starren Deutungsschematismus zu suchen, dem doch ein hoher Grad von Künstlichkeit eignet. Denn dort, wo aus der Parallelisierung von Naturkunde und Glauben, aus dem Nebeneinander von Beschreibung und allegorischer Deutung ein einheitlicher, anschaulicher Vorstellungszusammenhang geworden ist, bleiben die Tiergestalten des ‚Physiologus‘ lebendig, werden einzelne Züge zur gleichsam selbstverständ- lichen Chiffre für einen Begriff, einen Vorgang, so daß sie immer wieder begegnen: in der bildenden Kunst, zu Plastiken oder Teppichbildern geronnen, oder als poetische Motive in der Literatur, und dies in mehr oder weniger enger Verbindung mit ihrem geistlich-theologischen Ursprung. Der opferbereite Pelikan, der sich verjüngende Phönix, das Einhorn im Schoß der Jungfrau haben die Jahrhunderte überdauert. (Vgl. Abb. 5.)

Anhang: Erd-, Natur- und Heilkunde

Nicht mehr unter den Rahmentitel „Belehrung über das Heil" subsumierbar ist eine Dichtung geographischen Inhalts, der sogenannte ‚Merigarto‘. Er enthält zwar Lehre, und es fehlt auch nicht der Bezug auf den Schöpfer der Natur, aber diese Natur wird nicht wie im ‚Physiologus‘ um ihres Ver- weisungscharakters, sondern um ihrer selbst, um ihrer Eigenart willen beschrieben.

Das in zwei Fragmenten vom Ende des 11. Jahrhunderts erhaltene Werk (45 und 60 Langzeilen bzw. 89 und 121 Kurzverse) ist nach jüngster Forschung um 1070 in Regensburg (Prüll) entstanden. Der Titel ist nur der Form nach alt; er wurde dem Werk erst im 19. Jahrhundert vom ersten Herausgeber (Hoffmann) zugeteilt. ‚Merigarto‘ bedeutet die Erde als das „vom Meer umgebene Land". Die Bezeichnung ist nicht ungeschickt gewählt: Die gesamte Dichtung, jedenfalls soweit sie uns vorliegt, handelt von den Meeren oder besser von den Gewässern der Welt.

Die Auswahl freilich, nach der dies geschieht, ist bestimmt durch das Moment des Wunderbaren. Der ‚Merigarto' ist eine Art Topographie des Erstaunlichen; es werden fast nur Gewässer mit außergewöhnlichen Eigenschaften aufgeführt. All diese Wunder verdanken ihre Existenz der Schöpfertätigkeit Gottes, der den Meeren ihre Grenzen anwies, die Gezeiten bestimmte und nach der Scheidung von Festland und Ozean (Gen. 1, 9f.) die Erde bewässerte (v. a-1). Die Welt als solche mit ihren Quellen, Seen, Flußläufen, Bergen (v. 2–20) ist gut und nützlich eingerichtet, und vor allem ist sie aufregend mannigfaltig. Was der Autor zu Beginn seiner Ausführungen vom Meer feststellt, gilt entsprechend auch von allen anderen Beschreibungsobjekten: *daz nist nieht in ieglichere stete al in einemo site* („das ist nicht überall von der gleichen Art", v. 24f.).

Das Material, das der Autor ausbreitet, ist traditionell und vermutlich weitgehend aus einer Vorlage übernommen; die Nachrichten selbst erscheinen dem modernen Leser teilweise abstrus, und doch geht ein frischer, unbekümmerter Zug von Weltneugier durch das Ganze und man spürt, welches Vergnügen der Dichter daran fand, dem staunenden Publikum von all den *mirabilia* („wunderbar-seltsamen Dingen") zu berichten. Der gleiche persönlich-subjektive Zug findet sich auch in der Verknüpfung von Tatsachenbericht und Autobiographie. Er habe, sagt der Verfasser, wegen eines Bischofschismas aus seiner Heimatstadt fliehen müssen; im Utrechter Exil habe er dann von einem vertrauenswürdigen Priester namens Reginbert erstaunliche Dinge über Island erfahren. Das Auffallende an dieser Geschichte ist nicht so sehr der Hinweis auf den verläßlichen Gewährsmann, mit dem man selber gesprochen hat − das ist bei Wunder-Berichten feste Tradition −, sondern daß zum einen die biographischen Voraussetzungen für das Zusammentreffen mit dem Augenzeugen so ausführlich geschildert werden, und daß zum andern der Authentiebeweis gerade nicht bei einer „unglaublichen" Geschichte eingefügt wird, sondern bei der real überprüfbaren (und weitgehend richtigen) Schilderung der isländischen Verhältnisse und des Islandhandels, einem Gegenstand zudem, der nicht direkt zum eigentlichen Thema der Darstellung (Gewässer) gehört.

Somit geht die Wahrheitsbeteuerung deutlich über das rein Topische hinaus, bedeutet der Islandexkurs, wenigstens im Ansatz, einen Schritt hin zu subjektiver Welterfahrung. Daß dabei das Fremdartige, Nicht-Vertraute den Hauptreiz darstellt, ist dem Autor ebensowenig zum Vorwurf zu machen wie einem Sven Hedin im 19. Jahrhundert.

Außer dem poetischen ‚Merigarto' sind aus dem 11. und frühen 12. Jahrhundert noch zerstreute Überreste deutscher Prosa erhalten, die das Gebiet der Natur- und Heilkunde betreffen. Dabei ist freilich „deutsch" ebenso in Anführungszeichen zu setzen wie „Naturkunde". Die meisten Texte sind in deutsch-lateinischer Mischprosa abgefaßt, und in der Lehre von der Natur und ihren Kräften stehen Elemente der Beobachtung und der praktischen Erfahrung (Heilkräuter) oft unvermittelt neben antiker

Spekulation (Wirkung der Edelsteine), jüdisch-christlicher Weltdeutung (Teufelsglaube) und archaischer Magie (Zauber bzw. Segen).

Zwei Beispiele aus dem ‚Innsbrucker Arzneibuch' (Universitätsbibliothek 652, 12. Jahrhundert) zur Verdeutlichung. Gegen Kopfweh werden Umschläge mit in Wein geriebenem Wegerich empfohlen; gegen Nasenbluten das Aufsagen eines Segens: *Der lange longinus transfixit Christi latus. statimque fluxit sanguis de latere. in ipsius nomine stet sanguis iste.* („Der lange Longinus durchbohrte Christi Seite. Sogleich floß das Blut aus seiner Seite. In seinem Namen stehe dieses Blut still.")

Die Datierung der einzelnen Texte ist kaum möglich, für unsere Zwecke aber auch kaum nötig, da sie mit ihrem durchaus unterliterarischen Charakter im Entfaltungsprozeß der literarischen Formen keine Rolle spielen und für uns nur die Beobachtung wichtig ist, daß neben dem sprachlichen Kunstwerk nunmehr in verstärktem Maße auch reine Zweckprosa aufgezeichnet wird und so ein Prozeß in Gang kommt, der über das späte Mittelalter hinaus noch das Schriftwesen unserer eigenen Gegenwart prägt.

Mit einiger Sicherheit lassen sich jedoch unserem Zeitabschnitt das ‚Prüler Steinbuch' und das ‚Prüler Kräuterbuch' zuordnen, beide die ersten bekannten Vertreter ihrer Gattung in deutscher Sprache, beide Teile eines um 1150 geschriebenen geistlich-naturwissenschaftlichen Florilegs, das aus der Kartause Prüll bei Regensburg stammt (Staatsbibliothek München, Clm 536), jenem Kloster also, in dem vermutlich auch der ‚Merigarto' beheimatet ist. Das dritte größere Denkmal, das ‚Innsbrucker Arzneibuch', wurde oben schon genannt.

Dazu treten einige kleinere Texte in Sonderüberlieferung, ein Rezept gegen Lähmung, der ‚Regensburger Augensegen', vielleicht auch noch der Liebeszauber der sogenannten ‚Frauengeheimnisse' – Zeugnisse jener schon erwähnten Mischung von Naturkunde, Frömmigkeit und Aberglauben, die nur aus einer Mentalität verstehbar ist, in der der Mensch sich der Gesamtnatur sympathetisch verbunden fühlte und irdisches wie überirdisches Heil in jener unauflösbaren Einheit zusammensah, die durch die Identität des Schöpfergottes mit dem Planer und Lenker der Heilsgeschichte garantiert wurde.

Erzähltes Heil

Auch in der erzählenden Literatur unseres Zeitabschnitts steht das Heilsgeschehen im Zentrum. Dichtungen über Schöpfung und Sündenfall, über Gestalten und Begebenheiten des Alten Testaments, über Inkarnation, Erlösung und das Wirken der Gnade in der letzten Weltzeit, über die Herrschaft des Antichrist, das Jüngste Gericht, den ewigen Lohn und die ewige Strafe nehmen den größten Raum in der literarischen Produktion dieser Jahrzehnte ein. Nicht alle Epochen der Heilsgeschichte haben dabei in gleichem Maße die Aufmerksamkeit der Autoren auf sich gezogen. Vergleicht man die zwischen 1060 und 1140 verfaßten Werke mit der althochdeutschen Bibelepik, so stellt man zum einen fest, daß das Neue Testament seine dominierende Rolle eingebüßt hat, zum andern aber, daß die heilsgeschichtliche Gegenwart, die Zeit nach Christi Erdenleben, mehr und mehr ins Blickfeld rückt. Die charakteristischen Repräsentanten dieser Zeit sind die Heiligen, in deren Leben sich die *historia divina* („göttliche Geschichte") dieser sechsten Weltzeit am reinsten manifestiert. Da das Leben der Heiligen sich aber in der Auseinandersetzung mit der Welt vollzieht, dringt fortschreitend auch die *historia mundana* („weltliche Geschichte") in die Heilsgeschichtsdarstellung ein und hilft so, den Weg für eine Profangeschichtsschreibung zu bereiten. Deutsche Geschichtsschreibung in selbständiger Form, obschon noch ganz von geistlicher Deutung bestimmt, bildet denn auch den krönenden Abschluß des ersten Teils unserer Darstellung. Beide Formen von Geschichte, die heilige und die profane, sind nach mittelalterlichem Verständnis *historia verax* („wahre Geschichte") im Gegensatz zu den Lügenfabeln der „Dichter": in beiden Fällen wird Geschichte als Heilsereignis zum Gegenstand des Erzählens gemacht, aber doch mit einem spürbaren Unterschied: für die eine Form bietet die Heilsgeschichte sowohl den Stoff wie auch die Erzählstruktur, für die andere ist sie in erster Linie das übergreifende Deutungssystem, während das Erzählmaterial aus der weltlichen Geschichte genommen ist. Entsprechend gliedert sich unsere Darstellung in zwei Abschnitte: Bibeldichtung (biblische Balladen, Bibelepik mit den Untergruppen alttestamentliche und neutestamentliche Dichtungen) und Geschichtsdichtung.

Bibeldichtung

Ausführlichkeit und Vollständigkeit, mit denen die gottgelenkte Menschheitsgeschichte dargestellt wird, variieren in unseren Denkmälern beträchtlich. Die Formen reichen vom knappen, auf wenige Ereignisse sich konzentrierenden Ausschnitt über die breit ausholende, dem Bibeltext relativ nahestehende Wiedergabe umfangreicherer Partien bis hin zur Vergegenwärtigung der gesamten Heilsgeschichte anhand der wesentlichen Stationen. Hierbei wirkt sich die für die frühmhd. Literatur insgesamt charakteristische Tendenz zu ordnen, zu systematisieren, Beziehungen zwischen einzelnen Erscheinungen herzustellen, auch auf die Darbietungsform der erzählenden Literatur aus. Das heißt, selbst dort, wo nur Ausschnitte aus der universalen *historia salutis* gegeben werden, läßt man in aller Regel das Erzählte nicht isoliert für sich stehen, sondern bemüht sich, den Gesamtzusammenhang deutlich zu machen, sei es, daß der heilsgeschichtliche Bezugsrahmen durch kurze Hinweise wenigstens anzitiert wird, sei es, daß man durch typologische Anspielungen das Erzählte über sich hinausweisen läßt, oder daß man durch Reihung ursprünglich selbständiger Stücke die Einbindung der Teildarstellung in das übergreifende Ganze zu bewerkstelligen sucht. So bietet die Heilsgeschichte das große

Koordinatensystem, dem sich alles Geschehen einordnet und durch das alles Erzählen strukturiert wird.

Biblische Balladen

Unter den erzählenden Werken unseres Zeitraums ordnen sich drei Denkmäler zu einer Gruppe zusammen, da sie in derselben Sprachlandschaft entstanden und gemeinsam überliefert, thematisch verwandt und vor allem in der Darstellungsform ähnlich sind: ‚Die drei Jünglinge im Feuerofen', ‚Die Ältere Judith' und ‚Das Lob Salomos'. Die beiden ersten verkörpern in ihrer Erzählweise den Typ des geistlichen Ereignisliedes, der „geistlichen Ballade" (Schröder): knapp andeutende, sich auf das unerhörte Ereignis konzentrierende Darstellung, Wechselreden, dichte Stimmung. Die letztgenannte Dichtung ist zwar aufs ganze gesehen anders – in ihr überwiegt die Schilderung von Zuständen und Personen über das Ereignishafte –, aber sie enthält als Versatzstück eine kleine Ballade, die ursprünglich selbständige Erzählung ‚Salomo und der Drache'.

Die drei Werke sind im 1. Drittel des 12. Jahrhunderts verfaßt. Trotz der bairischen Überformung im jetzt einzigen Textzeugen, der Vorauer Handschrift, ist die ehemalige Dialektheimat erkennbar; es ist sicher der fränkische, vielleicht der rheinfränkische Raum. Die Vereinigung der von verschiedenen Autoren stammenden Stücke zu einer Trias, die Anordnung zur Reihe ‚Lob Salomos', ‚Jünglinge', ‚Judith', sowie die besondere Verknüpfung von ‚Jünglinge' und ‚Judith' miteinander dürfte bereits auf einer Stufe erfolgt sein, die vor der Vorauer Abschrift liegt.

Am ausgeprägtesten vertritt die ‚Ältere Judith' (12 bzw. 13 Strophen mit 68 Langzeilen bzw. 136 Kurzversen [Maurer bzw. Waag]) den Typ der balladesken Kurzform. Die Ereignisse werden in rascher Abfolge erzählt unter weitgehendem Verzicht auf Verdeutlichung der Zusammenhänge und Schilderung der Rahmensituation. Häufig treiben direkte Reden die Handlung voran; die Handlungsschritte werden gewöhnlich durch einfach anreihendes *do* verbunden. Vor allem aber erscheint der Charakter Judiths gattungsgemäß umgeformt. Ging es der biblischen Quelle um den Triumph Gottes über seine Feinde durch die Hand einer schwachen Frau, so ist hier aus dem demütigen Werkzeug eine selbstbewußt Handelnde und Entscheidende geworden, ein ebenbürtiger, ja überlegener Gegenspieler des männlichen Protagonisten, – eine Konstellation, wie sie uns aus eddischen Liedern wie der ‚Atlakvidha' oder den ‚Atlamâl' vertraut ist.

Man hat zu Recht diese Form des Erzählens in die Nähe mündlicher Dichtung gerückt und in der ‚Älteren Judith' die willkommene Möglichkeit gesehen, sich von dieser Kunst eine Vorstellung zu machen. Die tiefste Übereinstimmung von ‚Judith' und „oral poetry" liegt wohl in der völligen Selbstgenügsamkeit der staunenerregenden Handlung. Hier fehlt tatsächlich das für die geistliche Literatur der Zeit sonst so kennzeichnende Bemühen um heilsgeschichtliche Einordnung, um die Herstellung jenes Deutungsbezugs, der dem Hörer das *tua res agitur* („die Geschichte handelt von dir") bewußt macht. Wenn das ‚Annolied' (Str. 1) mündliche Dichtung als ein ereignisorientiertes *singen von alten dingen* beschreibt, so trifft das auch auf die ‚Ältere Judith' zu, nur daß die hier vorgestellten *gesta fortia* („Heldentaten") eben nicht der profanen, sondern der biblischen Geschichte entnommen sind.

Diesem Befund scheinen zwar die Strophen 6 und 13 (Waag) zu widersprechen – erstere enthält ein Bekenntnis des Christusglaubens, letztere eine Engelserscheinung, in der der weitere Geschehensverlauf vorausverkündet wird – aber beide Strophen sind nach fast einhelliger Forschungsmeinung jüngere Zutaten. In ihnen wird – und das ist aufschlußreich – der Dichtung gerade das hinzugefügt, was dem alten Kern fehlte: das heilsgeschichtliche Bezugssystem. In Strophe 6 steht Christus als Weltenschöpfer gegen heidnische Abgötterei, Strophe 13 gibt eine Verständnishilfe für das Geschehen, deutet an, in welchem Wertungszusammenhang das Erzählte gesehen werden soll: Es soll nicht aufgefaßt werden als rühmende Verkündigung einer selbstsicher-heldischen Großtat, sondern als Beispiel dafür, daß jedes menschliche Handeln unter der planenden Vorsehung Gottes steht.

‚Die drei Jünglinge im Feuerofen' (7 Strophen mit 43 Langzeilen [Maurer] bzw. 84 Kurzversen [Waag]) geben die biblische Erzählung Daniel 3 wieder. Auch in dieser Dichtung ist die in der Quelle breit ausgeführte Schilderung auf die entscheidenden Punkte der Handlung reduziert: Errichtung und Verehrung des Götzenbildes, Widerspruch der drei Jünglinge, siegreiche Feuerprobe, Bekehrung der Heiden. (Das Gebet des Azarias fehlt ganz; an die Stelle des großen, aus der Liturgie wohlbekannten Canticum ‚Benedicite' treten zwei einzeilige lateinische Gebetsrufe.) Im Unterschied zur ‚Älteren Judith' ist aber in diesem Stück die Bezugnahme auf die Heilsgeschichte nicht von einem späteren Bearbeiter hinzugefügt, sondern ursprünglich. So erscheint der Bekennermut der Jünglinge nicht als isolierte, individuelle Heldentat, sondern als Episode in der universalen Auseinandersetzung zwischen Abgötterei und Christusglauben, einer Auseinandersetzung, die auch den wesentlichen Inhalt der alttestamentlichen Geschichte bildete (Str. 1).

Das umfangreichste Stück der Trias, das ‚Lob Salomos' (25 bzw. 24 Strophen mit 130 Langzeilen bzw. 258 Kurzversen [Maurer bzw. Waag]) verbindet vollends volkstümlich-mündliche Erzählhaltung und theologische Gelehrsamkeit zu einer überraschenden, aber nicht in Frage zu stellenden Einheit. Erzählt wird, nach einer *invocatio scriptoris* („Anrufung des göttlichen Beistands durch den Dichter"), von Salomos richtiger Wahl (Weisheit statt Reichtum), vom Tempelbau, der dem König nur mit Hilfe eines listig überwältigten Drachens gelingt, von der glänzenden Ausstattung dieses Tempels und vom Besuch der Königin von Saba – für den Dichter willkommener Anlaß, die Pracht von Salomos Hofhaltung zu schildern. An den erzählenden Teil schließt sich eine Allegorese an – König und Königin bezeichnen Christus und die Kirche, die Dienstmannen die Bischöfe – sowie ein Kommentar zu Salomos Friedensherrschaft, aus dem man einen Stoßseufzer über die eigene wirre Zeit herauszuhören glaubt. Mit der Bitte des Autors um Aufnahme in das himmlische Jerusalem endet das Gedicht.

Über das biblische Material, das den Büchern 1 Könige 3–10 und vor allem 2 Chronik 1–9 entnommen ist, verfügt der Dichter frei, entsprechend seinem Konzept: Salomo erbittet Weisheit und erhält außer dieser auch noch Reichtum von Gott. Beides wird erzählerisch vorgeführt, die Weisheit überwiegend im ersten Teil (Tempelbau als Werk von Kunst-Weisheit), der Reichtum überwiegend im zweiten, gewissermaßen vor den Augen der Königin ausgebreitet. In den Abschnitt ‚Salomos Weisheit' ist darüber hinaus auch außerbiblischer, nämlich talmudischer Stoff eingefügt, die oben schon erwähnte balladenhafte Erzählung ‚Salomo und der Drache'.

Die überlieferte Anordnung der drei Dichtungen unterstreicht einmal mehr die Tendenz der frühmhd. Periode, sinnstiftende Bezüge herzustellen. Nicht nur, daß die ‚Ältere Judith' durch Interpolation von Versen aus den ‚Drei Jünglingen' mit dieser Dichtung verknüpft wurde, der Bearbeiter fügte auch noch ans Ende der ‚Jünglinge' zwei Zusatzzeilen an, die die beiden, von verschiedenen Verfassern stammenden Gedichte noch enger miteinander verklammerten. So entstand eine Art Diptychon, dessen gemeinsames Thema eben diese Zusatzverse ausdrücken: *Der kunic Nabuchodonosor undi sinu abgot wurdin beidu zi Babylonia gilastirot* („König Nebukadnezar und seine Götzen erfuhren zu Babylon Schimpf und Schande"). Aber damit nicht genug. ‚Ältere Judith' und ‚Jünglinge' zusammen stehen wieder konstrastiv zum ‚Lob Salomos': falsche Herrschaftsauffassung, verkörpert durch den sich selbst vergötzenden König Nebukadnezar, ist das negative Abbild des demütig-gottesfürchtigen *rex pacificus* („Friedenskönig") Salomo, der seinerseits wiederum Typus Christi ist. Als solcher wird er mit der gesamten Trias in das Programm des Vorauer Kodex eingebaut, und zwar an der „richtigen" Stelle in jenem großen geschichtlich-heilsgeschichtlichen Zyklus, den die Werkabfolge der Vorauer Handschrift bietet.

Bibelepik

Die Zahl der uns bekannten biblischen Erzähllieder ist gering. Die Hauptursache hierfür dürfte überlieferungsbedingt sein: An den mündlichen Vortrag gebunden, gingen sie fast zwangsläufig unter, falls sie nicht das Glück hatten, in das Korpus einer Sammlung aufgenommen zu werden. Auch die oben genannten drei Lieder verdanken ihr Überleben wohl nur dem Umstand, daß sie frühzeitig zu einer Trias vereinigt worden waren. Auf der anderen Seite scheint aber auch das Interesse an der Gattung „Erzähllied" selbst nachgelassen zu haben. Bereits die Montage von Einzelstücken zur größeren Erzähleinheit weist darauf hin, daß die Zeit nach umfassenderer Gestaltung strebte, zur epischen Großform tendierte. So nehmen denn auch umfangreiche Darstellungen des Heilsgeschehens in der erzählenden Literatur dieser Jahrzehnte den größten Raum ein, Darstellungen, die nicht an mündliche, liedhafte Volksdichtung anknüpfen, sondern nach Form und Inhalt in der schriftliterarischen Tradition der Buchepik, insbesondere in der Tradition der spätantik-christlichen und frühmittelalterlichen Bibelepik stehen.

Tradition bedeutet in diesem Zusammenhang freilich nicht, daß man lateinische Werke ganz oder auch nur teilweise übersetzt hätte; sogar sichere Zitate aus den lateinischen Vorgängern sind selten. Dennoch kann die überraschende Ähnlichkeit der verschiedenen Formtypen (Buchparaphrase, Auswahlparaphrase, dogmatische / allegorische / moralische Deutung, Szenenzyklus, lyrisch-epische Mischdichtung) kaum anders erklärt werden, als daß die mhd. Dichter ebenso Kenntnis von den einzelnen Typen hatten wie von der schier unbegrenzten Offenheit der „Gattung" Bibeldichtung für Fort- und Neuentwicklungen, von ihrer außerordentlichen Anpassungsfähigkeit an die Bedürfnisse und die Verstehensmöglichkeiten des jeweiligen Publikums.

Dabei unterscheidet sich die frühmhd. Bibelepik von der spätantiken generell durch eine Veränderung, die man schlagwortartig als Historisierung bezeichnen könnte. Antike Bibeldichtung ist literarisch orientiert; sie paraphrasiert eine gegebene Vorlage, und selbst dort, wo sie kürzt, erweitert oder auswählt, bildet die Stoffanordnung der alt- und neutestamentlichen Quellenschriften den festen Bezugsrahmen. Charakteristisch hierfür ist, daß die Genesisdichtungen eines Cyprianus (5. Jahrhundert), Claudius Marius Victor (5. Jahrhundert) und Avitus († 518) mit dem Sechstagewerk (Genesis 1,1) beginnen und die Evangeliendichtungen eines Juvencus und Sedulius mit dem Bericht über die Himmelfahrt Christi schließen. Frühmhd. Bibeldichtung hingegen ist historisch ausgerichtet; die fundamentale Ordnungskategorie ist für sie der Verlauf der Heilsgeschichte, die nicht erst mit Genesis 1,1 beginnt und nicht schon mit der Himmelfahrt endet. So mußte der Anfang des Alten Testaments und der Schluß der Evangelien abgeändert werden. Man schob vor das Sechstagewerk die Erzählung über Erschaffung und Sturz der Engel (Luzifer) ein und verlängerte die Darstellung der Heilsgeschichte über die Himmelfahrt hinaus bis zum Ende der „Sechsten Weltzeit" (Auftreten des Antichrist und Jüngstes Gericht). Dieser Perspektivenwechsel ist keine Erfindung der frühmhd. Bibeldichter – schon Otfrid hatte ja sein ‚Evangelienbuch' mit der Schilderung des Jüngsten Gerichts und der Beschreibung der himmlischen Herrlichkeit abgeschlossen – aber durch sie wird er bedeutsam für die Entwicklung der volkssprachigen Literatur. Wenn man die Heilsgeschichte als Kontinuum vorführt, wird man die Beschreibungslücke zwischen Himmelfahrt und Wiederkunft Christi, wie sie etwa bei Otfrid zwischen V 18 und V 19 auftritt, als unbefriedigend empfinden, und man wird versuchen, sie mit der Schilderung des immer noch andauernden Kampfes zwischen Gottesstaat und Teufelsstaat zu füllen, d.h. mit Erzählungen über das Wirken Gottes in seinen Heiligen und über die im verbrecherischen Tun seiner Werkzeuge sich manifestierende List des bösen Feindes. Tatsächlich bringt die ‚Mittelfränkische Reimbibel' (s.u. S. 79) Legenden und Sagen in die Darstellung der „Sechsten Weltzeit" ein. So öffnet sich dem geistlichen Epiker der Raum für Geschichte und Geschichten, ein Raum, den der Dichter der ‚Kaiserchronik' weiter nützen wird. Zögernd zuerst, dann immer entschiedener drängt im Verlauf weniger Jahrzehnte die Erzählung heraus aus dem Umkreis der Heilsgeschichte, hinein in die welthaltige Erzählung, und bereitet so den Sprung zur weltlichen Epik im eigentlichen Sinn vor.

Die gliedernde Darstellung der frühmhd. Bibelepik bereitet wegen der Typenvielfalt gewisse Schwierigkeiten. Wir erheben die größere oder geringere Nähe der biblischen Vorlage zum Einteilungsprinzip und erhalten damit zugleich die Scheidung zwischen alt- und neutestamentlicher Bibelepik.

Alttestamentliche Dichtungen

Der Quelle am nächsten stehen drei jeweils ein Buch der Bibel bearbeitende Paraphrasen: die ‚Altdeutsche Genesis' (= ‚Wiener Genesis'), die ‚Altdeutsche Exodus' und die ‚Jüngere Judith'. Das früheste Werk dieser Gruppe ist die ‚Altdeutsche Genesis'. Sie ist überliefert in der Wiener, Millstätter und Vorauer Handschrift, wobei jedoch V nur die Josephsgeschichte enthält und M eine überarbeitete Fassung bietet. Das Werk ist allem Anschein nach in Österreich entstanden und zwar mit Sicherheit vor dem Wormser Konkordat (1122), da es die Investitur des Bischofs mit Ring und Stab durch den König ganz beiläufig als eine Selbstverständlichkeit erwähnt (v. 287–290). Sprache, Reimtechnik und Versbau lassen darauf schließen, daß die ‚Genesis' mehrere Jahrzehnte vor dem genannten Terminus ante quem gedichtet worden sein muß; sie darf wohl ins dritte Viertel des 11. Jahrhunderts gesetzt werden. Der biblischen Vorlage entsprechend berichtet die ‚Altdeutsche Genesis' die Ereignisse von der Erschaffung der Welt bis zum Tode Josephs. Dabei folgt der mhd. Autor seiner alttestamentlichen Quelle treu, aber doch nicht ohne Modifikationen.

Als Beispiel für sein Verfahren diene Genesis 47, der Aufbruch Jakobs und seine Ankunft in Ägypten. – Auf Einladung Josephs zieht Jakob mit seiner Familie und allem Hab und Gut nach Ägypten. Unterwegs erscheint ihm Gott und sagt ihm sein und seiner Kinder Geschick voraus. (Genealogie der Stämme Israels). Nach der Ankunft im Lande Gosen wird Joseph benachrichtigt; dieser eilt Jakob in einem Wagen entgegen; Vater und Sohn begrüßen sich unter Freudentränen. Dann gibt Joseph seinen des Landes unkundigen Familienangehörigen Hinweise für ein erfolgreiches Taktieren vor dem Pharao. Sie befolgen diese Ratschläge und bekommen denn auch das gewünschte fruchtbare Land Gosen zur Nutzung zugewiesen.

Die deutsche Nachdichtung übernimmt die geschilderten Vorgänge getreu, teilweise fast übersetzend. Nur eine, freilich bezeichnende, größere Auslassung ist festzustellen: Es fehlt der Stammbaum Israels. Dagegen wird der Autor ausführlicher, wo es um die Schilderung von Gefühlen geht, wie etwa in der Wiedersehensszene. Eine weitere Veränderung der Vorlage ergibt sich dadurch, daß gesellschaftlich-soziale Gegebenheiten der Mittelalters auf die Zeit Jakobs rückprojiziert werden. Wenn Joseph, der hohe ägyptische Beamte, seinem Vater nicht mehr im Wagen entgegenfährt, sondern als großer Herr, umgeben von einer prächtigen Begleiterschar, entgegenreitet, so ist das nur ein kleiner Zug jener umfassenden Umgestaltung, durch die sich die Patriarchenfamilie in ein mittelalterliches Adelshaus verwandelt. Die Vorstellung, daß Schafhirten und Viehzüchter zugleich große Herren sein können, war dem mittelalterlichen Autor nicht gut möglich. So wirken Jakob und seine Söhne in Ägypten ein wenig wie die Helden eines Spielmannsepos: Sie verheimlichen im fremden Land klug ihre wahre Position, ohne jedoch ihren wirklichen Wert und ihre angeborene Würde völlig verbergen zu können. Dies zeigt vor allem die Szene vor Pharao, die in der ‚Altdeutschen Genesis' ihren Charakter merklich verändert. Die Patriarchenfamilie tritt nicht mehr wie eine Schar hilfesuchender Bittsteller vor den göttlichen Pharao – auch die zeremoniell-demütige Redeweise der biblischen Vorlage ist getilgt –, vielmehr erscheint Jakob wie ein Fürst vor seinem König, „ein herrlicher Held" (*ein êrlich reche*, v. 5129) inmitten seiner Söhne, sechs zu seiner Rechten, sechs zu seiner Linken, eine Manifestation Respekt gebietender Würde: „Sie waren unvergleichlich" (v. 5136f.). In ähnlicher Weise wird später in Wolframs ‚Willehalm' der alte Heimrich vor den französischen König hintreten. Volkssprachige Dichtung hatte wohl für Szenen dieser Art – literarisch überhöhte Wirklichkeit – bereits feste Formen gefunden, die dem ‚Genesis'-Dichter zur Verfügung standen. Er wußte sich ihrer geschickt zu bedienen und sie seiner religiösen Zielsetzung unterzuordnen: Die herrliche Erscheinung der Jakobsfamilie findet ihre tiefste Begründung darin, daß dereinst Christus aus ihr hervorgehen wird.

Alle Modifikationen der Quelle durch den mhd. Autor dienen letztlich dem Zweck, das alttestamentliche Geschehen der eigenen Zeit nahezubringen. So wird auf der einen Seite weggelassen, was beim Publikum auf Desinteresse stoßen würde, was unverständlich bliebe oder gar Glaubenszweifel hervorriefe, und auf der anderen Seite finden sich Zusätze, die die erzählten Ereignisse aktualisieren, etwa durch Vergleiche („damals wie auch heutzutage noch") oder durch emphatische Anreden an die handelnden Personen. Vor allem aber dringen die soziokulturellen Verhältnisse der mittelalterlichen Gegenwart, ihre Wertvorstellungen und ihre „Mentalität" ein, wobei im Einzelfall schwer zu entscheiden ist, wie weit es sich hierbei um einen automatisch ablaufenden Prozeß handelt und wie weit bewußte Umformung durch den Autor vorliegt.

Dies Verfahren – Weglassen von Verfänglichem, lehrhaft-erbauliche Erweiterung, Einfärben ins Kolorit der eigenen Zeit – ist im Prinzip Kennzeichen aller volkssprachigen Bibelepik. Was den Dichter der ‚Altdeutschen Genesis' auszeichnet, ist der sparsame und unaufdringliche Einsatz dieser Mittel, gewiß eine Folge seiner Erzählfreude. Denn man hat den bestimmten Eindruck, daß der Autor nicht nur eine heilsame, sondern auch eine gute Geschichte bieten will; jedenfalls verliert er über dem Heilszweck seiner

Erzählung nie diese selbst aus den Augen. Er erzählt lebendig, anschaulich, unprätentiös. Damit hängt zusammen, daß er zwar nicht auf gelegentliche moralische Nutzanwendungen verzichtet, wohl aber auf umfangreiche allegorische Ausdeutungen.

Einmal freilich, im vorletzten Kapitel der Genesis, das den Segen und die Weissagungen Jakobs über seine Söhne enthält, weicht er von diesem Prinzip ab. Hier läßt er sich auf eine *tîefiu rede* (v. 5532) ein und legt dar, welche Bedeutung Jakobs Worte haben: Sie weisen verhüllt auf Christi Erlösungstat und das Wüten des Antichrist hin. So wird unmittelbar vor Abschluß der eigentlichen Erzählung der weitere Verlauf der Heilsgeschichte kurz skizziert. Diesem Verweis auf das Ende der Weltzeit korrespondiert in der Einleitung die Schilderung des Uranfanges, die Erschaffung der Engel, Luzifers Empörung gegen Gott und sein Sturz. Trotz seiner sonstigen Vorlagentreue greift also auch der Autor der ‚Altdeutschen Genesis' am Anfang und am Schluß seines Werkes über das biblische Buch hinaus, um jenen universalhistorischen Bezug herzustellen, von dem oben die Rede war.

Fragt man nach den Gründen, die einen frühmhd. Autor veranlassen konnten, gerade ein Buch des Alten Testaments zu bearbeiten, so wird man in erster Linie die Faszination nennen, die der Stoff auf das mittelalterliche Publikum ausübte: Geschichten von Königen, Kriegern und Kämpfen, von Liebe und Haß, Großmut und List, vom Aufstieg des Klugen und Frommen zu Macht und Ansehen, kurzum, alle die soziokulturellen und anthropologischen Entsprechungen, die der Zeitgenosse im Alten Testament weit eher entdecken konnte als im Neuen, mußten eine volkssprachige Fassung gerade dieser Teile der Heiligen Schrift nahelegen. Daneben aber bot, von der Seite des Autors aus betrachtet, das Alte Testament erzählerische Vorteile. Diese Texte gehören zwar auch zum Kanon der inspirierten Schriften, sie enthalten jedoch nicht die Worte Jesu selbst, sind daher weniger sakrosankt als die Bücher des Neuen Testaments. Dies ermöglicht dem volkssprachigen Bibelepiker eine etwas größere Freiheit im Umgang mit der Quelle. Beschäftigung mit dem Alten Testament signalisiert somit auch das Streben nach erzählerischer Emanzipation. In der Zuwendung zu den Büchern des Alten Bundes zeichnet sich der Beginn einer literarischen Entwicklung ab, die von der nachdichtenden Wiedergabe der biblisch abgesicherten Geschichte zur dichterischen Darstellung von Profangeschichte und von dort zur Erfindung profaner Geschichten fortschreiten wird: Bibeldichtung, Darstellung der nachchristlichen Heilsgeschichte (‚Kaiserchronik'), Profangeschichte mit biblischem Anknüpfungspunkt (‚Alexanderlied'), Antikenroman, Artusroman – das sind die Stationen, die die Epik des 12. Jahrhunderts in raschem Lauf durcheilt. Dabei wiederholt sich im Sprung vom Antikenroman zum fiktionalen Artusroman auf veränderter Ebene der Sprung von der Bibeldichtung zur Geschichtsdichtung: Wie hier das Alte Testament, so hatte dort die Antike die Funktion, Wahrheit und damit Verbindlichkeit zu garantieren und gleichzeitig den Freiraum für dichterisches Gestalten zu eröffnen.

So sind nach der ‚Altdeutschen Genesis' noch mehrere epische Werke
alttestamentlichen Inhalts entstanden. Der ‚Genesis' zeitlich am nächsten
stehend, thematisch an sie anschließend und überlieferungsmäßig mit ihr
verbunden ist die ‚Altdeutsche Exodus'.

Die ‚Exodus', ein Gedicht von 3316 Kurzversen, ist zusammen mit der ‚Genesis'
in der Wiener und der Millstätter Handschrift auf uns gekommen, in W allerdings
nur unvollständig (v. 1–1480). Für die Abfassung des Werkes rechnet man allgemein
mit der Zeit um 1120; als Entstehungsraum ist Österreich/Kärnten wahrscheinlich,
wenn auch nicht unbestritten. (Einzelne Forscher dachten an das schwäbisch-
alemannische Gebiet). Inhalt ist das biblische Buch Exodus bis hin zu Moses
Lobgesang nach dem glücklichen Durchzug durch das Rote Meer (Exodus 15).

Die ‚Altdeutsche Exodus' ist der ‚Genesis' durchaus verwandt. Zwar ist
das jüngere Werk in Vers- und Reimtechnik weiter fortgeschritten, zwar
lehnt es sich im ganzen etwas weniger eng an den Text der biblischen Quelle
an, aber diese Unterschiede treten zurück gegenüber der Tatsache, daß
auch der ‚Exodus'-Dichter vor allem erzählen will. Aus diesem Grunde läßt
er die zweite Hälfte des biblischen Buches (Exodus 16–40) mit all seinen
Gesetzesvorschriften unübersetzt, und ebenso verzichtet er weithin auf
typologische Ausdeutung (Israel-Kirche, Pharao-Teufel, Rotes Meer-Taufe),
obwohl diese Typologie zu den bekanntesten zählte und durch das Neue
Testament (1 Korinther 10,1–11; Judas 5; Apokalypse 11,8) wie durch
die Liturgie (Osternacht) sanktioniert war. Erst in den letzten Versen des
Werkes gibt er zu verstehen, daß die ganze Erzählung sich auf das neue
Gottesvolk bezieht: „Mit ihm laßt uns singen, damit auch uns die Gnade
zuteil werde, aus diesem Land der Verbannung heimzukehren in das Vater-
land, ins himmlische Jerusalem" (v. 3297–3301). In der Darstellung selbst
jedoch konzentriert sich der Autor ganz auf die Wiedergabe des Wortsinns.
Dies bedeutet freilich nicht, daß er sklavisch am Buchstaben der Vorlage
haften bliebe. Vielmehr verschafft er sich immer wieder, wenn auch bescheidene, erzählerische Freiräume. Das bekannteste Beispiel hierfür ist die
Schilderung der zweiten und der achten ägyptischen Plage (Exodus 8,1–11;
10,1–20), wo die Kröten und Heuschrecken als feindliche Heere auftreten,
die das Land des Pharao verwüsten, als unritterliche Heerschar die Kröten
(v. 1339–62), als ritterliche die Heuschrecken (v. 2162–80).

Diese Einlagen dürften kaum als ironische Distanzierung vom Stil
heldenepischer Dichtung gedacht gewesen sein, auch nicht als Signale, die
‚Exodus' als allegorisch verhülltes Kreuzzugsepos zu verstehen, was ebenfalls in der Forschung ventiliert wurde. Man wird sie wohl eher als witzig-
spielerische Verbeugung vor dem adeligen Publikum interpretieren dürfen,
beziehungsweise – vom Autor her betrachtet – als kleine Kabinettstück-
chen, vergleichbar etwa den Kadenzen eines Solokonzerts, in denen der
Künstler, für einen Augenblick vom verpflichtenden Zwang der Vorlage
befreit, seine Virtuosität zur Geltung bringen kann. So zeigt die ‚Exodus'

über die ‚Genesis‘ hinaus neue Möglichkeiten der Gestaltung, zugleich aber auch die Begrenztheit dieser Möglichkeiten, eine Begrenztheit, die mit den rasch wachsenden Ansprüchen an literarische Epik bald nicht mehr Schritt halten konnte und die Dichter veranlaßte, außerhalb der strikten Bibeldichtung stofflich und formal neue Wege zu beschreiten.

Dabei ist jedoch die Vorstellung fernzuhalten, als verliefe diese Entwicklung mehr oder weniger zwangsläufig, so daß eine einmal erreichte Stufe für alle literarisch Schaffenden zur verpflichtenden Norm geworden wäre, hinter die es kein Zurück mehr gegeben hätte. Auch nach dem Auftreten neuer Gattungen und Typen behaupten sich ältere und anscheinend überlebte Formen oft noch längere Zeit mit bemerkenswerter Zähigkeit. Dies gilt auch für unseren dritten Text vom Typ „vorlagengetreue Bibelparaphrase", für die ‚Jüngere Judith‘ (= ‚Judithepos‘). An der Grenze unseres Periodenschnitts (um 1140) in Österreich entstanden, wirkt das 74 Langzeilenstrophen (Maurer) bzw. 1820 Kurzverse (Monecke) umfassende, in der Vorauer Handschrift überlieferte Gedicht mit seiner starren, fast pedantischen Übertragung des biblischen Buches wie ein Relikt aus älterer Zeit. Die nicht sonderlich inspirierte Art seiner Paraphrasierung sowie die zahlreichen Flickverse bezeugen, daß der Autor nicht gerade zur literarischen Avantgarde seiner Zeit gehörte. Sein Ziel war erklärtermaßen *diu guote lêre*, mit der er den Menschen nützen wollte, auch wenn er sich damit der Kritik der *spottere* aussetzen sollte (v. 11f.). An Kritik hat vor allem die literaturwissenschaftliche Forschung nicht gespart, die die ‚Jüngere Judith‘ an der ‚Älteren Judith‘ maß und das auf die dramatischen Höhepunkte sich konzentrierende Erzähllied höher bewertete als die den gesamten Bibeltext abdeckende ‚Jüngere Judith‘. Ganz sicher spielte hierbei eine Rolle, daß der Typus „Ballade" mit seiner Nähe zur Mündlichkeit den Literaturwissenschaftlern teurer war als der gelehrte Typus „Bibelparaphrase", und zwar unabhängig davon, ob und wieweit der jeweilige Autor die Möglichkeiten der von ihm gewählten Form ausschöpfte. Man würde jedoch dem ‚Judithepos‘ nicht gerecht, wenn man ihm, verglichen mit der Ballade, seine größere Bibelnähe und die betont geistliche Ausrichtung zum Vorwurf machte; diese sind bedingt durch das literarische Genre. Verglichen werden kann und muß die ‚Jüngere Judith‘ mit ‚Genesis‘ und ‚Exodus‘, und da erweist sich, daß der Autor zwar nicht die Lebendigkeit und Frische seiner Vorgänger erreicht, aber doch wohltuend klar und gut lesbar die Geschichte einer Judith erzählt, in der sich demütiges Vertrauen und Eigeninitiative verbinden zu einem Handeln, das weniger als heroischer Kraftakt erscheint denn als eine Art „ritterlicher" Erlösungstat.

Ließen sich die bisher besprochenen buchepischen Dichtungen dem Typus „vorlagennahe Bibelparaphrase" zuordnen, so ist ein gleiches nicht mehr möglich bei dem nun folgenden Werkkomplex alttestamentlichen Inhalts, den ‚Vorauer Büchern Mosis‘. Während ‚Wiener Genesis‘, ‚Exodus‘ und ‚Judith‘, wenn auch mit Modifikationen, die betreffenden Bücher der

Heiligen Schrift nacherzählen, ist den ‚Vorauer Büchern Mosis' bei aller Verschiedenheit im einzelnen dies gemeinsam, daß ihnen der epische Grundton abgeht. „Einführung in das christliche Verständnis des Alten Testaments", so könnte man ihren Charakter und ihre Intention am ehesten umschreiben. Zwar werden auch hier die alttestamentlichen Geschehnisse epitomeartig berichtet, und der Faden, der die einzelnen Bücher zusammenhält, ist – von wenigen Ausnahmen abgesehen – die chronologisch-historische Ordnung, aber neben die Darstellung tritt nunmehr mit gleichem, bisweilen sogar mit größerem Gewicht die Deutung. Diese Deutung bezieht sich auf den *sensus moralis* (d. h. auf den „moralischen Sinn" der Schrift, der sich auf das rechte Leben des Menschen in der Welt richtet), vor allem aber auf die nach dem Glauben der Kirche im Alten Testament verborgenen christlichen Dogmen, so daß man meinte, in den ‚Vorauer Büchern Mosis' geradezu eine nach einheitlichem Plane gearbeitete Glaubenslehre erkennen zu können (Ehrismann), kaum zu Recht, da die Grundstruktur auch dieser Dichtungen von der biblischen Vorlage und ihrem Erzählablauf bestimmt wird. Dies ist auch der Grund, weshalb die ‚Bücher Mosis' hier und nicht im Kapitel „Belehrung über das Heil" ihren Platz haben. Es ist nicht so, daß das Dogma an biblischen Beispielen exemplifiziert würde, vielmehr wird die Bibel dogmatisch ausgelegt, entsprechend dem paulinischen Wort (Römer 15,4): „Alles, was in der Schrift steht, ist zu unserer Belehrung geschrieben." Mit dieser Form der theologisch-auslegenden Bibeldichtung knüpfen die ‚Bücher Mosis' an spätantik-lateinische Vorbilder an, auch damit, daß sehr verschiedene Typen solcher Exegesedichtung gleichberechtigt nebeneinander auftreten können. Zugleich aber bilden die ‚Bücher Mosis' auch den Abschluß der genannten Entwicklung: Die Bibeldichtung der Zukunft wird nahezu ausschließlich durch den episch-erzählenden Typ (unter Aufnahme legendarischen und apokryphen Materials) repräsentiert, während die dogmatisch-deutende Bibelauslegung aus der Versdichtung verschwindet, um in den Prosagattungen Predigt und Traktat weiterzuleben.

Die ‚Bücher Mosis', mit denen in V die Reihe der Bibel- und Heilsgeschichtsdichtungen eröffnet wird, bilden einen Komplex von fünf Werken, die zwar in der Handschrift nicht voneinander abgesetzt sind, aber in Sprache und Intention sich als die Arbeiten fünf verschiedener Autoren zu erkennen geben: ‚Vorauer Genesis' (1290 Kurzverse), ‚Josef' (= ‚Altdeutsche Genesis', v. 3446–6062), ‚Moses' (1374 Kurzverse + 11 lateinische Textzeilen), ‚Marienlob' (118 Kurzverse) und ‚Balaam' (452 Kurzverse). Parallelüberlieferung existiert nur für einen Teil des ‚Moses' (Diemer 57,23 – 66,8) auf zwei Pergamentblättern des 13. Jahrhunderts (Linz, Museum). Obwohl die Überlieferung in V nicht sehr zuverlässig ist (Textkorruptelen), läßt sich doch auf Grund der einheitlichen Orthographie und der zwischen den einzelnen Texten bestehenden Beziehungen (wörtliche Anklänge, Stoffdisposition) mit großer Wahrscheinlichkeit annehmen, daß die uns vorliegende Zusammenstellung nicht vom Schreiber der Handschrift V herrührt, sondern von ihm bereits vorgefunden wurde, möglicherweise in beschädigtem Zustand. So ließe sich jedenfalls

die Lücke im ‚Moses' (Diemer 40,14–41,1) und das jähe Abbrechen des ‚Balaam'
erklären. Viel hat die Vermutung für sich, daß der Werkkomplex – vielleicht mit
Ausnahme des ‚Marienlobs' – als Arbeit einer klösterlichen Gemeinschaft des
Donautals in den zwanziger und dreißiger Jahren des 12. Jahrhunderts entstanden
ist. Das den Reimformen nach jüngste Stück, der ‚Balaam', wird zwischen 1130
und 1140 angesetzt; die anderen Stücke sind etwas älter, die ‚Genesis' etwa gleichzeitig mit den Werken der Frau Ava († 1127).

Eine Genesis-Dichtung eröffnet den Komplex der ‚Vorauer Bücher Mosis'.
Ihr Autor kennt zwar die ‚Altdeutsche Genesis', behandelt jedoch den Stoff
aus ganz anderem Geiste. Hatte der ältere Dichter Genesis 1–36 in 3445
Versen mit erkennbarer Erzählfreude geschildert, so braucht der jüngere
hierfür nur 1290 Verse, von denen zudem noch ein paar Dutzend auf das
Konto seiner Explikationen gehen. Auch der Verfasser der ‚Vorauer Genesis'
gibt die Bibel in allen wesentlichen Punkten wieder, aber seine Liebe gehört
nicht dem Erzählen, sondern dem Erklären. Er ist jemand, der bei dem,
was er vorträgt, immer mitdenken muß, der ständig auf die Richtigkeit,
Nachprüfbarkeit, Anwendbarkeit der mitgeteilten Geschichten achtet.

So etwa, wenn er 12,17–22 überlegt, weshalb in Noahs Arche die zahmen Tiere
nicht von den wilden aufgefressen wurden, oder durch wen Noah erfuhr, was
während seiner Trunkenheit vorgefallen war (14,13–16). Immer wieder wird von
ihm auch die Beziehung von biblischer Geschichte zur Gegenwart hergestellt: Salz-
säule und Rachels Grab sind heute noch zu besichtigen (18,4; 31,24–28), die Existenz
der drei Stände – Edle, Freie, Knechte – sowie der 72 Sprachen, die auf Noahs
Fluch und den Turmbau von Babel zurückgehen, sind fortdauernde, nachprüfbare
Wirklichkeit: *inoh stat dev werlt so* („immer noch besteht diese Weltordnung",
15,1–9; 15,23f.). Die eigene Erfahrung beweist die Richtigkeit des biblischen Berichts;
umgekehrt macht das Offenbarungswort den Zustand der gegenwärtigen Welt erst
verständlich. So erkennt der Gläubige aus der Erzählung vom Sündenfall, wie es
dazu kam, daß die Menschheitsgeschichte bis auf den heutigen Tag von *ignorancia*
(„Dummheit") und *malicia* („Bosheit") bestimmt wird: „ihre [der Stammeltern]
Vernunft wurde blind; ebenso wurden alle ihre Kinder" (8,1–9).

Der Kampf gegen diese Grundübel ist die Hauptaufgabe der „guten Hirten"
(vgl. die Allegorese 29,20 – 30,6); Bekämpfung der *ignorancia*, Erweckung geistlicher
„Vernunft" dürfte auch das zentrale Anliegen des Autors bei der Abfassung seiner
Genesisparaphrase gewesen sein. Warum diese nur bis Genesis 36 reicht, während
der Rest (Genesis 37–50) aus der ‚Altdeutschen Genesis' entlehnt wurde, entzieht
sich unserer Kenntnis. Der saubere Schnitt gerade vor der Josefsgeschichte legt
jedoch die Vermutung nahe, daß die Schlußpartie nicht etwa verloren gegangen,
sondern tatsächlich nie gedichtet worden ist. Das Abbrechen könnte durch äußere
Umstände wie anderweitige Verpflichtungen des Autors, Krankheit, Tod bedingt
sein, muß es aber nicht. Es scheint, daß im Mittelalter insgesamt weit häufiger als
bei uns literarische Arbeitenf nicht abgeschlossen und trotzdem wie „fertige" Werke
abgeschrieben und weiter tradiert wurden. Nicht selten wurde allerdings auch ein
solch unvollendetes Werk durch einen anderen Dichter zu Ende geführt, oder man
ergänzte das Fehlende aus Schriften verwandter Art. (Letzteres vor allem in Werken
der Geschichtsschreibung.)

Der zweite Bestandteil der ‚Vorauer Bücher Mosis‘, die Josefserzählung
aus der ‚Altdeutschen Genesis‘, füllt die Lücke zwischen Genesis 36 und
Exodus 1. Die Anordnung zeigt deutlich, daß die Heilsgeschichte als zeitliches Kontinuum für die Schöpfer dieses Kompendiums immer noch eine
wesentliche Denkkategorie darstellt, auch wenn bei ihnen die punktuelle
Typologie und Allegorese zunehmend größeres Gewicht erhält. Die Josef-
Paraphrase kam ihnen zusätzlich dadurch entgegen, daß sie die einzige
bedeutende typologische Passage der ‚Altdeutschen Genesis‘ enthält und
somit jenen Interpretationsmodus vorbereitet, der in der ‚Vorauer Genesis‘
noch zurückhaltend angewendet, in ‚Moses‘ und den folgenden Stücken zum
beherrschenden wird. Wer nun den ‚Josef‘ dem Werkkomplex eingefügt
hat, muß offen bleiben; denkbar wäre, daß ihn der ‚Genesis‘-Dichter an
seine Darstellung angebaut, ebenso, daß ihn der ‚Moses‘-Dichter seinem
Stück vorgebaut hat. Sicher ist nur, daß der Anfang des ‚Moses‘ den
Einschub als vollzogen voraussetzt.

Der dritte Teil der Kompilation führt die biblische Geschichte nach
dem Tode Josefs fort. Weil er überwiegend Exodus-Stoff enthält (Moses
Geburt, Erziehung und Berufung, ägyptische Plagen, Durchzug durchs
Rote Meer, Wüstenwanderung, Sinai, Stiftshütte), hat ihm die Literatur-
wissenschaft die Bezeichnung ‚Vorauer Exodus‘ gegeben, daneben aber –
mit größerem Recht – die Bezeichnung ‚Moses‘, da er über das biblische
Exodusbuch hinaus auch die Ereignisse bis zum Tode Moses sowie den
Einzug ins Gelobte Land und die Eroberung Jerichos berichtet, wofür einige
Kapitel aus Numeri und Josua als Vorlage dienten. Sowohl in der Auswahl
wie in der Anordnung des Stoffes erlaubt sich der Dichter weit größere
Freiheiten als noch der Autor der ‚Vorauer Genesis‘, so daß im Gegensatz
zu dieser der ‚Moses‘ nicht mehr als Paraphrase bezeichnet werden kann.
Das Hauptinteresse des Autors gilt auch gar nicht der Nacherzählung der
historischen Ereignisse – obwohl diese in den wesentlichen Punkten und
zumeist auch in der richtigen Reihenfolge geboten werden –, sondern der
Ausdeutung des Berichteten im Hinblick auf das neue Bundesvolk, die
Kirche. Er folgt damit einem Typus von Bibeldichtung, wie ihn bereits
Arator (um 550), wenn auch an anderem Stoffe, entwickelt hatte. Wie
Arators allegorisierende ‚Apostelgeschichte‘ das Ende der antiklateinischen
Bibelepik markiert, so kommt mit ‚Moses‘ auch die frühmhd. Bibeldichtung
alttestamentlichen Inhalts zum Abschluß. Darüber hinaus wäre nur noch
der Schritt zur durchkomponierten Bibelallegorie möglich gewesen, ein
Schritt, der nicht in der deutschen, sondern nur in der mittellateinischen
Dichtung mit der ‚Messiade‘ des Eupolemius (wohl um 1100) vollzogen
wurde.

Ein Keim für Neues freilich ist im ‚Moses‘ doch enthalten, nur daß sich dieser nicht
mehr im Bereich der alt-, sondern ausschließlich im Bereich der neutestamentlichen
Dichtung entfalten wird. Die Rede ist von der Legende. ‚Moses‘ 33,11–34,13 steht

die auf Flavius Josephus (,Antiquitates Iudaicae' 2,9) zurückgehende Erzählung vom kleinen Mose, der des Pharao Krone zerbricht, weil „Abgötter" auf ihr abgebildet sind; 44,27 – 45,22 ist aus Pseudo-Philo (,Antiquitates biblicae' 10,3) eine Legende übernommen, nach der im Angesicht des unüberwindlich scheinenden Roten Meers vier von den zwölf Stämmen Israels nach Ägypten zurückkehren, vier sich in den Fluten ertränken, vier jedoch tapfer mit dem Feinde bis zum Tode kämpfen wollten. Auch die vertrauliche Offenbarung Gottes an den sterbenden Mose über die Dauer der Weltzeit – bezeichnenderweise ist sie als lateinische Prosa in die mhd. Verse inseriert – stammt aus dieser Quelle (,Antiquitates biblicae' 9,14f. = Diemer 66,28 – 67,9). Das alles ist nicht sehr viel, aber es zeigen sich Ansätze, die sich anderswo weiter entwickeln werden.

An den ,Moses' schließt sich in der Handschrift ohne Zeilenwechsel und Initiale das sogenannte ,Vorauer Marienlob' an (s. o. S. 36f.), auf das dann, ebenfalls ohne Zeilenwechsel, der ,Balaam' folgt. Dieser Befund deutet darauf hin, daß die drei Gedichte dem Schreiber von V bereits als fest gefügte Einheit vorlagen. Dennoch kann diese Einheit kaum ursprünglich gewesen sein. Nicht, weil das ,Marienlob' mit seinem Hinüberwechseln von Text und Deutung zu Lobpreisung mit der Gattung Bibeldichtung an sich unvereinbar wäre – Paulinus von Nola (†431, ,Laus S. Johannis'), Dracontius (Ende 5. Jahrhundert, ,De laudibus Dei') und Paulinus von Aquileja († 802, ,Rhythmus de S. Lazaro') waren hier vorausgegangen – sondern weil der dem ,Marienlob' zugrundeliegende Bibeltext (Jesaja 11,1 – 4) nicht in den Rahmen der ,Vorauer Bücher Mosis' (Pentateuch bzw. Hexateuch) paßt, und weil außerdem der ,Balaam' mit dem ,Moses' kompositorisch verbunden ist.

Das ,Balaam'-Gedicht besteht aus zwei Teilen, einem rein erzählenden und einem erzählend-allegorischen. Ersterer bringt in verknappter Form die Geschichte vom heidnischen Propheten Bileam, der auf seiner Eselin zum König von Moab reitet, um das Volk Israel zu verfluchen, von Gott aber daran gehindert wird (Numeri 22); letzterer schildert und deutet das Lager der Israeliten mit der Stiftshütte. (Der Segen Bileams über Israel – Num 23 – 24 – ist eben noch mit dem letzten Satz des Gedichtes angedeutet). Die im ganzen Mittelalter (vor allem auch wegen der sprechenden Eselin) so beliebte Bileam-Episode fehlt im ,Vorauer Moses'; es drängt sich die Vermutung auf, daß der ,Balaam' als Ergänzung zum ,Moses' gedacht war. Die Vermutung wird für uns fast zur Gewißheit, wenn wir feststellen, daß die Stiftshüttenallegorese gerade jene Details behandelt, die im ,Moses' ausgefallen waren. Statt Ergänzung könnte man auch Nachtrag sagen; die zeitliche Differenz zwischen den beiden Dichtungen spricht dagegen, die Stoffverteilung auf ein gemeinsam erarbeitetes Konzept der beiden Dichter zurückzuführen.

Für sich betrachtet steht der ,Balaam' in der Tradition des biblischen Einzelbildes, wie es in verschiedenen Dichtungen der Spätantike (,De Sodoma', ,De Jona', ,De martyrio Macchabaeorum') und des Frühmittelalters (Rhythmen über Joseph, Esther; die ,Altenglische Exodus') Gestalt gewonnen hatte. Dabei zeigt der ,Balaam'-Dichter Sinn für epische Technik:

Die Beschreibung der Stiftshütte, die in der Bibel an ganz anderer Stelle
zu finden ist, wird durch eine Art Teichoskopie („Mauerschau") – Bileam
betrachtet das Lager vom Berg aus – in den Kontext der Erzählung eingebaut. Auch der Aufbau des Werkes scheint wohl durchdacht, wie immer
man sich zu den Versuchen neuerer Forschung stellen mag, für den ‚Balaam‘
zahlenkompositorische Strukturprinzipien nachzuweisen.

Neutestamentliche Dichtungen

Hatte sich bereits in den ‚Vorauer Büchern Mosis‘ eine im Verhältnis zur
älteren Bibelparaphrase freiere Behandlung der Vorlage Bahn gebrochen
und in der Mischung narrativer, didaktischer und lyrischer Elemente neue
Untertypen erzeugt, so wirkt sich dieser Ablösungsprozeß noch weit stärker
aus im Bereich der neutestamentlichen Bibeldichtung, die ab der Jahr-
hundertwende neben der alttestamentlichen heranwächst. So steht zwar
auch im frühesten uns bekannten Werk neutestamentlichen Inhalts der
biblische Bericht über das Leben Jesu im Mittelpunkt der Darstellung, aber
mit seinen Teilen ‚Jüngstes Gericht‘ und ‚Antichrist‘ geht es über reine
Bibelnachdichtung, auch über Bibelexegese und -allegorese weit hinaus und
nimmt die Form eines Heilsgeschichtszyklus an. Wir sprechen von den
Gedichten der Frau Ava, der ersten uns namentlich bekannten Autorin
deutscher Literatur.

Avas umfangreiches Opus (3388 Kurzverse) besteht aus vier mehr oder
weniger in sich geschlossenen Teilen, die aber aufeinander bezogen sind
und zusammen einen Zyklus bilden. Es sind dies ‚Johannes‘, ‚Leben Jesu‘,
‚Antichrist‘ und ‚Jüngstes Gericht‘, wobei dem ‚Leben Jesu‘ sowohl vom
Gehalt wie vom Umfang her (2418 Kurzverse) das größte Gewicht zukommt.
Mit einem heilsgeschichtlichen Orientierungshinweis einsetzend (*wie die zit
aneviench, daz di alte e zergiench* „wie die Zeit kam, die das Ende des
Alten Bundes brachte", ‚Johannes‘ v. 3f.), beschreibt der Zyklus den
Verlauf der Heilsgeschichte von der Verkündigung der Geburt Johannes des
Täufers bis zum Jüngsten Gericht und dem Anbruch der ewigen Paradieses-
herrlichkeit. Die entscheidenden Phasen dieses letzten Abschnittes der
Weltgeschichte sind: das irdische Leben Jesu von Geburt bis Himmelfahrt,
die Zeit der Kirche von Christi Himmelfahrt bis zur Wiederkunft, das
Jüngste Gericht. Die zweite Phase bezeugt das Wirken des von Christus
gesandten Geistes, sowohl in ihrem Beginn (Pfingstwunder, Missionstätigkeit
der Jünger, Gründung der ersten Gemeinden) als auch in ihrer Fortdauer
(Geisterfülltheit des einzelnen Gläubigen); daher beschließt Ava das ‚Leben
Jesu‘ mit einer eigenen Versreihe über die sieben Gaben des Heiligen Geistes.
Das Ende der sechsten Weltzeit schließlich wird eingeleitet durch die
Herrschaft des Antichrist, dem ein eigener kleiner, vielleicht durch die
‚Altdeutsche Genesis’ beeinflußter Abschnitt gewidmet ist.

Avas Dichtungen sind überliefert in der Vorauer Sammelhandschrift – hier allerdings ohne den ‚Johannes' – und in einer heute verschollenen, zuletzt in Görlitz aufbewahrten Handschrift des 14. Jahrhunderts, die Reim und Versmaß modernisierte. Nur V enthält die Schlußverse, eine Bitte um Gebetsgedenken, in der die Autorin sich selbst nennt. Eingeschlossen in die Bitte werden auch die beiden Söhne, von denen der eine als bereits tot beklagt wird. Beide hatten an dem Werk Anteil, da sie ihrer Mutter mit theologischen Erklärungen behilflich gewesen waren (*diu sageten ir disen sin*, ‚Jüngstes Gericht' v. 395). Einen weiteren Hinweis auf die Lebensumstände der Frau Ava geben die ‚Melker Annalen', die zum Jahr 1127 den Tod einer *Ava inclusa* verzeichnen. Da weitere, Melk nahestehende Klosterchroniken die Notiz gleichfalls bringen, hat man zu Recht geschlossen, daß die Verstorbene eine angesehene, bekannte Persönlichkeit gewesen sein muß. Die Identität der Melker Inklusin mit unserer Autorin ist zwar nicht schlüssig zu beweisen, aber doch sehr wahrscheinlich. Für die Annahme spricht auch der Umstand, daß V die persönlichen Schlußworte bewahrt hat; es kommt darin die gleiche Ehrerbietung vor einer im österreichischen Raum geachteten Frau zum Ausdruck wie in den Annaleneinträgen.

Wenn Ava das Leben Jesu darstellt, wählt sie damit das Thema christlicher Bibelepik, deren vornehmster Gegenstand seit je Leben und Leiden des Herrn ist, und dies nicht nur im lateinischen Bereich, sondern auch in den frühen volkssprachigen Umsetzungen, im ‚Heliand' und in Otfrids ‚Evangelienbuch'. Wie erscheint Avas Werk vor dem Hintergrund dieser Tradition? Ein Vergleich mit Otfrids ‚Liber evangeliorum' (s. Bd. I/1) läßt den Charakter des jüngeren Werkes deutlicher erkennen.

Zuerst die Gemeinsamkeiten. Beide Darstellungen bewegen sich im gleichen zeitlichen Rahmen: Sie beginnen (mit der Bibel) bei der Geburt des Täufers und enden (gegen die Bibel) mit der Schilderung des Jüngsten Gerichts und des ewigen Lebens. Ganz ähnlich auch die stoffliche Ausfüllung des Rahmens. Hier wie dort treffen wir in der Gestaltung des Lebens Jesu auf vergleichbare Prinzipien bei der Auswahl und Anordnung des biblischen Materials. Die Wunder Jesu treten zurück, seine Lehrtätigkeit fehlt so gut wie ganz. Beide Autoren konzentrieren sich auf die zentralen Ereignisse im Leben Jesu, jene Geschehnisse also, die zugleich auch die Höhepunkte des liturgischen Kirchenjahrs bilden. Hierin dürfte auch die gemeinsame Nähe von Otfrids und Frau Avas Dichtungen zur kirchlichen Perikopenordnung, d.h. zum Zyklus der an Sonn- und Feiertagen zur Verlesung kommenden Evangelienabschnitte, ihre Erklärung finden: Ebenso wie die Liturgie wählen auch die beiden Dichter die einprägsamsten und für die Verkündigung wichtigsten Partien aus.

Vor dem Hintergrund des Gemeinsamen hebt sich nun aber auch das Trennende ab. Zwei Punkte fallen unmittelbar in den Blick. Zunächst fehlt in Avas Werk der bei Otfrid in den Widmungen und in I,1 so stark hervortretende Bezug zu König und Reich. Bei Frau Ava wird auf zeitgeschichtliche Wirklichkeit nur indirekt angespielt: Die Herrschaft des Antichrist erscheint als Potenzierung gegenwärtiger Übel wie Machtkämpfe auf allen Ebenen, Bannsprüche und serienweise verhängte Exkommunikationen. In ihrer

Veranlassung und Entstehung aber weist die Dichtung nicht über den privat-familiären Rahmen hinaus. Ava schreibt, selbst wenn sie jemand gebeten haben sollte, aus eigenem Antrieb und auf eigene Verantwortung. Vielleicht ist das auch der Grund für die ruhige Gelassenheit, mit der sie zu Werke geht. Die erste Frau der deutschen Literaturgeschichte, die in der Mutter-sprache dichtet, tritt mit bemerkenswerter Sicherheit auf; keine religiöse Demutsformel, nicht einmal ein rhetorischer Bescheidenheitstopos. Ava bedarf offenkundig weder der Berufung auf Autoritäten noch sonst einer Rechtfertigung für ihr Tun. Dies hat seinen Grund kaum darin, daß sie die entsprechende Tradition der religiösen Literatur nicht kannte, sondern vielmehr darin, daß sie, obwohl durchaus publikumsorientiert, in ihren Produktionen nicht eigentlich das „Œuvre" sah, sie nicht unter dem Aspekt des Kunstwerks betrachtete, sondern als selbstverständliche Formulierung und Weitergabe ihrer Glaubensüberzeugung. So fehlt denn konsequenterweise auch jede poetologische Reflexion.

Der zweite ins Auge springende Unterschied zu Otfrids 'Liber evange-liorum' ist der, daß Frau Ava fast ganz auf allegorische Deutungen ver-zichtet. Otfrid wie Ava wollen Laienpublikum erreichen; deshalb ist der althochdeutsche Autor angestrengt bemüht, theologisches Wissen in eine dem Laien verständliche Sach- und Vorstellungswelt zu übersetzen, unterliegt dabei aber immer wieder der Gefahr der Überforderung. Für Ava stellt sich dies Problem von vornherein nicht. Sie gehört selbst der anderen „Bildungshemisphäre", der Laienwelt an, sie bedarf selbst der theologischen Unterweisung. Wo ihr diese zuteil wird, nimmt sie sie auf, aber nur, um sie sich sogleich persönlich anzuverwandeln und in dieser Form weiterzu-geben.

Anschaulichstes Beispiel hiefür ist die Versreihe über die sieben Gaben des Heiligen Geistes, da in jener Passage anders als sonst theologische Gelehrsamkeit zum Tragen kommt. Der Grundgedanke des Abschnitts ist der, daß der Gottesgeist Leib und Seele des Menschen in eine neue Schöpfung umwandelt. Auf die vier konstitutiven Elemente des Leibes – Erde, Feuer, Wasser, Luft – wirken die Gaben der Furcht, der *guote* (= *pietas*), Wissenschaft und Stärke; auf die drei Seelenkräfte Gedächtnis, Verstand, Wille wirken Rat, Einsicht und Weisheit. Diese beiden Ternare wiederum stehen in Beziehung zur göttlichen Trinität: *gewalt, wistuom, guote* („Macht, Weisheit, Güte"). Auch einige der acht Seligpreisungen der Bergpredigt (Matthäus 5,3–12) werden in das Geflecht symbolischer Entsprechungen mit eingewoben, aber es ist nicht die Schönheit des Gedankenkunstwerks, der Frau Avas Interesse gilt. Die Theologie stellt ihr nur das Material bereit, mit dessen Hilfe sie ihr eigent-liches Ziel verfolgt, die Ingangsetzung eines seelisch-sittlichen Prozesses, an dessen Ende das liebende Ergreifen der vollkommenen Güte und das Ergriffensein von ihr steht: *vil suoze si sich underminnent* („in wonnevoller Liebe sind sie [Gottheit und Seele] miteinander verbunden", ,Leben Jesu', v. 2371). Ava hat hier, wohl eine Generation vor dem ,St. Trudperter Hohenlied', Töne anklingen lassen, die, jenseits des Rheins, in der subjektiv-mystischen Gotteserfahrung Bernhards und der Viktoriner bereits zu einem mächtigen Chor angeschwollen waren.

Auch in anderer Hinsicht verrät sich ihre nicht-fachtheologische, „laienhafte" Grundhaltung, etwa in ihrer Freude an außerbiblischen, vor allem apokryphen Erzählzügen (z.B. Ochs und Esel an der Krippe von Bethlehem, Sturz der Götterbilder bei der Flucht nach Ägypten, Befreiung der Gerechten aus der Vorhölle [Descensus]), oder auch in der Nähe ihrer Darstellung der Osterereignisse zum zeitgenössischen geistlichen Spiel bzw. zu volkstümlich-anschaulichen Formen der Osterpredigt, die sich im späteren Osterspiel literarisch niedergeschlagen haben (s. Bd. II/2, S. 161–163).

So kann man denn die wesentlichen Unterschiede zwischen der Evangeliendichtung des Weißenburgers und dem Zyklus der Frau Ava im unterschiedlichen Stand ihrer Autoren begründet sehen. Hier der wissenschaftlich gebildete Mönch, dort die Laiendichterin. Das bedeutet Unterschied in der Kenntnis der Literatur, aber auch eine unterschiedliche Beurteilung der „Welt". Bei Otfrid ist diese letztlich doch das Tal der Tränen, Erfahrungsort menschlicher Unzulänglichkeit, und das Lebensideal, das er seinem Publikum vermitteln möchte, ist im innersten Kern ein klösterliches. Ava hingegen sieht die Welt durchaus positiv. Sie widerruft auch als Inkluse nicht ihr eigenes Leben in der Welt und hält ganz allgemein ein aus dem Glauben geführtes, die Welt bejahendes Leben für möglich. Die hierfür erforderliche Verhaltensweise bezeichnet sie antizipatorisch mit *gezogenlich: so wirdet der vil guot rat, die die werlt gezogenliche hant, die gotes nie vergazen, do si ze wirtscefte sazen* („die sind gerettet, die die Welt in edler Zucht besitzen, die immer Gott vor Augen hatten, wenn sie beim festlichen Mahle saßen", ,Jüngstes Gericht', v. 200–204). Noch in einem weiteren, letzten Punkt wirkt sich die Differenz Mönch – Laie bei den zwei Autoren aus, nämlich in dem unterschiedlichen Grad von Subjektivität, dem sich ihre Werke öffnen. Man hat im Falle Otfrids nicht zu Unrecht darauf hingewiesen, daß sich in der so sympathischen Menschlichkeit des ,Liber evangeliorum' nicht nur der Autor, sondern auch die Seelenkultur seines Ordens, sozusagen die kollektive Gefühlslage, widerspiegelt. In der Dichtung der Frau Ava ist auf eine viel stärkere Weise ihre eigene, individuelle Person präsent, nicht nur im Schlußwort, nicht nur in ihrer Bevorzugung der biblischen Frauengestalten, sondern vor allem in der Selbstverständlichkeit, mit der sie dichtet. Leben, Glaubensüberzeugung und Werk sind bei ihr auf eine neue, persönlichere und subjektivere Weise zur Einheit verbunden.

Ein Werk ganz anderen Charakters ist der ,Baumgartenberger Johannes Baptista'. Er ist hier zu erwähnen, weil er sich thematisch mit dem ersten Teil des Ava-Korpus berührt, der gleichen Literaturlandschaft (Österreich) zugehört und auch zeitlich nicht sehr viel jünger sein dürfte (um 1140). Im Gegensatz zum ,Johannes' der Frau Ava aber steht der ,Baumgartenberger Johannes Baptista' (benannt nach dem Fundort der Handschrift, der wohl zugleich der Entstehungsort des Werkes ist: Kloster Baumgartenberg) nicht im Verbund mit anderen Dichtungen neutestamentlichen Inhalts, ist nur fragmentarisch überliefert (mit 76 von insgesamt ca. 200/250

Kurzversen) und dies außerhalb der großen Sammelhandschriften, und er erzählt nicht das Johannesleben, sondern deutet die Gestalt des Täufers als Bindeglied zwischen Altem und Neuem Gesetz. Johannes ist in dieser Dichtung der letzte und größte der Propheten, Wiederverkörperung des Elia, zugleich auch der erste, der das Gesetz Mose „geistlich" auslegt und darüber mit den „Juden" in Streit gerät; dennoch ist er nur der Vorläufer, der mit seinem Finger auf Jesus als den Größeren hinweist und sich freut, von dessen Wundertaten zu hören. Die Blickrichtung des Dichters ist durch und durch theologisch-belehrend: kein liebvolles Schildern von Details, kein Ansatz zu frommer Erbauung. Insgesamt hat das Werk eher den Charakter eines Traktats als den biblischer Erzähldichtung. Einzelversuche dieser Art mag es damals, gerade im österreichischen Raum, noch mehr gegeben haben – wie beliebt die Gestalt des Täufers war, zeigt außer Avas Schilderung auch die u. S. 156 zu besprechende ‚Johanneslegende' des Priesters Adelbrecht; wir können sogar eine gewisse Ausstrahlung des ‚Baumgartenberger Johannes Baptista' auf die zeitgenössische Literatur beobachten – ‚Kaiserchronik' v. 4047–50 zitiert v. 1–4 –, aber schon bald darnach scheint, wie wir oben schon sagten, die Zeit für gedichtete Theologie zu Ende gewesen zu sein. Was dann nicht in die großen Textsammlungen Eingang fand, ist uns nur durch Zufall erhalten geblieben.

Kann man nach dem bisher Gesagten konstatieren, daß dem österreichischen Raum für die Entstehung und Ausbildung einer bibelbezogenen Epik eine maßgebende Rolle zukommt, so bedeutet das doch nicht, daß eine solche Epik im wesentlichen auch auf diesen Raum beschränkt gewesen wäre. Nur hat anhaltendes Interesse in der Südostecke des deutschen Sprachgebiets Werken dieser Art eine zuverlässige Überlieferung gesichert, während weiter im Westen eine sich entwickelnde modernere Literatur – etwa die beginnende Legendendichtung – die älteren Formen offenkundig rascher verdrängt hat. Jedenfalls sind von dort nur Fragmente auf uns gekommen.

Die kleinste dieser Fragmente, ‚Von Christi Geburt', 137 Kurzverse umfassend, ist wohl 1120/40 im Kölner Raum entstanden. Erhalten sind vier Pergamentstreifen einer Handschrift (Innsbruck, Universitätsbibliothek Frgm. 69). Fragment 3 und 4 erzählen von Christi Geburt, Fragment 1 und 2 sind alttestamentlichen Inhalts. Da aber auch die hier angezogenen Stellen durch typologische Deutung ausdrücklich auf Christus bezogen werden, legt sich die Annahme nahe, daß das Erlöserleben den Hauptinhalt des Gedichtes bilden sollte.

Etwas besser läßt sich ein zweites Werk aufgrund der erhaltenen Fragmente fassen: der wohl zwischen 1120 und 1130 entstandene ‚Friedberger Christ und Antichrist' (überliefert in einer aus Friedberg/Wetterau stammenden Handschrift). Die Dichtung, die mit einem errechneten Umfang von ca. 1200 Versen noch kaum episches Maß erreicht, erzählt in anspruchsloser Form das Leben Jesu und kontrastiv dazu das Leben des Antichrist. Ob diese Gegenüberstellung in einen umfassenderen heilsgeschichtlichen Rahmen gestellt war, ist nicht mehr zu erkennen.

Das umfangreichste und interessanteste dieser fragmentarisch erhaltenen Werke ist die sogenannte ‚Mittelfränkische Reimbibel'. Die bisher bekannt gewordenen Fragmente dieser Dichtung stammen aus drei verschiedenen Handschriften und sind heute über vier Bibliotheken zerstreut, weshalb ihre Zusammengehörigkeit auch erst nach und nach erkannt wurde. Das inzwischen gesammelte und geordnete Material (etwa 900 Kurzverse, z.T. allerdings erheblich verstümmelt) ermöglicht jedoch ein recht zuverlässiges Urteil über Umfang, Anlage und Charakter des Ganzen. Geplant war allem Anschein nach eine große heilsgeschichtliche Gesamtdarstellung von der Erschaffung des Menschen bis hin zur ewigen Glückseligkeit bzw. zur ewigen Verdammnis. Von den Ereignissen, die zwischen diesen beiden Polen liegen, sind erhalten: Sündenfall, Geschichte Noahs, Esau und Jakob, Jacobs Söhne, Johannes der Täufer, Teile des Lebens Jesu bis zum Verrat des Judas, Veronilla (Veronika), die Geschichte Petri, das Martyrium der Apostel, Tod Mariens, Helenalegende, Raub und Wiedereroberung des Kreuzes (Codras-Eraclius-Legende). Der Autor erzählt die Ereignisse in chronologischer Reihenfolge, doch greift er bisweilen, durch Assoziationen verlockt, auch vor. Auf allegorische Deutung verzichtet er so gut wie völlig. Er erzählt einfach, mit einer sich eher kritisch als mitfühlend gebenden Anteilnahme, die nicht ohne Stolz bisweilen das eigene Wissen ins Spiel bringt.

Interessant ist die ‚Reimbibel' zum einen, weil hier mit Apostel- und Heiligenleben die sechste Weltzeit und damit auch der weltlich-historische Aspekt stärker in den Vordergrund tritt als bisher, zum andern, weil die Tendenz zur epischen Großform hier in einer neuen Variante erscheint. Die ‚Mittelfränkische Reimbibel' ist nicht, wie ‚Genesis', ‚Exodus', ‚Judith', die zwischen Nachdichtung und Übersetzung stehende Paraphrase eines vorgegebenen Textes, auch nicht, wie die ‚Judith'-, ‚Salomon'-, ‚Jünglinge'-Trias, ein Konglomerat ursprünglich selbständiger Dichtungen liedepischen Charakters, und schließlich nicht, wie das Ava-Korpus, die zyklische Anordnung auf einander bezogener, aber doch eigenständiger Teile, sondern eine von Anfang an als Einheit konzipierte Großdarstellung der Heilsgeschichte. Die biblischen Vorgaben dienen hierfür als Strukturgerüst, das der Autor ausfüllt, indem er in relativer Freiheit Material aus unterschiedlichen Quellen zusammenträgt und neu arrangiert. Was auf diese Weise entstanden ist, ist zwar nicht hohe Kunst, aber doch ein Werk, das eine interessante Station auf dem Weg der literarischen Entwicklung bezeichnet und diese besser verstehen läßt.

Geschichtsdichtung

Im vorausgehenden Abschnitt wurde deutlich, wie die neutestamentliche Bibeldichtung ihr Interesse zunehmend auf die letzte, die sechste Weltzeit verlagerte, sich mehr und mehr der Legende öffnete und so allmählich auch weltliche Geschichte in die Darstellung aufnahm. Hierbei blieb freilich die heilsgeschichtliche Komponente immer dominant; sie bildete weiterhin die sachliche und erzähltechnische Bezugsebene. Dies gilt so nicht mehr für die beiden jetzt zu besprechenden Werke, das ‚Annolied‘ (s.o. S. 22–24) und die ‚Kaiserchronik‘ (s.o. S. 27–31). Zwar erzählen auch sie von der Verwirklichung des Heils bzw. von den Kräften, die sich dessen Verwirklichung widersetzen, zwar ist auch für sie die gegenwärtige Weltzeit die letzte, eingespannt zwischen die erste und zweite Ankunft Christi und bestimmt vom gottgesetzten Geschichtsplan, aber in dieses fundamentale Koordinatensystem werden neue Linien eingezeichnet, Entwicklungslinien der profanen Geschichte, die zwar als Heilsgeschichte gedeutet werden können, aber nicht den Quellenschriften der Heilsgeschichte, den Büchern des Alten und Neuen Testaments, entnommen sind. In je verschiedener Weise stellen ‚Annolied‘ und ‚Kaiserchronik‘ Weltgeschichte im Sinne eines historischen Kontinuums dar und erschließen so der deutschen Volkssprache erstmalig die lateinische Historiographie mit ihrer weit zurückreichenden Tradition. Im ‚Annolied‘ gibt der Autor einen Abriß der Weltgeschichte neben einem heilsgeschichtlichen Überblick; der Dichter der ‚Kaiserchronik‘ verzichtet auf einen solchen Überblick ganz und hält sich in seiner Darstellung ausschließlich an die Profangeschichte. Auf der Ebene der Deutung freilich spielt auch für ihn die Heilsgeschichte die entscheidende Rolle: Ihr kommt die Funktion zu, den dargestellten Geschichtsverlauf verständlich zu machen und geschichtlichem Handeln seinen Sinn zuzuweisen.

Das ‚Annolied‘ beginnt als Heilsgeschichte. Es berichtet von Schöpfung, Sündenfall, Erlösung und anschließender Ausbreitung des Glaubens, wobei das Hauptinteresse der Christianisierung der Franken gilt und sich schließlich auf Köln und seine Heiligen konzentriert, als deren jüngster Anno vorgestellt wird. Seine Legende bildet den zweiten Teil des Werkes. Aus dem Gesagten wird deutlich, wie sehr sich bis zu diesem Punkt Weltsicht und Weltschilderung des ‚Annoliedes‘ mit Konzeptionen von der Art der ‚Mittelfränkischen Reimbibel‘ vergleichen lassen. Aber anders als dort ist nun hier zwischen den heilsgeschichtlichen Überblick und die Legende ein Abriß der Weltgeschichte eingeschoben.

Der Autor greift hierfür zurück auf ein altes Gliederungsschema, das bezeichnenderweise im geschichtsbewußten 11. Jahrhundert neue Aktualität gewonnen hatte, das Schema von den vier Weltreichen, das aus Daniel 7 (und 2) entwickelt, bei Hieronymus († 420) seine eindrucksvollste Ausgestaltung erfahren hatte. Unter dem Bild der vier Tiere des Daniel-Traums erscheinen die Reiche der Babylonier, Perser, Griechen und Römer. Dabei nimmt die Geschichte des römischen Reiches bei weitem den größten Raum ein. Sie wird hinabgeführt bis zu Caesar und Augustus. Ersterer gliedert die deutschen Stämme dem Imperium ein und begründet so ihre künftige Herrschaftsrolle; unter letzterem wird Christus geboren. Mit ihm beginnt das *niuwe kunincrîchi*, dem alle Welt weichen muß. (Folgerichtig bricht der ‚Annolied‘-

Dichter mit Augustus die Schilderung der weltlichen Geschichte ab.) Mit dem Bericht von der Verbreitung dieser neuen Königsherrschaft führt auch dieser Erzählstrang wieder nach Köln und zu Anno.

Die Dreigliederung des ‚Annoliedes‘ in Heilsgeschichte, Weltgeschichte, Heiligenleben galt immer als formale Besonderheit des Werkes, und die strenge Durchführung einer solchen Dreigliedrigkeit ist in der Tat einmalig. Doch weiß man inzwischen, daß auch dafür die lateinische Historiographie Anregungen bereithielt. Vor allem das Rhein-Maas-Gebiet brachte im 11. Jahrhundert eine Reihe von Werken hervor, in denen sich Weltgeschichte der Volksgeschichte und Biographie öffnete, oder wo Bistumsgeschichte und Hagiographie den einzelnen Heiligen, die einzelne Stadt in große weltgeschichtliche Zusammenhänge hineinstellte. Dennoch bleibt ein wesentlicher Unterschied zwischen diesen historiographischen „Gebrauchsformen“ (Kuhn) und dem ‚Annolied‘; er besteht darin, daß die lateinischen Werke in viel stärkerem Maße systematisieren. Wenn hier die Autoren Darstellungsformen verschiedener historischer Genera aufgreifen, dann ordnen sie diese der jeweils von ihnen erwählten Hauptform unter. Nicht so das ‚Annolied‘. Es macht aus der „Chronik ebenso ein Bauelement wie aus Origo [Bericht vom Ursprung eines Klosters, einer Stadt u.ä.] und Biographie“ (Knab). Die Folge davon ist, daß in den lateinischen Werken trotz aller Abschweifungen die Einsträngigkeit der Erzählung erhalten bleibt, während das ‚Annolied‘ auf zwei Ebenen operiert, die auch eine kunstvolle Verknüpfungstechnik nicht wirklich koordinieren und zur inneren Einheit verbinden kann. Bei aller Orientierung an der lateinischen Historiographie bleibt so das ‚Annolied‘, gerade auch mit seiner konsequenten Doppelung von Heils- und Weltgeschichte, „ein Ding für sich“ (de Boor).

Diese Doppelung ist nun aber nicht Zufall oder gar Unvermögen, sondern angemessene Darstellungsform für die geschichtliche Weltsicht des Autors, dem Heilsgeschichte und Weltgeschichte unvereinbar geworden sind. Zwar führen weltgeschichtliche und heilsgeschichtliche Linien nach Köln und scheinen sich auch in der Person des heiligen Bischofs zu vereinigen, aber Anno kann sich als politisch Handelnder nicht durchsetzen. Er übt, nach Aussage des Liedes, die höchste Macht in höchster *tugint* aus, aber nach kurzer Zeit ist er absolut machtlos und außerstande, das andrängende Chaos zu meistern, die Katastrophe aufzuhalten. Somit erweist sich auch im dritten Teil des ‚Annoliedes‘, im Legendenteil, das Verhältnis von Heilsgeschichte und weltlicher Geschichte als problematisch.

Während sich die Geschichte des künftigen Heiligen geradlinig und klar entwickelt, bietet die Geschichte der ihn umgebenden Welt ein beängstigendes Bild. Sie stellt sich dem ‚Annolied‘-Dichter als undurchschaubar dar. Er sieht, wie Kräfte und Gegenkräfte in verhängnisvoller Weise am Werk sind, vermag aber die Gründe hierfür nicht zu analysieren. Gerade deswegen verzichtet er jedoch auf die naheliegende einfache Scheidung in gut und böse oder gar in gottgewollt und teuflisch.

Dieser vorsichtige Verzicht auf allzu kurzschlüssige Anwendung moralischer Begriffe hinsichtlich historischer Vorgänge zeigt sich noch deutlicher dort, wo der Autor nicht so unmittelbar und schmerzlich betroffen ist wie bei der Schilderung der eigenen Gegenwart. Betrachtet man seinen welthistorischen Abriß, so präsentiert sich dort Geschichte als Geschichte der Macht, ihres Erwerbs, ihrer Bewahrung und Verteilung, ihres Verlustes. Taktische Klugheit, Tapferkeit, der Wille zu herrschen sind wesentliche Voraussetzungen für politisch erfolgreiches Handeln. Dies wird zwar im ‚Annolied‘ nicht ausdrücklich positiv bewertet, aber auch nicht verteufelt; es wird in seiner Faktizität respektiert, und vor allem, es wird so berichtet, daß etwas von der Faszination zu spüren ist, die diese Dinge auf den Erzähler ausgeübt haben.

Geschichtliches Handeln erscheint als ein Handeln nach eigenen Regeln und Gesetzen, mit Konsequenzen, die in der Sache selbst angelegt und einer Beurteilung nach christlichen Normen nicht unmittelbar zugänglich sind. Zwar kennt der ‚Annolied‘-Dichter durchaus jenes von Augustin, Isidor und den karolingischen Fürstenspieglern entworfene Herrschermodell, das lehrte, wie politisches Handeln aus christlicher Verantwortung zu vollziehen sei. Auch ihm ist die Vorstellung vom *rex justus et pacificus* („gerechtigkeits- und friedliebenden König") als dem christlichen Idealherrscher geläufig, und er setzt sie bei der Schilderung von Annos Herrschaft auch ein, aber dadurch, daß Anno scheitert, wird das bisherige Ideal zur Utopie. Ein neues Modell jedoch, in dem versucht worden wäre, die erkannte Eigen- gesetzlichkeit von Macht in irgendeiner Weise mit den Postulaten christlicher Ethik zu versöhnen, kann der Dichter nicht anbieten. So ist seine Antwort im Grunde eine individualistische. Sie gilt dem einzelnen und wird an dem Helden Anno demonstriert. Dieser bemüht sich mit aller Kraft, an seinem Platz das Richtige zu tun und findet so sein Heil. Was das Richtige ist, ist dabei im Bereich der persönlichen Ethik noch unbezweifelt und objektiv vorgegeben und erfährt infolgedessen auch die objektive Bestätigung: Heiligkeit. Das ‚Annolied‘, in vielen Punkten in die Zukunft weisend, nimmt auch mit dieser individualistischen Antwort ein Stück künftiger geistesgeschichtlicher und literarischer Entwicklung vorweg. Die kommende Epik wird vom einzelnen her erzählen und also auch die Lösung der Probleme wesentlich als die Lösung der Probleme des einzelnen gestalten. Freilich bietet das ‚Annolied‘ dazu erst einen Ansatz und es ist noch ein weiter Weg zum höfischen Roman. Eben darum bedeutet Vollendung und Erlösung des Helden Anno auch nicht Erlösung einer epischen Welt, sondern Heils- zeichen für die Menschen, die ihn anrufen und das Lied von seinem Leben in frommer Gesinnung hören.

Wie das zur Zeit seiner Entstehung hochmoderne, zukunftsweisende ‚Annolied‘ gewirkt hat, ob es sein mutmaßliches Publikum (s.o. S. 23f.) erreichen konnte, wissen wir nicht. Die einzige für uns greifbare Nach- wirkung findet sich in der ‚Kaiserchronik‘, die das, was im ‚Annolied‘ angelegt war, entschieden weiterentwickelt. Hatte das ‚Annolied‘ durch

Einbau eines weltgeschichtlichen Abrisses der Volkssprache die lateinische historiographische Tradition allererst erschlossen, so entsteht mit der ‚Kaiserchronik' zum ersten Mal ein eigentlich historiographisches Werk in deutscher Sprache, ein Werk, für das die weltliche Geschichte die grundlegende formale Ordnungskategorie bildet. Die Chronik erzählt die Geschichte des Römischen Reiches von den Anfängen bis zur Gegenwart, indem es die Taten derer darstellt, die es verantwortlich lenkten, die Taten der Kaiser und Päpste.

Das Pogramm wird in den Versen 18–23 vorgestellt: „Das Buch gibt uns Kunde von den Päpsten und Königen, guten wie schlechten, die vor uns waren und das Römische Reich in ihrer Obhut hatten bis auf den heutigen Tag". Dieses Programm wird im folgenden strikt eingehalten. Die Darstellung beginnt mit der Gründung Roms und wendet sich dann rasch der Herrschaft Cäsars zu, die als erster Höhepunkt römischer Geschichte erscheint. In diesem Zusammenhang berichtet das Werk (im Anschluß an das ‚Annolied') von der Eingliederung der deutschen Stämme in das Imperium Romanum und gibt auch den Daniel-Traum wieder, freilich in charakteristisch abgewandelter Form. Das Interesse der Chronik gilt allein dem letzten, dem römischen Reich, das in seiner unüberwindlichen Stärke nur durch den Antichrist, d.h. von außen her, zerstört werden kann. Nachdem so das Imperium in seiner weltlich-politischen Machtposition klar definiert ist, erlangt es eine neue Qualität durch seine Verchristlichung zur Zeit Konstantins des Großen. Die gemeinsame Gesetzgebung von Papst Silvester und Konstantin markiert einen entscheidenden Abschnitt in der Geschichte des Reiches. Einen ähnlich wichtigen Einschnitt stellt die Übernahme der Herrschaft durch die Deutschen unter Karl dem Großen dar. Seine von Gott selbst inspirierte Gesetzgebung bildet das Fundament für die künftige Ausgestaltung und Fortentwicklung des Imperiums. Reich, Recht und göttliche Ordnung sind von jetzt an unlösbar miteinander verbunden.

Hatte der Autor des ‚Annoliedes' die von Haus aus gegebene Spannung zwischen einer universalistisch-optimistischen Geschichtssystematik (Heils-ökonomie) und einer an den realen Fakten orientierten Weltbeschreibung (Historiographie) geschickt genutzt, um die Undeutbarkeit der eigenen historischen Situation ins Bewußtsein zu heben, so hat sich die Vorstellung von der eigenen Zeit, von ihren Aufgaben und ihren Möglichkeiten für den ‚Kaiserchronik'-Dichter ganz entscheidend verändert. Der Pessimismus des ‚Annoliedes' ist nun, in der Mitte des 12. Jahrhunderts, einem ausgesprochenen „Reichsoptimismus" (Hellmann) gewichen. Die Entscheidung für die Weltgeschichte bedeutet freilich nicht, daß der Autor der ‚Kaiserchronik' auf die heilsgeschichtliche Perspektive verzichtet. Er sieht vielmehr Heils-geschichte und weltliche Geschichte ineins; sie durchdringen sich im christlich gewordenen Imperium Romanum. So bildet das *rîche* eine nicht mehr in Frage gestellte positive Größe, die letztlich den Bereich des Politischen übersteigt und in der Transzendenz verankert ist. Das Reich, dessen Gesetze unmittelbar auf göttliche Stiftung zurückgehen, vertritt den Willen Gottes auf Erden und ist zugleich das Instrument, diesem Willen Geltung zu verschaffen. Selbstverständlich ist auch im Rahmen dieses Imperiums Versagen und Sünde möglich, aber das Reich als solches ist dadurch nicht gefährdet. Gute Kaiser dienen dem Reich und damit Gott, charakterlich und moralisch unzulängliche Herrscher handeln politisch falsch und sündigen zugleich. So besitzt die ‚Kaiserchronik' einen einheitlichen Maßstab der Bewertung für alles Geschehen, und entsprechend klar und eindeutig ist die Struktur, in der Geschichte dargestellt wird.

Bereits bei der Besprechung der Bibelepik wurde deutlich, daß die Beschäftigung mit der „sechsten Weltzeit" nicht nur ein verstärktes Aufgreifen weltlicher Stoffe bedeutet, sondern auch eine Zunahme von auktorialer Freiheit, eine Möglichkeit zu größerer Selbständigkeit der Gestaltung. Auch in dieser Hinsicht stellt die ‚Kaiserchronik' für unseren Zeitraum den äußersten Punkt der Entwicklung dar. Wie die Wahl des Themas (Geschichte des Imperiums) verrät auch die inhaltliche und formale Durchführung des Themas eine erstaunliche Selbstsicherheit und Souveränität. Dies zeigt sich etwa darin, daß die ‚Kaiserchronik' offenkundig bemüht ist, die Zahl der römischen und deutschen, christlichen und heidnischen Herrscher in bestimmte Proportionen zu bringen. Auch wenn dies nicht mit letzter mathematischer Exaktheit geschieht und man dahinter auch keine tiefgründigen zahlensymbolische Spekulationen sehen muß, so wird doch deutlich, daß hier die historische Realität dem Streben nach Korrespondenz und Symmetrie untergeordnet wird. Auch inhaltlich ist die Geschichtsdarstellung, zumal im römischen Teil, so fabulös, selbst für mittelalterliche Verhältnisse so weit von der historischen Wirklichkeit entfernt, daß dies seinen Grund nicht im Zufall oder in der Unkenntnis haben kann. Man wird vielmehr künstlerische Planung, die überlegte Anordnung des Interpreten am Werk sehen dürfen, und dessen Intention zielt nicht auf eine vordergründig „richtige" Sammlung historischer Fakten, sondern auf eine „wahre" Deutung des Sinns von Geschichte. Dieser liegt nach der ‚Kaiserchronik' in der Entstehung und Entfaltung des christlichen Imperium Romanum als dem idealen geschichtlichen Raum für die persönliche und moralische Entscheidung jedes einzelnen. Mit der Darstellung und Propagierung dieser geschichtlichen Wahrheit begründet und verteidigt der Autor sein Werk im Prolog. Man darf ihm ruhig glauben, daß er von der Richtigkeit seines Vorgehens und der Objektivität seiner Wahrheit überzeugt war. Die Mittel freilich, deren er sich zur Erreichung seiner Zwecke bedient, gehören eher in den Bereich der Ästhetik als in den einer „objektiven", kritischen Wissenschaft: Auswahl, Umarrangement, Neuakzentuierung des historischen Materials, auch Insertion von Fabulösem und Legendarischem. So zieht er gleichsam eine *bele conjointure*, einen überzeugenden Sinnzusammenhang aus der Geschichte und tut damit eben das, was Chrestien de Troyes (vgl. Bd. II/1) später im Blick auf den arthurischen Stoff als die wesentliche Aufgabe des Dichters beschreiben wird. Freilich, auch wenn der Verfasser der ‚Kaiserchronik' mit bestem Gewissen so verfährt, so hat er dabei, gerade weil er sehr bewußt arbeitete, offenbar doch gespürt, daß dem Autor mit der neuen Freiheit auch ein gutes Maß an Verantwortung und an Gefährdung mitgegeben war. Die Verteidigung der Wahrheit seiner Erzählung im Prolog ist deswegen besonders nachdrücklich und die Zurückweisung derer, die die Wahrheit durch eigenmächtige Eingriffe zur Lüge entstellen, besonders scharf. Zwar weiß er sich von jenen getrennt durch die Integrität seiner christlich-moralischen Haltung und er formuliert sie mit Entschiedenheit und unangefochten. Dennoch ist die Diskussion um die „künstlerische Wahrheit" mit der ‚Kaiserchronik' in ein neues Stadium getreten; sie wird bereits in der nächsten Zukunft mit aller Intensität fortgeführt werden.

ZWEITER ABSCHNITT
Von der ‚Kaiserchronik‘
zum ‚Rolandslied‘
(1130/40 – 1160/70)

Literarische Interessenbildung

Überblick

Wir haben gesehen, daß die Geschichte der volkssprachigen Literatur im ersten Abschnitt unserer Epoche bedingt war durch ein sowohl auf Produzenten- wie Rezipientenseite sich entwickelndes Interesse an deutschen Werken, die gegenüber der traditionellen mündlichen Dichtung Neues boten. Im zweiten Abschnitt nimmt dieses Interesse weiter zu: Ein vielfältigeres Angebot befriedigt ein wachsendes Bedürfnis nach Unterhaltung, Information und Problemdiskussion im Medium der Literatur.

Diese Intensivierung des literarischen Lebens kommt nicht nur in der größeren Zahl überlieferter Denkmäler zum Ausdruck, sondern auch in den Aussagen der Werke selbst: Wird in ihnen Dichtung auch noch nicht zum eigentlichen Thema des Dichtens, so doch bereits zu einem Gegenstand der Reflexion und der Auseinandersetzung. Literatur und ihre Wirkung, ihre Funktion im gesellschaftlichen Gefüge finden immer häufiger Erwähnung. So sprechen die Texte jetzt von Liebesliedern als Elementen höfischer Geselligkeit und ritterlicher Selbstdarstellung, reflektieren über die Bedeutung literarischer Vermittlung von Geschichte und verstehen Literatur als Identifikationsangebot für den Rezipienten. Darüber hinaus lassen manche Denkmäler Ansätze zu literarischer Kommunikation, ja zu einer Art „Literaturbetrieb" erkennen. Da gibt es Werke, die auf zeitgenössische literarische Erscheinungen Bezug nehmen − und dies nicht, indem sie in traditioneller Weise beteuern, die von ihren Vorgängern erkannte Wahrheit nur weitergeben und ergänzen zu wollen, sondern durchaus in der Art bewußter Reaktion und kritischer Stellungnahme. Mehr als Spuren freilich können wir davon nicht erkennen; die Bezüge sind nicht so deutlich wie etwa in den literarischen Auseinandersetzungen der höfischen Klassik, wo Autoren und Werke aufeinander antworten, ein angeschnittenes Thema weiterverfolgen, eine angebotene Lösung korrigieren, scharf gegeneinander Stellung nehmen. In unseren Jahrzehnten ist die Adresse, an die sich eine zustimmende oder ablehnende Aussage richtet, oft nicht klar zu erkennen. Auch muß das Formulieren eigener Positionen, besonders dort, wo es sich um literarische Fragen handelt, erst erlernt werden. Dennoch läßt sich bereits aus den gelegentlichen Seitenhieben und anderen, eher zufällig-unsystematischen Feststellungen, mehr noch aus den im Ansatz auch schon vorhandenen programmatischen Aussagen (Prologe!) erkennen, daß sich ein Umbruch vollzieht dergestalt, daß man Literatur in zunehmendem Maße als Feld geistiger Auseinandersetzung begreift.

Versucht man, über die allgemeine Feststellung eines wachsenden literarischen Engagements hinaus spezielle Interessenzusammenhänge aufzuzeigen, in denen diese Literatur steht, muß man zunächst konstatieren, daß direkte Informationen über Auftraggeber, Autoren, Publikum nach wie vor spärlich sind. Die Situation hat sich gegenüber dem ersten Abschnitt nicht wesentlich gebessert; man sieht sich mit ähnlichen Schwierigkeiten konfrontiert wie in den vorausgehenden Jahrzehnten (s.o. S. 15–17). Die wenigen direkten Anhaltspunkte ergeben nur ein sehr unzureichendes Bild, so daß man auch weiterhin auf indirekte Auskünfte der Texte, auf Interpretation in Verbindung mit historischer Forschung angewiesen ist. Auf dieser Basis versuchen wir im folgenden, die Veränderungen in der literarischen Interessenbildung zu skizzieren.

Beginnen wir mit den Auftraggebern. Hier wird, spätestens am Ende unserer Periode, eine entscheidende Veränderung greifbar, die die Zukunft wesentlich bestimmen wird. Der weltliche Auftraggeber, den wir im ersten Abschnitt nur in einem Einzelfall wahrscheinlich machen konnten, spielt nun eine nicht mehr zu übersehende Rolle und läßt sich – freilich nur in einem singulären Glücksfall – auch belegen. Diese Auftraggeber in ihrer sozialen Stellung näher zu bestimmen, fällt nicht leicht; die Parteilichkeit der Texte ist wesentlich geringer, als man es bei Auftragsarbeiten vielleicht erwarten würde. Die langen Forschungsdiskussionen um die welfische oder staufische Tendenz mancher Werke sind ein einfaches Beispiel für diesen Sachverhalt. Einige Feststellungen scheinen dennoch möglich: Der Königshof hat an der hier zu besprechenden Literatur keinen erkennbaren Anteil. Die großen Höfe der entstehenden Landesherrschaften spielen die dominierende Rolle, aber auch andere bedeutende Adelsfamilien haben sich, wie es scheint, als Mäzene betätigt.

Neben den neuen weltlichen Auftraggebern kommt der Kirche in diesen Jahrzehnten nach wie vor eine wichtige Funktion zu; der überwiegende Teil der neu entstehenden Texte ist in geistlichem Auftrag verfaßt. Doch zeichnen sich auch in diesem Bereich gegenüber den vorausgehenden Jahrzehnten Veränderungen ab. Der Bischofshof, im ersten Abschnitt mit dem ‚Ezzolied‘ und wohl auch dem ‚Annolied‘ Ausgangsort für wegweisende Neuerungen, ist jetzt an der literarischen Entwicklung nicht mehr nachweislich beteiligt. Eine immer noch sehr große Rolle im literarischen Leben spielen dagegen die Klöster. Sie verdanken diese freilich nicht zuletzt ihrer bewahrenden Tätigkeit: Im Kloster wird auch aufgezeichnet, kompiliert und verbreitet, was früher und andernorts entstanden war. (In der zweiten Hälfte des Jahrhunderts wurden hier die großen Sammelhandschriften geschrieben, in denen die Mehrzahl unserer Denkmäler überliefert ist; s.o. S. 16.) Selbstverständlich besteht die literarische Leistung der Klöster aber auch jetzt nicht nur im Bewahren. Nicht wenige der neu entstandenen Werke lassen sich dem klösterlichen Bereich zuordnen, manche davon allerdings eher dessen Peripherie: Werke, die von ehemaligen Laien stammen, die der Welt entsagt und sich einem klösterlichen Konvent angeschlossen haben. Das literarische Engagement dieser „geistlichen Laien" ist erstaunlich groß, erklärbar vielleicht aus dem Bestreben, die eigene Bekehrung auch für andere fruchtbar werden zu lassen.

Damit sind wir bei der Frage nach den Autoren. Läßt sich bei den Auftraggebern ein allmähliches Vordringen der Laien feststellen, so scheinen die Autoren auf den ersten Blick an einer solchen Entwicklung nicht teilzuhaben. Auch im zweiten Teil unserer Epoche werden die Werke weitestgehend von Geistlichen verfaßt. Aber wie in der Gestalt der eben erwähnten Konversen Laien den geistlichen Bereich tangieren, so gehen umgekehrt Klerus und „Welt" dort eine neue Verbindung ein, wo Geistliche im Dienst weltlicher Herren dichten. So werden im Bereich der literarischen Tätigkeit die Grenzen zwischen „weltlich" und „geistlich" fließend, und dies bedeutet auch eine neue und fruchtbare Begegnung zwischen traditionell-lateinischer Bildung und mündlichen Überlieferungen der Volkssprache. Mündliche Dichtungstradition wird jetzt nicht mehr nur eklektisch ausgehoben, um als schmückendes Beiwerk in geistlichen Literaturerzeugnissen Verwendung zu finden, sondern sie wird in ihren eigenen Möglichkeiten wahrgenommen und weiterentwickelt. Wie weit die alten Träger mündlicher volkssprachiger Dichtung an dieser Entwicklung teilhatten, ist umstritten. Einigkeit besteht weitgehend darüber, daß die großepischen Gestaltungen „spielmännischer" Stoffe nur als Auftragsdichtungen denkbar sind, veranlaßt von vermögenden großen Herren. In der gesellschaftlich-kulturellen Atmosphäre eines solchen „Hofkreises" kann ebenso ein Geistlicher „spielmännische" Überlieferung kennengelernt und umgestaltet haben wie umgekehrt ein weltlicher Erzähler/ Dichter in einem solchen Ambiente mit theologischem Gedankengut und lateinisch-klerikaler Stofftradition und Erzähltechnik (Legende!) in Berührung gekommen sein mag.

Doch auch wenn sich die Frage nach den Verfassern unserer Literatur häufig nur mit hypothetischen Überlegungen beantworten läßt – eines geht aus der Analyse der Denkmäler deutlich hervor: Der scheinbar so einheitliche Begriff „geistliche Autoren" umschließt eine Vielfalt konkreter Lebensformen, und die Gemeinsamkeit der so Zusammengefaßten besteht immer weniger in ihrem geistlichen Stand und immer mehr in ihrer literarischen Tätigkeit. Eine Öffnung gegenüber der „Welt" gilt also auch für den Bereich der Autoren, und dies selbst dann, wenn sich kein einziger „echter" Laie unter ihnen finden ließe.

Für wen haben diese Autoren geschrieben? Auch die Publikumssituation hat sich gegenüber dem ersten Abschnitt verändert, und auch hier betrifft die Veränderung vor allem die Laien.

Selbstverständlich werden die deutschen Werke nach wie vor zumindest teilweise auch im geistlichen Bereich rezipiert. Belegbar aber ist diese Rezeption nur für geistliche Werke und für die Kreise, die wir auch schon im ersten Abschnitt als mögliches Publikum kennengelernt haben: Konverseninstitute und Frauenklöster vor allem, wo gelehrt-lateinische Bildung fehlte.

Die Laien hatten auch schon in den vorausliegenden Jahrzehnten einen wesentlichen Teil des Publikums gebildet. Die Zunahme ihres Interesses hält im zweiten Abschnitt weiter an, doch ist der sich abzeichnende Wandel weniger ein quantitativer als ein qualitativer. Kann man verallgemeinernd sagen, daß sich die Texte des vorausgehenden Abschnittes der Intention nach an „alle Menschen" wandten, auch wenn bei der konkreten Formulierung ethischer Pflichten der Blick immer schon in besonderer Weise auf die Mächtigen gerichtet war, so wird nunmehr die Zielrichtung insgesamt „exklusiver". Die Dichtung beginnt sich auf einen Ausschnitt des laikalen Publikums zu konzentrieren, der zwar soziographisch kaum fixierbar ist, in den Texten jedoch als soziale Realität aufscheint: die „höfische Gesellschaft". Es handelt sich um eine Gruppierung, die, eben im Entstehen begriffen, wesentlich charakterisiert wird durch Eigenschaften, die man in idealisierend-überhöhter Form und konsequenter Ethisierung dann aus den höfischen Epen kennt. Die Existenzform dieser Gruppe, in der Standesunterschiede partiell beseitigt oder doch ignoriert werden, wird bestimmt von einer universellen „Kultiviertheit", die von den bloßen Äußerlichkeiten der Lebensweise bis zur Reflexion über werthaftes Handeln reicht. Das zunehmende Interesse, das die Entwicklung des höfischen Bewußtseins jetzt in der Literatur findet, spiegelt wider, welche Bedeutung man dem neuen Phänomen beimaß, bedeutet jedoch keineswegs bereits allgemeine Zustimmung. Neben Begeisterung für den Kult des Höfischen läßt sich bei den Autoren unseres Zeitabschnitts auch Irritation und Ablehnung beobachten.

Dies führt noch einmal zur Frage nach den Interessenzusammenhängen, aus denen diese Literatur erwachsen und aus denen sie zu verstehen ist. Betrachten wir zunächst die geistliche Seite. Propagierung des Glaubens, seine Vertiefung und Intensivierung sind hier nach wie vor das selbstverständliche Ziel. Das Bewußtsein, mit dem dieses Ziel verfolgt wird, hat sich gegenüber den vorausliegenden Jahrzehnten bei vielen Autoren nicht geändert: Für sie ist die Sache des Glaubens nach wie vor das einzige wesentliche Anliegen der Menschen. Diese Autoren sehen sich so wenig in einer Konkurrenzsituation gegenüber anderen ernstzunehmenden Positionen, wie sie ihre Tätigkeit im Dienste speziell „kirchlicher Interessen" sehen würden. Neben dieser selbstgewissen Glaubensverkündigung aber entstehen auch Werke, die in bewußter Reaktion auf den wachsenden Anspruch der „Welt" kirchliche Positionen im weitesten Sinn zu verteidigen suchen. Sie werben in verstärktem Maße um die Laien, suchen ihre Aufmerksamkeit zu fesseln und wollen, etwa in den Legenden, implizit die Unmöglichkeit eines weltlich-werthaften Lebens vor Augen führen. Aufgeschreckt durch die Feststellung, daß das bisher schlichtweg Abgewehrte sich selbstgewiß

als werthaft zu präsentieren beginnt, reagieren diese Autoren nicht mehr
nur mit der traditionellen Verdammung der Welt, sondern mit dem Versuch
ihrer Entlarvung: Sie wenden sich nicht mehr ausschließlich gegen ihre ins
Auge springende Bosheit, sondern rücken die Falschheit ihres schönen
Scheins stärker in den Vordergrund.

Fragt man demgegenüber nach den Interessen, die durch die „weltlichen"
Werke vertreten werden, wird man zunächst feststellen, daß sie nirgends
eine allgemein antikirchliche Tendenz zeigen. Aber sie sind nicht durchweg
frei von antirömischen Affekten; eine gewisse Distanz zu Rom und zur
kirchlichen Hierarchie überhaupt macht sich bemerkbar. Diese Haltung
steht im Zusammenhang mit einem wesentlichen Anliegen unserer Texte:
Bewältigung des Investiturstreites durch ein neues Selbstverständnis und
ein gesteigertes Selbstbewußtsein des Reiches – wobei auch die Wahl der
Volkssprache ihre Rolle spielt. So findet die imperiale Neubesinnung nach
dem Regierungsantritt Barbarossas, die Spannung zwischen Kaiser und
Papst in den weltlichen Dichtungen der Zeit ebenso ihren Niederschlag wie
die Diskussion „innenpolitischer" Probleme des Reiches, vor allem die
Frage nach dem Verhältnis von königlicher Autorität und fürstlichem
Machtanspruch. Daß die Autoren hier die Positionen ihrer jeweiligen
Auftraggeber vertreten, ist selbstverständlich; dabei versäumen sie freilich
nie, die Größe des Reiches als eigentliches Ziel allen politischen Handelns
herauszustellen.

Bei diesem notwendig skizzenhaften Versuch, die Literatur unseres
Abschnitts im Zusammenhang der zeitgenössischen Ideen und ihrer gesellschaftlich-politischen Konkretisierung zu sehen, darf ein Interesse nicht
unerwähnt bleiben, das gewissermaßen den atmosphärisch-psychologischen
Hintergrund der Entwicklung bildet: das wachsende Interesse an der Person,
am eigenen Ich, das sich im gesellschaftlichen Bezugsfeld verwirklichen
möchte. Dies führt nicht nur zu einem gesteigerten Bedürfnis, über sich
selbst nachzudenken, sondern ebenso zur wachsenden Freude am Erproben
der eigenen Möglichkeiten, an künstlerischer Präsentation, am Spiel. Dem
korrespondieren auf der Seite des Publikums gesteigerte Aufnahmebereit-
schaft, geistige Beweglichkeit und ästhetische Sensibilisierung. Literatur
deckt jetzt auch die Bedürfnisse einer Gesellschaft, die nicht mehr einfach
dominieren, sondern ebenso imponieren will, einer Gesellschaft, die nach
neuen Formen und neuen Möglichkeiten der Selbstdarstellung sucht.
Literatur als Medium der Problemdiskussion war die eine Seite der weltlichen
Dichtung; die andere Seite ist Literatur als kultivierte Unterhaltung, als
festliches Glanzlicht, als Möglichkeit zur mäzenatischen Geste, als Doku-
mentation der Zugehörigkeit, des „In-Seins". Bei all dem handelt es sich
nur scheinbar um selbstverständliche, weil zeitlose literarische Funktionen.
Gerade die unserem Zeitabschnitt vorausliegenden Jahrzehnte machen
deutlich, wie weitgehend irrelevant solche Funktionen sein können. Hier
zeichnet sich – etwa im mittleren Drittel des Jahrhunderts – ein Wandel

ab, der die großartige literarische Entwicklung der kommenden Jahrzehnte erst möglich gemacht hat.

Modelle

Wie im ersten Abschnitt so soll auch diesmal der allgemeine Überblick über die literarische Interessenbildung an einigen charakteristischen Beispielen konkretisiert werden, die Entwicklung und Wandel dieser Interessen modellartig zeigen, aus denen aber zugleich hervorgeht, welch enge Grenzen der literarhistorischen Interessenanalyse in frühmhd. Zeit immer noch gesetzt sind.

,Vom Priesterleben'

Unser erstes Modell, das Gedicht ,Vom Priesterleben', ist der Vertreter eines Typus, den es so in der Volkssprache bislang nicht gegeben hatte und der demnach bereits durch sein Auftreten eine Veränderung der literarischen Interessenlage signalisiert. Der Typus vereinigt Elemente der herkömmlichen Bußpredigt mit den Intentionen und dem Charakter eines *libellus de lite*, einer Streitschrift, die in satirischer Schärfe gegen Mißstände Stellung bezieht, sie öffentlich anprangert und sich bemüht, für ihren Kampf um die rechte Ordnung gleichgesinnte Mitstreiter zu gewinnen. In der Zeit des Investiturstreites (1076–1122) waren zahlreiche Schriften der genannten Art im geistig-politischen Kampf eingesetzt worden – aber diese waren ausschließlich lateinisch abgefaßt. Die deutschen Werke hatten sich mit Stellungnahmen zu aktuellen Ereignissen und mit scharfen Angriffen auffällig zurückgehalten. Ihre Tendenz ging eher dahin, die Laien zu beruhigen, als zusätzlich Öl ins Feuer zu gießen. Jetzt aber, Jahrzehnte nach Beilegung des Streites, findet offenbar auch volkssprachige Polemik ihr Publikum, wenn sie Mißstände aufzeigt und zu kritischer Stellungnahme aufruft. So geht der Autor des ,Priesterlebens' mit den Sünden der Geistlichkeit ins Gericht und läßt es dabei nicht an bitteren Worten und höchst anschaulichen Beispielen fehlen. Aber so einprägsam seine zornige Schelte auch sein mag, der historisch-konkrete Interessenzusammenhang, in dem das Werk steht, ist aus seiner Invektive nicht ohne weiteres ablesbar.

Direkte Hinweise auf die Entstehungssituation fehlen. Vermutlich würden wir klarer sehen, wäre der Text nicht am Anfang und Ende verstümmelt. (Erhalten sind 746 Verse; den überlieferungsbedingten Verlust am Anfang hat man in jüngster Zeit sehr hoch angesetzt [Neuser: 1900 Verse]; doch dürfte kaum mehr als ein Drittel verloren sein.) Die späte Überlieferung in der jüngsten aller Sammelhandschriften frühmhd. Dichtung (Wien 2696 – s.o. S. 16) erschwert zusätzlich die historische Einbettung des Textes. Dabei hatte man lange geglaubt, gerade aus der Textüberlieferung feste Anhaltspunkte für Person und Intention des Verfassers gewinnen zu können. In der gleichen Handschrift 2696 findet sich nämlich auch die Dichtung ,Von des todes gehugede' (,Erinnerung an den Tod'), die nicht nur die Verse 181– 186 mit dem ,Priesterleben' (v. 397–402) gemeinsam hat, sondern vor allem den Zugriff auf den Gegenstand: scharfe Beobachtung der moralischen Mißstände, ihre satirische Überzeichnung, szenisch-lebendige Präsentation und schonungslose Verurteilung. Da die genannten Merkmale im weiten Feld der frühmhd. Literatur nur diesen beiden Denkmälern eigen sind, sprach man sie auch demselben Autor zu, d.h. jenem Heinrich, der sich in der ,Erinnerung' v. 1032 nennt. Ihn dachte man sich als Konversen des österreichischen Benediktinerstiftes Melk. Der Konverse legte sich nahe wegen der auffälligen Kombination von Welterfahrung und geistlicher Bildung, Melk dagegen, weil es in der oberdeutsch-bairischen Sprachheimat der Texte liegt und weil in v. 1032 der ,Erinnerung', unmittelbar hinter der Autor-Nennung, ein Abt *Erchennenfride* erwähnt wird; ein Abt Erkenfried aber leitete das Stift Melk von 1122 bis 1163. Diesen so scharfsinnig konjizierten „Heinrich von Melk" stattete man dann auch mit einer ansprechenden Vita aus: Als adeliger Ritter hatte er die Welt kennengelernt, sich jedoch, angeekelt von ihrem Treiben und enttäuscht von seinen undankbaren Kindern, als alter Mann ins Kloster zurück-gezogen und dort eine nicht unbeträchtliche geistliche Bildung erworben. So gerüstet, machte er sich an seine letzte Lebensaufgabe: den Zeitgenossen einen Spiegel vorzuhalten und sie zur Besserung zu bewegen. Dabei richtete er sich zunächst an die verschiedenen Stände insgesamt; hernach verengte sich sein Blickwinkel, und er konzentrierte seine Angriffe auf das unmoralische Leben der Geistlichkeit. – Gewiß ein eindrucksvolles Lebensbild, doch leider recht unwahrscheinlich. Der Melker Abt kommt kaum in Frage, da Inhalt, Vers- und Reimtechnik auf eine spätere Zeit verweisen; auch der „Konverse aus ritterlichem Stande" scheidet auf Grund mangelnder Bildungsvoraussetzungen mit ziemlicher Sicherheit aus. In jüngster Zeit wurde darüber hinaus sogar bestritten, daß das ,Priesterleben' dem Dichter der ,Erinnerung', Heinrich, zuzuschreiben sei (Neuser). Diese Frage und das Problem der zeitlichen Priorität von ,Priesterleben' oder ,Erinnerung' wird u. S. 130f. erörtert werden; wir beschränken uns zunächst darauf, ein Persönlich-keitsprofil des Verfassers zu entwerfen, wie es sich aus dem ,Priesterleben' zu erkennen gibt.

Der Dichter ist Laie im Sinne des Kirchenrechts: jemand, der keine Weihen empfangen hat. Er hat Latein gelernt, er kennt die Heilige Schrift, kann mit ihr theologisch argumentieren und legt Wert auf die Feststellung, daß die *pfaffheit* keine Exklusivrechte auf das Wort Gottes besitzt. Sein Grundanliegen ist die Warnung vor den Gefahren des Reichtums, Mahnung zu einem Leben der Enthalt-samkeit. Er ist sich dessen bewußt, daß die Predigt eines Laien als Anmaßung und Herausforderung empfunden werden kann, und rechtfertigt seine Kühnheit mit dem Hinweis auf das Versagen der Priester, die entweder Gottes Wort nicht verkünden oder die Wirkung ihrer Verkündigung durch ein schlechtes Leben beeinträchtigen.

Der Autor dürfte jener religiösen Laienbewegung zuzuordnen sein, die seit dem 11. Jahrhundert zu beobachten ist, unter verschiedenen Namen und mit verschiedenen Zielsetzungen auftrat (Pauperes Christi, Pataria, Waldenser, Humiliaten, Begarden, Minderbrüder), teils innerhalb der Großkirche verblieb, teils sich von ihr abspaltete, in drei Punkten jedoch gleichlautende Forderungen erhob: Rückkehr der Kirche zur evangelischen Armut, Zugang der Laien zum Gotteswort, Laienpredigt (vgl.

Bd. II/2, S. 60ff.). Die Einstellung des ,Priesterlebens' ist ohne Zweifel orthodox, aber sie ist „regimekritisch", und so verwundert es nicht, daß das Denkmal nicht in einer der klösterlich-kirchlichen Sammelhandschriften überliefert ist, sondern in Cod. 2696, der sehr wahrscheinlich in bürgerlichem Auftrag geschrieben wurde und mindestens bis 1431, wahrscheinlich aber noch ein Jahrhundert länger im Besitz einer Wiener Bürgerfamilie war.

Was die Vita des Autors betrifft, so ist wegen der im Werk zutage tretenden Latein- und Rhetorikkenntnis eine klerikale Ausbildung anzunehmen. Diese führte jedoch − wie bei vielen anderen Theologiestudenten des 12. Jahrhunderts − nicht zu Pfründe und Weihe. An deren Stelle trat eine Literatenexistenz, und der Dichter war bemüht, nun seine Kunst in den Dienst der religiösen Sache zu stellen.

Das unmittelbare Interesse unseres Autors liegt klar zutage: die sittliche Besserung der *pfaffheit*, die, den Lastern der Habgier, des Wohllebens und der Unzucht verfallen, ihre Aufgaben sträflich vernachlässigt und an der ihr anvertrauten Herde nur insoweit interessiert ist, als diese bereit und fähig ist zu zahlen. Angesichts solcher Kritik fühlt man sich spontan an die Propagatoren der Gregorianischen Reform erinnert, an Autoren von der Art eines Gerhoh von Reichersberg († 1169). Diese waren nicht müde geworden, immer wieder die Forderung nach einem würdigen Lebenswandel der Priester und speziell nach der Befolgung des Zölibatsgebotes zu erheben − freilich in lateinischer Sprache. Die Wahl des Lateins bedeutete aber nicht nur, daß die Wirkungsmöglichkeit solcher Schriften sich auf den Bereich des Klerus beschränkte, sondern vor allem, daß die Kritik als eine interne Angelegenheit der Geistlichen behandelt wurde. Wenn nun aber das ,Priesterleben' für seine Invektive sich der Volkssprache bedient, dann wird hierdurch eine Öffentlichkeit hergestellt, die vorher so nicht gegeben war. Die Würdigkeit des Priesters erscheint jetzt als ein Problem, über das auch von Laien nachgedacht wird, und das, „von unten" betrachtet, sich anders ausnimmt als in der Betrachtung „von oben". Die Gregorianer hatten an der Simonie (dem Kampf kirchlicher Ämter) und an der Mißachtung des Zölibats vor allem deswegen Anstoß genommen, weil dadurch der Klerus in die Abhängigkeit von Laien geriet; ihr Kampf gegen die Mißstände hatte das vorrangige Ziel, die Geistlichkeit von der „Welt" zu trennen und in ein gestrafftes, von Rom aus zentral gesteuertes hierarchisches System einzubinden. Für den Dichter des ,Priesterlebens' bedeutet dagegen Simonie und Konkubinat Abkehr von Geist des Evangeliums, den es zu erneuern gilt. Dieser Erneuerung dient die Predigt des Autors, der sich zu seiner Legitimation auf die Susannageschichte (Daniel 14: der unbekannte, junge Daniel spricht im Auftrag Gottes Recht, während die Richter versagen) und auf Bileams Eselin (Numeri 22: schneller als der „berufene" Prophet erkennt das Tier den Willen Gottes) bezieht: Inspiration gegen Amt! Der Papst und die Bischöfe spielen in dieser Reform keine Rolle, sie behindern sie eher mit ihrem Beschluß, den Pfarrern die Feldarbeit zu erlauben (v. 629−635). Wenn schon Hilfe „von oben", von seiten der Autorität, dann ist sie noch am ehesten von den Fürsten zu erwarten (v. 619–626), aber die eigentliche Hoffnung liegt bei den einfachen Laien, dem Druck, der von ihnen ausgeht, und der sich auf ihre Priester bezieht (v. 9–11). Die ferne Hierarchie kümmert den Dichter wenig; sie ist weder das Objekt geharnischter Angriffe, noch betrachtet er sie als Mitstreiter im Kampf um bessere Verhältnisse. Es geht um den Priester, mit dem man lebt, und den man als Verkünder des Glaubens und Spender der Sakramente für sein eigenes Leben braucht. Daß auch der „Leutepriester" Teil der Amtskirche ist, wird stillschweigend vorausgesetzt, aber es wird nicht betont; er interessiert nicht als Repräsentant einer mächtigen Institution, sondern als „geistliche Person". Eine solche Art der Darstellung mag durch den Typ „Bußpredigt" begünstigt worden sein, dem die Dichtung zuzuordnen ist, aber sie ist damit nicht restlos erklärt. Vielmehr ist das Zurücktreten der Kirche als Institution ein Phänomen, das sich in den Texten des 12. Jahrhunderts häufiger beobachten läßt. Es ist schon feststellbar in der ‚Kaiserchronik', wo gegen Ende des Werkes die Bedeutung der Päpste fast programmatisch abnimmt; es zeigt sich wieder in der gänzlich funktionslosen Rolle des Papstes im lateinischen ‚Ludus de Antichristo' der frühen Barbarossa-Zeit (vgl. Bd. II/2, S. 157f.). Ähnlich im ‚Priesterleben': Keine Konfrontation mit Rom und der Hierarchie, statt dessen eine lautlose Reduktion des ihr beigemessenen Gewichts. Umso nachdrücklicher wird dafür die eigene feste Verwurzelung im Glauben betont – zu dessen voller Entfaltung der Gläubige des vorbildlichen, würdigen Priesters bedarf. Vor diesem Hintergrund erstaunt die Wahl der Volkssprache für ein Thema wie „Würde und Versagen der Priester" nicht mehr. Das ‚Priesterleben' stellt sich dar als Teil einer allgemeineren Entwicklung, als Reflex nicht nur laikalen Interesses, sondern auch laikaler Emanzipation im Bereich des Glaubens und der Religion.

Ebendies kennzeichnet die Interessenlage, der das Werk seine Entstehung verdankt. Autor und Publikum verbindet die Frage nach dem Verhältnis von geistlicher Führung und weltlicher Eigenverantwortung, dies freilich nicht mehr unter dem politischen Aspekt Kirche – Imperium, sondern unter dem persönlicheren, „privaten" Aspekt Priester – Laie, letztlich unter dem Aspekt Glaube – Leben. Dabei beobachtet man mit Erstaunen, wie sicher im ‚Priesterleben' der Laie neben dem Geistlichen seinen Platz behauptet – nicht mehr schüchtern als eine auch mögliche, wenngleich nachgeordnete Form christlichen Lebens, sondern als normale christliche Existenz. Diese Sicht hatte sich in manchen der vorausgehenden Werke schon abgezeichnet, nirgends aber war die Konsequenz für die geistliche Seite so deutlich geworden, wurde der Geistliche so sehr durch seine Funktion definiert: Dienst am Gros des *corpus christianum*, der Gemeinde. Diese auch im geistig-geistlichen Bereich selbstsicherer werdende laikale Gesellschaft ist neben der in unserem Werk direkt angesprochenen Geistlichkeit gewiß von Anfang an als Publikum intendiert gewesen. Wenn nun aber das Versagen des Klerus nicht mehr nur innerhalb der betroffenen Kreise selbst − auf lateinisch − abgehandelt, sondern vor und mit den Laien im Medium der Literatur erörtert wird, so bedeutet dies, daß sich die Laien vom bloßen Objekt der Belehrung zum ernstgenommenen Diskussionspartner der Autoren gewandelt haben. So ist das ‚Priesterleben' ein anschaulicher Beleg für die allmähliche Ausbildung einer „literarischen Öffentlichkeit", die an den geistigen Auseinandersetzungen teilhat − und die lernt, die kunstvolle literarische Realisation einer solchen Auseinandersetzung zu würdigen: das Setzen von Argument und Gegenargument, den Gebrauch von Satire, Ironie, Pathos, kurzum, von Rhetorik. An solchen Werken konnte sich das ästhetische Urteil einer Gesellschaft schulen, die eine gute Generation später das aufnahmebereite Publikum für die kunstvolle Polemik eines Walther von der Vogelweide sein wird.

Wernhers ‚Moralium dogma philosophorum'

Bot unser erstes Modell ein Beispiel für die wachsende Selbständigkeit der Laien, so zeigt das zweite e i n e mögliche Position der Kirche im Rahmen dieser Entwicklung. Das zu besprechende Werk gehört zu den wenigen Denkmälern unserer Epoche, von denen wir Autor und Auftraggeber kennen. Sein Prolog nennt beide: Wernher, Kaplan von Elmendorf, verfaßte es im Auftrag Dietrichs von Elmendorf, des Propstes von Heiligenstadt.

Die Familie der Elmendorfer war im oldenburgischen Raum begütert. Dietrichs Zeit als Propst im thüringischen Heiligenstadt fällt in die zweite Hälfte des Jahrhunderts; für das Jahr 1171 ist er durch eine Urkunde bezeugt. Dies gibt einen Anhaltspunkt für die Datierung des Werkes: Man setzt es allgemein in das Jahrzehnt zwischen 1170 und 1180.

Wernhers Werk ist ohne Titel überliefert, und so bezeichnet man es gewöhnlich, wie seine lateinische Quelle auch, als ‚Moralium dogma philosophorum' (‚Lehre der Moralphilosophen').

Das lateinische ‚Moralium dogma' ist ein Florileg, das ein bislang nicht eindeutig identifizierbarer Kompilator wohl um die Mitte des Jahrhunderts in Frankreich aus antiken Autoren zusammengestellt hat. Es ist eine Art Tugendsystematik, deren Gliederung sich an Ciceros ‚De officiis' (‚Pflichtenlehre') orientiert, wie die Einteilung in die Abschnitte *De honesto* („Vom sittlich Guten"), *De comparatione honestorum* („Von der Stufenfolge der Werte"), *De utili* („Vom Nützlichen"), *De comparatione utilium* („Von der Stufenfolge des Nützlichen"), *De conflictu honesti et utilis* („Vom Konflikt zwischen dem sittlich Guten und dem Nützlichen") deutlich macht. Im Rahmen dieser Anordnung werden dann die einzelnen Tugenden bzw. Güter zunächst jeweils definiert, dann wird das entsprechende ethisch-werthafte Verhalten erläutert − all dies anhand von Zitaten aus der antiken Literatur, wobei der Autor neben Cicero vor allem Horaz und Seneca berücksichtigt.

Was konnte den Heiligenstädter Propst veranlassen, die Übersetzung eines Werkes in Auftrag zu geben, das ein Randprodukt des gelehrt-lateinischen Humanismus des 12. Jahrhunderts darstellte und das in seiner Tendenz zu Systematik und Abstraktion der bisherigen volkssprachigen Produktion ebensowenig entsprach wie in seiner Verwendung heidnisch-antiken Materials? Eine Antwort auf diese Frage gibt der Vergleich des deutschen Werkes mit seiner Vorlage. Es zeigt sich nämlich, daß Werner keineswegs nur übersetzt, sondern seine Quelle so umgestaltet, daß aus der „systematischen Abhandlung eine praktische Herrenlehre" wird (Bumke). Nicht theoretisch-humanistisches Interesse also, sondern wirkungsorientierte didaktische Absicht stehen bei der Übertragung im Vordergrund.

Man glaubte, durch einen Vergleich der „Wertstrukturen" (Kokott) des Werkes mit denen anderer zeitgenössischer Denkmäler die Richtung dieser Wirkungsabsicht präzisieren, die „Herren", an die das Werk sich wendet, in ihrer sozialen Stellung näher bestimmen zu können. Tatsächlich ergaben die Untersuchungen, daß das ‚Moralium dogma' vor allem durch eine intensivere Mahnung zum Frieden sich von dem restlichen Schrifttum der Zeit unterscheidet. Doch dürften die Gründe für dieses Friedensengagement kaum darin zu suchen sein, daß Auftraggeber und Rezipienten des ‚Moralium dogma' anderen sozialen Schichten angehörten als die der verglichenen Werke. Wenn Wernher rät, nach Kräften den Frieden zu wahren und bei einem unumgänglichen Krieg alle unnötigen Grausamkeiten zu vermeiden, so propagiert er damit ein fundamentales christliches Anliegen, das von der Kirche immer wieder vertreten wurde. Es hat angesichts der permanenten Privatkriege, die durch das Fehdewesen zu einer Selbstverständlichkeit geworden waren, in einer „praktischen Herrenlehre" seinen guten Sinn. Daß die verglichenen Werke in dieser Frage weniger engagiert sind, ist wohl weniger in sozialen, als vielmehr in literarischen Unterschieden begründet: Epik auf der einen, didaktische Rede auf der anderen Seite. Wir glauben also nicht, daß das Werk Anhaltspunkte dafür gibt, die Primärrezipienten vor allem in Kreisen zu suchen, die von militärischer Expansion nichts mehr zu erwarten hatten, genauer im „mittelständischen Feudaladel" (Kokott) — auch wenn der Propst von Heiligenstadt diesem zugerechnet werden kann. Aber auch die entgegengesetzte Annahme, daß der unmittelbare Adressat in der obersten politischen Führungsschicht zu vermuten sei, da das ‚Moralium dogma' einem „fürstlichen Erziehungsauftrag" (Bumke) seine Entstehung verdanke, ist nicht zu beweisen. Zwar ist diese Überlegung umso verführerischer, als sich mit der thüringischen Landgrafenfamilie ein literarisch interessiertes Fürstenhaus geradezu anzubieten scheint, doch gibt der Text keinen Hinweis auf eine solche Querverbindung. Sicher wendet sich das ‚Moralium dogma' nicht an jedermann, aber es hat „den Herren" ganz allgemein im Auge, nicht speziell den fürstlichen Herrscher. So wie sich die zugrunde liegenden antiken Texte an den vornehmen römischen Bürger wandten, von dessen Lebens- und Handlungsweise ein Cicero die Gesundheit des Staatswesens abhängig sah, so wendet sich das deutsche ‚Moralium dogma' an alle, die im mittelalterlichen „Staat" Verantwortung trugen, indem sie auf irgendeine Weise über andere Menschen Macht ausübten. Eine in diesem Sinn „allgemeine" Tugendlehre existierte bis dahin nicht und ließ sich auch nicht ohne weiteres aus den traditionellen Anweisungen für rechtes Verhalten in der Welt entwickeln:

Die Ethik der Fürstenspiegel war nur bedingt übertragbar, die allgemeine christliche Ethik wiederum klammerte die gesellschaftlichen Bezüge zwar nicht aus, schenkte ihnen aber, am transzendenten Ziel orientiert, nur nachgeordnetes Interesse. So konnte die antikisierende Quelle hier durchaus eine Lücke füllen. Das erklärt ihre Wahl ebenso wie ihre bedenkenlose Umgestaltung: Wernher wählt im Blick auf sein Publikum aus, verändert und versäumt auch nicht, die Verwendung heidnischer Autoren eigens zu rechtfertigen.

Wenn sich ein Vertreter der Kirche in dieser Form mit einer umfassenden Belehrung über ehrenhaftes Verhalten an den Adel wandte, setzte er damit in gewisser Weise das Bemühen der volkssprachigen geistlichen Literatur unter sich verändernden Bedingungen fort: Der Geistliche ist bestrebt, dem gesteigerten Interesse und den kritischeren Fragen mit umfassenderer Information zu begegnen – nur daß diese jetzt nicht mehr ausschließlich auf den religiösen Bereich beschränkt bleibt, sondern versucht, Glauben und Welt in neuer Weise zu verbinden. Hat sich der Kleriker dem „Laien" gegenüber bis zu diesem Zeitpunkt fast nur als Hüter des Glaubens präsentiert, so erscheint er jetzt auch als Vermittler des Wissens und der kulturellen Tradition, als einer, der versucht, dem interessierten Laien Anteil zu geben an dem, was der Kirche seit Jahrhunderten als selbstverständliches Rüstzeug diente: an dem durch christliche Vorstellungen überformten antiken Erbe. So erscheint das ‚Moralium dogma' als ein Versuch, die im Kreis der *clerici* gewonnenen Erkenntnisse wenigstens ansatzweise weiterzuvermitteln und so die im laikalen Bereich sich anbahnende Wertediskussion nicht nur christlich zurückzubinden, sondern ihr auch ein theoretisches Fundament zu geben. Zweifellos ein bemerkenswerter Versuch, auch wenn ihm der Erfolg versagt blieb.

Das ‚Moralium dogma' hat keine nennenswerten literarischen Spuren hinterlassen. Auch die Überlieferung spricht nicht eben für ein großes Interesse: Es ist nur in zwei unvollständigen Handschriften erhalten. Die ältere, bessere (Fragmente von insgesamt 134 Versen) stammt wohl noch aus dem ausgehenden 12. Jahrhundert, die jüngere, 1209 Verse umfassend, gehört dem 14. Jahrhundert an.

Das geringe Echo, das die deutsche Bearbeitung des ‚Moralium dogma' – sehr im Unterschied zu seiner lateinischen Vorlage – fand, beweist nichts gegen die Fähigkeiten des Kaplans Wernher und nichts gegen die Einsicht seines geistlichen Auftraggebers, daß eine zeitgemäße „Herrenlehre" nicht mehr einfach nach Art der frühmhd. Predigt sich in Warnungen vor *werltlichem ruom* („Ansehen in der Welt") und *rîchtuom* („Reichtum, Macht") erschöpfen konnte. Aber das Zielpublikum spürte wohl instinktiv, daß der Unterschied zwischen der hier vorgetragenen stoischen und der traditionellen christlichen Weltverachtung so groß eben nicht war, und von dieser wollte man sich ja gerade lösen. Als Wernher sich mit seinem Werk an den Adel wandte, war die Entscheidung für ein anders konzipiertes „ritterliches Tugendsystem" (Ehrismann) bereits gefallen, ein Tugendsystem, besser:

einen Wertekanon, der sich weit stärker an den Leitvorstellungen der germanischen Adelsethik als an den Idealen der christlich-antiken Moralphilosophie orientierte, einen Wertekanon außerdem, den die höfische Gesellschaft aus der eigenen Erfahrung entwickeln und nicht als moralisches Dogma aus den Händen der geistlich-gelehrten Autoritäten entgegennehmen wollte. (Der zahlenmäßige Rückgang an Werken geistlicher Didaxe in den letzten Jahrzehnten des Jahrhunderts ist hierfür ein deutliches Zeichen.) Erst eineinhalb Generationen später, nachdem die großen Entwürfe eines Hartmann, Wolfram und Gottfried geschaffen waren und die Experimentierfreude sich erschöpft hatte, konnte die Didaxe ihre Stellung zurückerobern. Als wiederum Verläßlichkeit und Sicherheit die vordringlichsten Zeitanliegen bildeten, war auch die Adelswelt wieder bereit, einen Geistlichen wie Thomasin von Zerklaere (s. Bd. II/1) als Autorität in Fragen ritterlicher Lebensgestaltung zu akzeptieren.

‚König Rother'

Bei den beiden bisher besprochenen Modellen handelte es sich um Werke, die der gelehrt-lateinischen Tradition verpflichtet waren; in den folgenden zwei Beispielen, ‚König Rother' und ‚Rolandslied', treffen wir dagegen auf Buchepik, die in der volksprachigen Überlieferung wurzelt – ein Wendepunkt der deutschen Literaturgeschichte! Dabei bedeutet das deutsche ‚Rolandslied' den kleineren Einschnitt: Aus einer schriftlichen französischen Vorlage ins Lateinische übersetzt und von dort aus frei ins Deutsche übertragen, folgt es im wesentlichen den vertrauten Pfaden einer buchmäßigen Rezeption. Nicht so der ‚König Rother'. Hier beobachten wir zum ersten Mal in unserer Literatur, daß ein Sagen- bzw. Romanstoff, der trotz einiger schriftliterarisch-lateinischer Erzählkerne insgesamt ein Gegenstand mündlicher Überlieferung gewesen war, nunmehr in den neuen literarischen „Aggregatzustand" des Buches übergeht und damit signalisiert, daß die literarische Interessenbildung sich zu differenzieren beginnt. Wurden vorher deutsche Texte nur dann des Pergaments für würdig erachtet, wenn sie geistlichen und belehrenden Inhalts waren, so fängt jetzt die rein weltliche Erzählung an, so wichtig zu werden, daß sie literarisch ausgeformt und schriftlich fixiert wird.

Der ‚König Rother' ist nach seinem Helden benannt, dem edlen und mächtigen Herrscher des westlichen Reiches, der in Bari residiert. Das Werk erzählt seine, nach manchen Rückschlägen schließlich erfolgreiche Werbung um die Prinzessin des Ostreiches, die Tochter des Herrschers von Konstantinopel. Und es berichtet von der Treue seiner Gefolgsleute, vor allem von der des alten Berchtger von Meran, aber auch von der der übrigen Großen, die loyal zu ihrem angestammten König stehen und einem potentiellen Gegenkönig, Hademar von Dießen, keine Chance lassen.

Die Überlieferung des Gedichts bietet keine sichere Basis für die Rekonstruktion seiner Entstehung. Vollständig (bis auf den verstümmelten Schluß) ist das Werk nur in einer, zudem sehr fehlerhaften Handschrift (H) erhalten, die noch aus dem 12. Jahrhundert stammt. Hinzu kommen die Fragmente dreier weiterer Handschriften; zwei davon sind jünger als H, die dritte aber, von der leider nur wenige Verse erhalten sind, dürfte H an Alter noch übertreffen. Die Sprache der Fragmente ist oberdeutsch, H hingegen weist eine merkwürdige Sprachmischung auf: Neben einer mittelfränkischen Grundschicht finden sich auch niederfränkische und oberdeutsche Elemente. So gibt die Überlieferung zwar Anhaltspunkte für die Datierung und bezeugt die Beliebtheit des Werkes (besonders im oberdeutschen Raum), aber sie erschwert zugleich die Antwort auf die sprachliche Heimat des Autors, da für die Sprachmischung in H wohl nur teilweise der Schreiber verantwortlich zu machen ist. (Auch die in oberdeutschem Dialekt geschriebenen Fragmente weisen Reime auf, die nur in die rheinische Sprachlandschaft passen.) Man nimmt daher an, daß ein rheinischer Autor für ein oberdeutsches Publikum gedichtet hat.

Wer war dieser Autor? In dem epilogartigen, leider nur fragmentarisch erhaltenen Schluß bezeichnet er sich zweimal als *dihter* – oder aber (in einem Teil der Überlieferung) als *rihter*. Letzteres gab Anlaß zu Überlegungen über Stand und Lebensbereich des Autors. Man sah in ihm den „Richter" und damit einen typischen Vertreter der jungen, aufstrebenden „städtischen Intelligentsia" (Bräuer). Entsprechend vermutete man sein Publikum unter den aufgeschlossenen Bürgern der großen Städte, genauer: unter den Bürgern Regensburgs. Doch weder das Werk selbst noch die – in der Drei-Herren-Stadt Regensburg (dem Einflußbereich von König, Herzog und Bischof) zudem besonders komplizierte – Struktur des Gerichtswesens liefert einen Anhaltspunkt, der diese Hypothese bestätigen würde. Will man *rihter* nicht als einfache Verschreibung ansehen, dürfte sich die Bedeutung des Wortes nicht aus der juristischen, sondern aus der literarischen Tätigkeit des Autors erklären: Er ist der, der die Erzählung „in die Richte" bringt. Rückschlüsse auf seine persönlichen Lebensbedingungen sind von hier aus nicht möglich.

Einen besseren Einstieg in die literatursoziologische Erfassung des ‚König Rother' bietet immer noch die schon lange bekannte Tatsache, daß das Werk nicht nur in relativ allgemeiner Form politische Konstellationen und Ereignisse der Zeit reflektiert (so z.B. die spannungsvolle Beziehung zwischen westlichem und östlichem Kaisertum, das gesteigerte Interesse an Süditalien, das Verhältnis des Reiches zu Rom), sondern darüber hinaus speziell bayrische Zeitgeschichte anvisiert, wenn es Figuren der Handlung mit den Namen bayrischer Adelsgeschlechter ausstattet und diese miteinander und gegeneinander agieren läßt. Man hat sehr weitreichende und unterschiedliche Konsequenzen aus diesen Hinweisen gezogen und das Epos mit verschiedenen großen Höfen in Verbindung gebracht: neben dem staufischen Kaiserhaus vor allem immer wieder mit dem Welfenhof, doch auch mit den Babenbergern und den Wittelsbachern.

Die Frage nach der Rolle der Wittelsbacher im Epos und bei seiner Entstehung ist nicht nur geeignet, exemplarisch die Schwierigkeiten zu verdeutlichen, denen man

sich bei der Interpretation historischer Hinweise in einem literarischen Werk gegenüber sieht, sondern sie hat auch die entscheidende Rolle bei der Datierung des
‚Rother‘ gespielt; daher sei sie hier wenigstens gestreift. Ausgangspunkt für alle
Überlegungen ist die Gestalt des alten Berchtger, der im Werk zweifellos eine positive
Figur verkörpert und der den Titel eines „Herzogs“ (einmal auch eines „Grafen“)
„von Meran“ führt. 1152 wurde dieser Titel zum ersten Mal verliehen: Barbarossa
übertrug ihn dem Grafen Konrad II. von Dachau, dem Angehörigen einer Wittelsbacher Nebenlinie. Nach Konrads Tod ist der Verbleib des Titels unklar, nach 1183
aber führten ihn nur noch die Grafen von Andechs aus dem Hause Dießen, d.h.
jenem Geschlecht, dem im ‚Rother‘ der Verräter an König und Reich entstammt.
Ist damit ein verläßlicher terminus ante bzw. post quem non gegeben? Letzteres
wird man annehmen dürfen. Nach drei Jahrzehnten hatte sich der „neue“ Titel
wohl soweit eingebürgert, daß das Epos kaum mit kommentarloser Selbstverständlichkeit der Realität hätte widersprechen können, indem es dem Dießener den Titel
zugunsten seines Gegners vorenthielt. Als terminus ante quem non aber ist die Titel-
verleihung wohl nicht brauchbar, denn es ist höchst fraglich, ob der Autor bei der
Gestaltung seines „Herzogs von Meran“ überhaupt an den historischen Vorgang
dachte und nicht vielmehr eine bereits vertraute Sagengestalt im Auge hatte, wie sie
etwa auch in der ‚Kaiserchronik‘ erscheint. Fraglich bleiben auch die verschiedenen
politischen Implikationen, die man hinter der Titelerwähnung vermutet hat: Ist der
„Herzog von Meran“ einfach als Herrenlob für den Dachauer Grafen zu verstehen
– oder als Beifall für die politische Klugheit Barbarossas, der sich Konrad durch
die Verleihung des Titularherzogtums verbinden wollte, oder aber im Gegenteil als
Reverenz vor dem Durchsetzungsvermögen Heinrichs des Löwen, der seinem
Parteigänger Konrad Vorteile zu verschaffen wußte?

Da die Zuordnung des ‚Rother‘ zu einem der großen Höfe trotz aller
Bemühungen immer problematisch blieb, hat sich die Forschung, gestützt
auf die genealogischen Vorarbeiten der Historiker, in jüngster Zeit verstärkt
den „handgreiflicheren“ bayrischen Anspielungen zugewandt und in der
herausragenden Rolle der Tengelinger einen Hinweis auf die Auftraggeber
gesehen.

Die Tengelinger waren eine bedeutende bayerische Grafenfamilie, ursprünglich
begütert im Chiemgau, von wo aus sie ihre Einflußsphäre vor allem nach Süden
und Osten erweitern konnten. In der Mitte des 12. Jahrhunderts freilich hatten
sie den Höhepunkt ihrer Macht bereits überschritten. Aufgespalten in verschiedene
Zweige, die den alten Namen nicht mehr weiterführten, gehörten ihre Nachkommen
aber immer noch zu den einflußreichsten Familien im alten Bayern.

Daß die Tengelinger (bzw. ihre Nachfahren) wirklich die Adressaten des
‚König Rother‘ waren, ist nicht stringent zu beweisen, doch hat die Annahme
alle Wahrscheinlichkeit für sich: Wenn eine einzige Familie, deren Verherrlichung sich – bei aller zugestandenen Bedeutung – keineswegs von selbst
versteht, in einem Werk so nachdrücklich lobend hervorgehoben wird, ist
der Schluß, es handle sich um die Auftraggeber, der naheliegendste. Zudem
kann man die Annahme gräflicher Mäzene bestätigt sehen durch die
konservative Haltung des Werkes. Die gravierenden verfassungsrechtlichen

Veränderungen der Zeit haben im ,König Rother' keinerlei Spuren hinterlassen; es finden sich keine Andeutungen der allmählichen Mediatisierung
des alten Adels oder Reflexe eines sich entwickelnden Reichsfürstenstandes
(Meves). Eine solche Darstellung konnte durchaus im Interesse von Familien
liegen, für die sich die negativen Folgen der neuen Entwicklungen allmählich
abzuzeichnen begannen. Man muß das Epos deswegen nicht als wohldurch-
dachten Gegenentwurf des alten Adels gegen die Territorialisierungsbe-
strebungen des Herzogs lesen; der ,König Rother' bietet kein ausgefeiltes
konservatives Programm im literarischen Gewand – nicht zuletzt deswegen
nicht, weil die im Rückblick so deutliche Entwicklung für die Zeitgenossen
in ihrer ganzen Konsequenz noch kaum absehbar war. So dürfte das darge-
stellte ideale Funktionieren von Herrschaft – Zusammenspiel von König
und prinzipiell gleichgestellten Großen des Reiches auf der Basis persönlicher
Bindung – für die Auftraggeber weniger Veranschaulichung eines Konzepts,
denn Darstellung des Selbstverständlichen gewesen sein, das man durch die
augenblickliche Entwicklung zwar gefährdet, aber nicht grundsätzlich in
Frage gestellt sah.

Wenn man aber in den Tengelinger-Nachfahren die Auftraggeber vermuten darf, liefert der ,König Rother' einen Beleg dafür, daß wachsendes
literarisches Interesse und mäzenatische Repräsentation weltlicher Herren
bereits um die Jahrhundertmitte nicht beschränkt waren auf die großen
Landesherren, sondern auch an kleineren Höfen Eingang gefunden hatten.

Das ,Rolandslied'

Fanden wir im ,König Rother' möglicherweise ein Beispiel für das literarische
Interesse einer gräflichen Familie, so tritt im Falle des vierten Modells, des
,Rolandsliedes', ein Vertreter der obersten politischen Führungsschicht als
Literatur-Mäzen auf. Der Epilog des ,Rolandsliedes' nennt einen *herzogen
Hainrichen* (v. 9042) und eine *edele herzoginne, aines richen chuninges barn*
(eine „vornehme Herzogin, Tochter eines mächtigen Königs" v. 9024f.)
als Auftraggeber. Nach langen Diskussionen um die mögliche Identität des
herzoglichen Paares nimmt man heute (vor allem aufgrund der Untersuchungen Kartschokes) allgemein an, daß es sich um Heinrich den Löwen
und seine Frau Mathilde handelt. Das ,Rolandslied' ist demnach am Ende
unserer Epoche, um 1170, entstanden zu denken.

Das Werk ist in einer vollständigen Handschrift und in Bruchstücken von vier
weiteren Manuskripten erhalten; alle handschriftlichen Zeugnisse stammen noch
aus dem 12. Jahrhundert. Sie weisen schwer deutbare Dialektmischungen auf; Oberdeutsch (vor allem Bairisch) verbindet sich mit mitteldeutschen (vor allem rheinischen)
Elementen. Die Forschungslage erlaubt kein abschließendes Urteil über diesen
Befund, doch hat die früh geäußerte Meinung, daß bereits im Original rheinische
und bairische Formen vermischt waren, nach wie vor viel für sich. Die Annahme
eines in Baiern tätigen Rheinfranken würde dies verständlich machen. Denn daß

das ‚Rolandslied' im bayerischen Regensburg entstand, gehört zu den wenigen nie bezweifelten Annahmen. Dorthin weisen − von den sprachlichen Anhaltspunkten abgesehen −, vor allem bayrische Ortsnamen, Anspielungen auf die bayrische Geschichte, auszeichnende Erwähnung der Bayern und ganz besonders die Nähe zur ‚Kaiserchronik', die im ‚Rolandslied' immer wieder zitiert wird. Diese Nähe ist so groß, daß die ältere Forschung glaubte, im Pfaffen Konrad − er nennt sich im Epilog als Dichter des Werkes − auch den Autor der ‚Chronik' sehen zu dürfen. Das hat sich freilich als Irrtum erwiesen; das ‚Rolandslied' ist, soweit wir wissen, das einzige Werk Konrads. Als Vorlage diente ihm die französische ‚Chanson de Roland', das Lied vom Kampf Karls des Großen gegen die Mauren in Spanien, bei dem Roland durch Verrat den Tod fand. Konrad übersetzte die Geschichte zuerst ins Lateinische und goß dann diese Version in deutsche Verse um.

Versucht man, das Interesse zu analysieren, das zur Entstehung des ‚Rolandsliedes' geführt hat, wird man feststellen, daß es sich in einem zentralen Punkt mit dem deckt, was auch den ‚Rother' bestimmte: Repräsentationsbedürfnis. Doch unterscheidet sich in beiden Fällen die politische Aussage, die mit dieser Zielsetzung verbunden ist. Dem ‚Rother' geht es letztlich um die Bewahrung des Status quo seiner Auftraggeber, das ‚Rolandslied' sucht Veränderungen zu begründen. Der ‚Rother'-Dichter will die Größe des Tengelinger-Hauses unterstreichen. Das Werk tut dies zunächst allein durch seine Existenz: Es dokumentiert die literarische Aufgeschlossenheit der Auftraggeber, ihre Finanzkraft und die Attraktivität ihrer Höfe. Darüberhinaus aber macht der epische Vorgang Alter und Bedeutung der Familie für diese selbst und für andere nachdrücklich bewußt, indem er den „Einbau der eigenen Hausgeschichte in die Reichsgeschichte" (Störmer) vollzieht. Demgegenüber erhebt das ‚Rolandslied' einen ungleich höheren Anspruch für seinen Mäzen, gerade weil es ihn hinter das Werk zurücktreten läßt: Nicht um seinetwillen, sondern zu Nutz und Frommen der Allgemeinheit wurde es geschrieben. Das Werk stellt sich selbst dar als ein Gedicht, das die Ehre des Reiches mehren will, und zwar mit einer *matteria*, die *scone* ist und *suoze* spendet (v. 9020f.), d.h. mit einem Gegenstand, der ebenso unter ästhetischem wie unter religiösem Aspekt wertvoll ist und somit Heil bewirken kann. Das Patronat über ein so definiertes Werk, das aus der Verantwortung der geistig-geistlichen Führung erwächst, war aber bislang als eine Aufgabe angesehen worden, die außer von den geistlichen Hirten nur vom König selbst erwartet werden durfte. Wenn nun Konrad den Herzog als Mäzen eines solchen Werkes vorstellt, legt sich die Vermutung nahe, daß er damit eine ursprünglich königliche Funktion auf Heinrich übertragen wollte. Das bestätigen die übrigen Aussagen des Epilogs, in dem der Autor durchweg bemüht ist, den Herzog mit einer königlichen Aura zu umgehen.

Er tut dies zunächst, indem er dessen Verbindungen mit königlichen Familien aufzeigt, expressis verbis im Falle seiner Ehe mit einer Königstochter, implizit und höchst kunstvoll durch Hinweise auf die Ahnen des Herzogs. So wird Heinrich eingeführt mit Versen, die der ‚Kaiserchronik' entlehnt sind und dort dem Preis

1 Holztüren von St. Maria im Kapitol in Köln, um 1065, Ausschnitt: Die Frauen am Grab [zu S. 8]

2 ‚Ezzolied', cod. germ. 278 der Bibliotèque Nationale et Universitaire Strasbourg, 1. Viertel des 12. Jahrhunderts, Blatt 74ᵛ [zu S. 16]

3 ‚Physiologus', Handschrift 6/19 des Geschichtsvereins für Kärnten im Kärntner Landesarchiv Klagenfurt (Millstätter Hs.), 2. Hälfte des 12. Jahrhunderts, Blatt 96ᵛ [zu S. 16 und 57]

haben mūze. er liget uor corderes der stete. bitet in
durch den got den er ane bete. daz er sich erbarme. über
die uil armen. di nu sint lange. mit grozeme gethun
ge. unde heizet enphahen die gebe. so saget ime die
rede. waz ich umo sende. mūle un olbende. uorloufte

uñ mūzere. unde andere gebe mere. charren mit
bisanten. bietet ir den urianchen. da si mir helfen
dinge. des keiseres hulde gewinne. D̄ie boten
du cherten. dar man si lerte. zu der cristin lande.
mit uil herlichime gwande. die berge stigen si ze
tale. si sahen über al. manigen helt chūnen. mani
gen uan grūnen. manigen roten uñ wizen. die
uert sahen si glizen. sam si weren rot guldin.
die boten redeten under in. daz der keiser wole

4   ,Rolandslied', Codex Palatinus Germanicus 112 der Universitätsbibliothek Heidelberg, ausgehendes 12. Jahrhundert, Blatt 8ᵛ [zu S. 16]

5   Bildteppich-Zyklus ‚Die Dame mit dem Einhorn' aus Schloß Bousac/Creuse
(Musée Cluny Paris), 15. Jahrhundert, Ausschnitt: Darstellung der Eitelkeit (?) [zu
S. 57]

6 Helmarshausener bzw. Gmundener Evangeliar Heinrichs des Löwen, Cod.
Guelf. 105 Noviss. 2° der Herzog-August-Bibliothek Wolfenbüttel, 2. Hälfte des
12. Jahrhunderts, Blatt 171ᵛ [zu S. 105]

7   Siegburger Madonna (Schnütgen-Museum Köln), um 1150–60 [zu S. 37]

8 ‚Lob des Kreuzes‘, Cod. lat. 14159 der Bayerischen Staatsbibliothek München, zwischen 1170–85, Blatt 5ᵛ [zu S. 140]

Kaiser Lothars gelten, dem Großvater des Löwen. Vor allem aber verleiht Konrad dem Herzog königlichen Glanz durch den Vergleich mit David. Seitdem Karl der Große den Beinamen „David" fast offiziell geführt hatte, kann der David-Vergleich, der selbstverständlich den Trägern der höchsten Macht vorbehalten war, nicht nur Auszeichnung schlechthin bedeuten, sondern den so Gepriesenen auch als Karlsnachfahren apostrophieren. Auf diesen reichspolitischen Aspekt kam es Konrad offenbar an. Denn seine David-Passage ist in wesentlichen Formulierungen angelehnt an das ,Lob Salomos' (s.o. S. 62f.). Wäre es Konrad allein um die Idealisierung seines Auftraggebers gegangen, hätte er den Idealkönig seiner Vorlage, Salomo, beibehalten können. Er tut dies nicht, vielmehr unterstreicht er die Parallele Karl-Heinrich noch dadurch, daß er Karls und Heinrichs wesentliche Leistungen mit fast den gleichen Worten charakterisiert (vgl. v. 13–15 und 9043–47). (Zum „Repräsentationsstil" Heinrichs vgl. auch Abb. 6.)

Welches ist der Sinn einer solchen Darstellung? Zunächst einmal Huldigung, vielleicht auch Stilisierungshilfe für den Träger eines Amtes, das nicht in gleicher Weise über sanktionierte Formen repräsentativer Selbstdarstellung verfügte wie das Königtum. Aber daneben sind die reichspolitischen Implikationen nicht zu übersehen. Selbstverständlich möchte das ,Rolandslied' nicht Heinrich als Kronprätendenten empfehlen, nicht einmal – nach Art der ,Kaiserchronik' – in bitterer Ergebenheit andeuten, daß der Welfe doch der bessere Kaiser gewesen wäre. Vielmehr geht es dem Werk um den Nachweis, daß Herrschaftsausübung in der vollkommensten Form – am knappsten zu definieren durch die Formel: Schutz und Mehrung des christlichen Glaubens – nicht notwendig mit dem Königsamt identifiziert werden muß, daß sie vielmehr auch von den führenden Großen des Reiches ausgeübt werden kann. Das ,Rolandslied' führt diesen Nachweis, indem es zum einen auf die Qualifikation des Herzogs hinweist (in diesem Zusammenhang spielt der königsgleiche Adel eine entscheidende Rolle) und zum anderen auf seine Funktionen und die Art, wie er diese wahrnimmt (in diesen Rahmen gehört der Auftrag für das Lied). Was der Epilog hier vollzieht, ist, ohne Front zu machen gegen die Zentralmacht, eine Paralysierung der königlichen Stellung durch ihre Multiplikation. Dabei entsprechen sich literarische Aussage und politische Wirklichkeit: So wie hier der Fürstenpreis königliche Funktionen auf den Herzog überträgt, bauen in der Realität die Fürsten der entstehenden Territorialstaaten durch immer neue Zugeständnisse seitens des Königs ihre Position auf Kosten der Zentralmacht aus.

Betrachtet man im Zusammenhang dieser Überlegungen den Inhalt des ,Rolandsliedes', scheint er wenig dazu zu passen, ja geradezu zu widersprechen. Denn nie zuvor wurde in einer volkssprachigen Dichtung das königlich-kaiserliche Amt mit solch sakraler Würde ausgestattet, wurden Heiligkeit und Kaiseramt so nahe zusammengerückt wie gerade hier, wo die Wirkung der kaiserlichen Größe selbst die Feinde gefangennimmt und noch der Verräter Genelun sich ihr nicht entziehen kann. Aber dieser Aspekt darf nicht verabsolutiert werden. Idealisierung und Sakralisierung bezeichnen

nur die eine Seite der Kaiserdarstellung, deren Kehrseite eine merkwürdige
Passivität und Handlungsunfähigkeit des Herrschers ist. Er erscheint in
einem erstaunlichen Umfang an seine Barone ausgeliefert, jedenfalls auf sie
angewiesen. Ohne ihren Rat und ihre Hilfe wirkt er wie gelähmt. Es ist
offenkundig – und neuere Forschung hat gerade diesen Aspekt des Werkes
nachdrücklich hervorgehoben –, daß es dem Autor und seinem Auftraggeber sehr darauf ankam, die Bedeutung der fürstlichen Beratungspflicht
und damit den Rechtsanspruch der großen Herren auf Beteiligung an der
Macht zu unterstreichen. Das ‚Rolandslied‘ greift damit ein Thema auf,
das in der erzählenden Literatur des mittleren 12. Jahrhunderts eine
wichtige Rolle spielt: die Suche nach einer befriedigenden Klärung der
Machtverhältnisse im Reich. Doch so deutlich hier die Antwort des Liedes
mit der Betonung der Fürstenrolle auch ist, die idealisierende Überhöhung
des Kaisers wird dadurch nicht ungültig. Das ‚Rolandslied‘ propagiert
einen „großen" Kaiser, und damit dürfte es einem Wunsch auch der
mächtigen Lehensträger entsprechen. Der gesellschaftliche Glanz, den ein
zentraler Hof nach Auskunft des Liedes auszustrahlen vermag, ist dabei
eher nebensächlich. Wichtig aber ist das Königsamt im Zusammenhang der
Herrschaftslegitimation, die nach dem Investiturstreit ein wichtiges Anliegen
aller weltlichen Machtträger im Reich darstellte. Die Gottgewolltheit von
Herrschaft, die unmittelbare Verbundenheit des Herrschers mit und seine
Leitung durch Gott ließen sich am leichtesten an dem schon immer mit
sakraler Würde umgebenen Königsamt belegen. Die päpstliche Relativierung
eben dieses Amtes widerlegt das ‚Rolandslied‘ mit seiner Darstellung eines
Kaisers, der, in direktem göttlichem Auftrag handelnd, den Sinn seiner
Herrschaft in der Verbreitung und Verteidigung des christlichen Glaubens
sieht. Aus dem Gesagten folgt, daß das ‚Rolandslied‘ zwar welfische oder
allgemeiner: fürstliche Interessen vertritt, aber diese implizieren auch
Interesse am Imperium. Damit kommt das ‚Rolandslied‘ schließlich einem
viel allgemeineren Bedürfnis entgegen: Es befriedigt die Sehnsucht nach
der in Frage gestellten Lebens- und Vorstellungswelt des „alten" Reiches,
die wohl erst in der Gefährdung reflektierbar geworden war und die man
nun bewußt zu restaurieren sich bemühte. Die ‚Kaiserchronik‘ war hier
vorangegangen; sie hatte die Verhältnisse noch wesentlich einfacher gesehen
als das ‚Rolandslied‘, hatte den absoluten Rang von Kaiser und Reich mit
weitaus größerer Selbstverständlichkeit herausgestellt. So etwas war zu
der Zeit, als das jüngere Werk entstand, offenbar nicht mehr möglich.
Da aber andererseits das Kaiserideal nicht aufgegeben wurde, führte diese
Konstellation konsequent zu jener überhöhenden Stilisierung, in der „groß"
und „repräsentativ" sehr nahe aneinander rückten.

Die literarischen Formen

Überblick

Betrachtet man die im zweiten Abschnitt unserer Periode geschaffenen Werke unter dem Aspekt der literarischen Formtypen, kommt man wiederum zu ähnlichen Ergebnissen wie im ersten Abschnitt. Auch die jetzt entstehenden Denkmäler besitzen in Bezug auf Umfang, Aufbau, Tonlage usf. eine so ausgeprägt eigenwillige Gestalt, daß sie sich kaum zu klar definierbaren Typengruppen zusammenordnen lassen. Möglich ist lediglich, wie im ersten Abschnitt, die Bildung relativ allgemein umschriebener Großgruppen, in denen sich − je nach der vorherrschenden Grundhaltung der Texte − Formen „persönlichen" Sprechens (Lyrica), unmittelbar sachorientierte Belehrung (Rede-Formen) und Weltbewältigung durch Erzählen (epische Formen) zusammenfinden. Doch anders als in den vorausgehenden Jahrzehnten handelt es sich dabei nicht mehr um die funktionsorientierten Modifikationen eines einzigen großen Themas, vielmehr erhebt sich neben der Frage nach dem Heil nun auch die Frage nach der „Welt", nach der irdisch-diesseitigen Realität und dem Leben in der Gesellschaft. Einen ersten Hinweis auf die veränderte Situation enthält bereits die ‚Kaiserchronik', wo im Prolog (v. 13f.) programmatisch verkündet wird, daß gute (d.h. nicht nur der Zerstreuung dienende) Dichtung dem Hörer *wîstuom und êre* sowie *frum der sêle* vermitteln solle: „Heil der Seele" als Ziel von Literatur ja, aber darüber hinaus auch Mehrung des Ansehens in der Gesellschaft und die Fähigkeit zu kluger Lebensführung. Dieser Neuentdeckung der Welt und der Auseinandersetzung mit ihr korrespondiert ein gesteigertes Interesse am Träger dieses Erkenntnisprozesses, dem Individuum. Der Mensch als einzelner, als für sich stehende Person rückt in den Texten dieser Zeit unter verschiedenen Aspekten immer stärker ins Blickfeld; eine neue, intensivere Art personaler Erfahrung und verstärkte Selbstreflexion machen sich bemerkbar.

Diese Veränderungen werden unmittelbar anschaulich in der Tatsache, daß sich in allen drei Großgruppen neben den geistlichen Produktionen nun auch solche weltlichen Inhalts finden. Doch bedeutet dieses Nebeneinander keine einfache Addition, denn es tritt ja nicht nur ein neues Interessengebiet neben ein schon vorhandenes, wenn neben transzendentaler Ausrichtung innerweltliche Orientierung ihr Recht zu fordern beginnt, vielmehr werden zwei Wertbereiche neu zur Diskussion gestellt − eine Situation, auf die unterschiedliche Reaktionen möglich sind. Man kann das Verhältnis der beiden Wertbereiche als unproblematisch betrachten oder die Reflexion darüber einfach ausklammern. Beide Bereiche können aber auch als unversöhnliche Gegensätze empfunden werden, und schließlich kann man versuchen, sie in einer neuen Synthese zusammenzusehen. Alle Formen der Reaktion finden sich in der Literatur dieser Jahrzehnte, aber nicht in gleicher Weise in allen drei Großgruppen.

Im Bereich der Lyrik haben wir es mit zwei separaten Entwicklungen zu tun. Auf der einen Seite steht die religiöse Ich-Aussage, in der – ebenso wie in den vorhergehenden Jahrzehnten – die Welt nur als Negativ-Folie erscheint, als Ort der Erfahrung für eigene Unzulänglichkeit und Sündhaftigkeit. Auf der anderen Seite wird etwa seit der Jahrhundertmitte im frühen donauländischen Minnesang eine Kunstlyrik geschaffen, die, völlig der Welt zugewandt, die Frage nach dem christlich-jenseitigen *frum der sêle* vorerst überhaupt nicht stellt. Beide Formen von Literatur laufen in unserem Zeitraum nebeneinander her, ohne zu interferieren. Das gilt nicht nur für ihre zentralen Anliegen, sondern weithin auch für die Form, in der sie diese präsentieren.

Der Minnesang ist in jeder Hinsicht etwas so Eigenständiges, Neues, daß diesem Phänomen nur eine zusammenhängende Gesamtdarstellung gerecht werden kann (s. Bd. II/1). Trotz dieser darstellungstechnischen Trennung ist er als wesentliches Element der literarischen Entwicklung in diesen Jahrzehnten präsent zu halten. Wenn also auch diesmal wieder der erste Großabschnitt den Titel: Das „Heil im Vollzug" trägt, so ist damit nur die eine Seite der lyrischen Hervorbringungen der Zeit erfaßt, jene, die die Tradition der vorausgehenden Periode fortführt.

Die Rede-Formen besaßen schon im ersten Teil unserer Darstellung einen Anhang mit Denkmälern weltlicher Unterweisung. Diese, mit Ausnahme des ‚Merigarto' samt und sonders Prosastücke, befaßten sich jedoch durchwegs mit Realien: Geographie, Arzneikunde, Steinkunde. Die jetzt hinzukommende Lehrdichtung weltlichen Charakters okkupiert dagegen ein Gebiet, das zuvor eine Domäne der geistlichen Literatur gewesen war: das Gebiet der richtigen Lebensführung, der Ethik. Weltlich ist diese Didaxe, weil ihre Vorschriften teilweise der antiken Philosophie entstammen und weil ihre Regeln sich auf die Lebensform einer Gesellschaft beziehen, in der außer den christlichen Normen noch weitere, innerweltliche und standesspezifische Verhaltensweisen Gültigkeit besitzen. Die Beziehung zwischen „geistlich" und „weltlich" ist in diesem Fall im großen und ganzen nicht problematisch; man könnte eher von einer Art Symbiose sprechen. Christliche Moral hatte schon vor dem 12. Jahrhundert in den Aussprüchen heidnischer Philosophen eine Verwandtschaft mit der eigenen Lehre entdeckt – man braucht nur daran zu erinnern, wie in der Legende Seneca zum geheimen Christen gemacht wurde oder wie die spätantike Spruchsammlung der ‚Disticha Catonis' (vgl. Bd. II/2, S. 150f.) zum lateinischen Elementarbuch des Frühmittelalters avancierte. Auf der anderen Seite war es die cluniazensische Reformbewegung gewesen, die aus den theologischen

Fürstenspiegeln der Karolingerzeit eine Standeslehre für Ritter entwickelt hatte. Auch wenn die neue ritterliche Lehrdichtung keine religiöse Standespredigt, sondern weltliche Didaxe war, d.h. nicht in erster Linie auf die Erlangung des ewigen Heils, sondern auf die Gewinnung von *êre* in der Gesellschaft abzielte, so übernahm sie doch viele Ideale aus der geistlichen Tradition und konnte daher als Patenkind der religiösen Didaxe betrachtet werden.

Hat also die „neue" weltliche Didaxe keine Probleme, ihren Platz im christlichen Wertsystem zu finden, läßt umgekehrt die traditionelle geistliche Lehrdichtung bisweilen durch die Schärfe, mit der sie weltliche Werte verdammt, eine gewisse Verunsicherung erkennen.

Deutlicher noch ist die geistlich-literarische Reaktion auf die „neue Weltlichkeit" im Bereich der erzählenden Literatur, wo dem Publikum mit der Legende eine Form vorgestellt wird, in der die weitgehende Unvereinbarkeit von Heil und Welt in vielfältiger Variation immer wieder zum Ausdruck kommt. Auf der anderen Seite wird in der jetzt einsetzenden weltlichen Erzählliteratur am konsequentesten das Problem aufgegriffen, wie das neu entdeckte und neu bewertete Diesseits in eine akzeptable Relation zum Jenseits zu bringen sei. Hier werden neue, diesseitsfrohere Modelle menschlicher Lebensgestaltung entworfen und zur Diskussion gestellt, ohne daß die Frage nach dem *frum der sêle* ausgeklammert wird.

Die literarischen Möglichkeiten, die die Autoren in ihrem Bemühen um eine überzeugende Antwort durchspielen, sind unterschiedlich und veranschaulichen in ihrer Vielfalt die erreichte auktoriale Freiheit. Damit erhebt sich freilich in ganz neuer Weise die Frage nach der Verbindlichkeit der literarischen Aussage. Wo ein Dichter relativ frei über seinen Stoff verfügen kann, sieht er sich viel stärker als in der Schutzzone geistlicher Poesie dem Vorwurf der „Lüge" ausgesetzt. Die Autoren stellen sich diesem Problem, indem sie sich auf die „historische Wahrheit" berufen, auf die Tatsächlichkeit der Geschichte, deren göttliche Planung und Lenkung mehr oder weniger explizit formuliert wird. Daneben gibt es freilich noch eine andere Form, in der die Autoren versuchen, dem Publikum die Verbindlichkeit des Erzählten deutlich zu machen: Sie verweisen auf seine Nachprüfbarkeit. Die Rezipienten werden aufgefordert, auf Grund der eigenen Erfahrung die Richtigkeit einer Geschichte zu beurteilen, wobei „Richtigkeit" in diesem Fall nichts anderes bedeutet als die Möglichkeit, daß sich etwas so oder so zugetragen haben könnte. Hier wird weniger auf den Glauben als vielmehr auf die *ratio* rekurriert; Bezugspunkt ist nicht die absolute Wahrheit, sondern die relative Wahrscheinlichkeit. Doch selbst bei dem sich auf die Geschichte stützenden Wahrheitsbeweis wird eine Lockerung spürbar, eine Relativierung des Absolutheitsanspruches, wenn etwa der Autor zum Beweis der Wahrheit seiner Erzählung auf Quellen verweist, deren Verläßlichkeit er letztlich dem Urteil des Publikums anheimstellt. So deutet gerade die weltliche Erzählliteratur mit ihren vorsichtigen Appellen an die

Erfahrung und Kritikfähigkeit ihrer Hörer an, daß die Wahrheit nicht als vorgegebene Größe zur Verfügung gestellt werden kann, sondern daß sie dem Menschen immer nur eine in eigenem intensivem Bemühen zu verwirklichende Annäherung ermöglicht.

Bezüglich der Formfragen im engeren Sinn (Vers, Reim, Strophe), ist die o. S. 33f. gegebene Skizze der Gesamtentwicklung unserer Epoche zu vergleichen. In Ergänzung hierzu bleibt anzumerken, daß sich im zweiten Epochenabschnitt ein zunehmendes Interesse an formalen Fragen feststellen läßt, das sich ganz allgemein in einem Streben nach größerer Regelmäßigkeit ausdrückt, etwa im verstärkten Bemühen um Reinheit des Reimes und Gleichmaß der Vershebungen. Dabei kann die Entwicklung beider Komponenten durchaus differieren: fortschrittliche Verstechnik neben erstaunlich unreinen Reimen einerseits, ein hoher Prozentsatz reiner Reime bei größter Freiheit der Versfüllung auf der anderen Seite. Auch in der Frage der Versgruppierung beginnen sich die Konturen allmählich klarer abzuzeichnen: strophische und nicht-strophische Formen differenzieren sich stärker. Insgesamt sind diese Jahrzehnte charakterisiert durch eine Präzisierung und allmähliche Selektion der frühmhd. Formenwelt.

Das „Heil im Vollzug"

Zur selben Zeit, in der die deutschsprachige Lyrik im Minnesang die ersten Versuche unternimmt, das Verhältnis von Mann und Frau, von menschlichem Ich und Du zu reflektieren, ist auch eine starke Zunahme jener Dichtung zu verzeichnen, in der der Mensch das göttliche Gegenüber anspricht. Das zentrale Thema dieses Gesprächs ist die ungeheure Distanz zwischen göttlichem und irdischem Bereich und das sich aus dieser Situation ergebende Angewiesensein des Menschen auf Gnade. Bei der literarischen Umsetzung dieses Themas ergeben sich, je nachdem, welcher seiner Aspekte betont wird, drei Gruppen von Werktypen: Preis, Klage, Bittgebet, wobei auch hier wieder gilt, daß im Einzeltext der Typus oft nicht rein ausgeprägt ist und die Einordnung nur nach den vorherrschenden Zügen erfolgen kann.

Eine Trennung von Versdichtung und Prosa scheint in diesem zweiten Abschnitt weniger günstig, da sich die Grenzen zwischen den Gattungen teilweise verschieben. Die ‚Rheinauer Sündenklage‘ etwa ist in ihrem Sprachgestus trotz Reimlosigkeit „dichterischer" als die versifizierte Beichte aus Uppsala, und im Fall der ‚Klagenfurter Gebete‘ wechseln Vers und Prosa in kleinsten Abständen miteinander ab. Im übrigen stellt man bei einem Vergleich der hier in Rede stehenden Denkmäler mit den entsprechenden Werken der vorausgegangenen Periode keine tiefgreifenden formalen Neuerungen fest. Im wesentlichen wird, wenngleich differenzierend und modifizierend, das weitergeführt, was im ersten Epochenabschnitt entwickelt worden war. Gewisse Unterschiede lassen sich aber doch beobachten. Denn die gleichen Gründe, denen das Anwachsen der „lyrischen" Produktion zuzuschreiben sein dürfte — gesteigerte Subjektivität und Emotionalität — bewirkten auch deren qualitative Veränderung. Der Ton der Dichtung wird im Vergleich zur vorigen Phase persönlicher und „wärmer". Das wiederum schlägt sich in einer Verschiebung des Formenspektrums nieder. So nimmt etwa die stärker gemüthaft ausgerichtete Marienlyrik überproportional zu, während der Heilsgeschichtshymnus vom Typus ,Ezzolied' nicht mehr vertreten ist. Eine dritte Veränderung schließlich betrifft Metrik und Stil. Zwar ist der ganze Abschnitt gekennzeichnet durch die Tendenz zu größerer Glätte und Gewandtheit, doch gilt dies in besonderer Weise für die lyrischen Formen: Wenn irgendwo, dann macht sich hier, im ästhetisch-formalen Bereich, das Eindringen von „Welt" in den geschlossenen Raum der geistlichen Ich-Dichtung bemerkbar.

Beginnen wir mit den Werken, in denen die Verherrlichung Gottes im Vordergrund steht. Ein großes Preislied auf die „Wunder Christi", das ,Ezzo-Lied', lernten wir als Anfang der frühmhd. Dichtung kennen. Wenn sich nun im zweiten Abschnitt der Preis wieder auf ein „Wunderwerk" Gottes richtet, ist es nicht mehr die universale Schöpfung und Erlösung, die von den Dichtern besungen wird, sondern die Gottesmutter Maria als jener Modellfall göttlichen Heilshandelns, in dem Gottes Schöpferkraft und Gnadenwille sozusagen auf einen Punkt konzentriert erscheint und leichter begreifbar ist als im Universum der Schöpfung oder der Geschichte. Zudem steht den Gläubigen in Maria ein Mensch vor Augen, mit dem man sich identifizieren kann und von dem man, dem Rechtsdenken der Zeit entsprechend, Fürsprache beim „Herrscher" erwartet. Aus diesem Geiste war bereits am Ende der vorigen Periode im ,Melker Marienlied' die erste selbständige Mariendichtung in deutscher Sprache geschaffen worden. In dieser Periode kommen − abgesehen von teilweise recht umfänglichen marianischen Einlagen in anderem Kontext − drei weitere Stücke hinzu, in denen Marias Vorrangstellung gefeiert und ihre Hilfe erbeten wird.

Als ältestes dieser Denkmäler gilt das von einer Frau verfaßte ,Arnsteiner Mariengebet', ein Werk, in dem der hymnische Preis der Gottesmutter (Teil I und III) unterbrochen wird vom Gebet der Autorin für sich und andere, vor allem für die eigene Familie und für alle Frauen, die sich dem Schutz Mariens unterstellen (Teil II).

Das Gedicht ist nach dem Herkunftsort der Handschrift benannt, in der es (am Anfang und Ende unvollständig) überliefert ist; es wird gewöhnlich auf die Jahrhundertmitte datiert und dürfte entweder in Arnstein (nahe Limburg an der Lahn gelegen) selbst oder doch im Wirkungsbereich der Arnsteiner Prämonstratenser entstanden sein. Man hat sogar in Guda von Arnstein die Verfasserin vermutet, der Frau jenes Arnsteiner Grafen, der 1139 seinen Familiensitz in ein Kloster umwandelte und als Konverse eintrat, während seine Frau dort als Inklusin lebte.

Eine direkte Quelle für das ,Arnsteiner Mariengebet' ist nicht nachweisbar. Es schöpft aus dem bereitstehenden großen Vorrat an Marienbildern, zitiert im Mittelteil das ,Salve Regina' (mit dem das Gedicht auch in der Verbindung von Preis und Bitte korrespondiert) und verarbeitet wohl auch

Marienpredigten. Bemerkenswert ist, daß die Autorin Maria nicht mehr nur als die Erfüllung alttestamentlicher Prophezeiungen (Wurzel Jesse, Brennender Dornbusch, Verschlossene Pforte u.ä.) anspricht, sondern auch als sittliches Vorbild (Demut, Reinheit, Güte) und so über die Möglichkeit der *imitatio* („Nachahmung-Nachfolge") ein Gefühl der Vertrautheit schafft, das dem rein heilsgeschichtlich orientierten Marienbild gefehlt hatte. Im Formalen weist das Gedicht mit seinen unregelmäßigen Versikeln eine gewisse Beziehung zur weltlichen nicht-korrespondierenden Sequenz auf, weswegen man es auch als Marienleich apostrophiert hat. Da es aber kaum zum musikalischen Vortrag bestimmt war, dürfte die Bezeichnung „nichtsanglisches Reimgebet" (Fromm) eher das Richtige treffen.

Für die zwei anderen Zeugnisse der Marienlyrik hingegen ist ein Zusammenhang mit der lateinischen Sequenz nicht nur zu vermuten, sondern nachzuweisen; beide gehen von der Hermann dem Lahmen († 1054) zugeschriebenen Sequenz ‚Ave praeclara maris stella' (‚Meerstern, ich dich grüße') aus, formen sie jedoch auf je eigene Weise um. Die ‚Mariensequenz aus Seckau' (bzw. aus St. Lambrecht; beide Klöster liegen in der Steiermark) lehnt sich im Bau der ersten drei Strophen erkennbar an das lateinische Vorbild (Versikel 1–2b) an, um dann ab Str. 4 eigene Wege zu gehen. Nicht sehr viel weiter folgt sie der lateinischen Sequenz in der Übernahme des Inhalts; diesen zunächst übersetzend, dann paraphrasierend, löst sie sich ab Strophe 5 ganz von ihm.

Ob sich das Gedicht, formal wie inhaltlich, im weiteren Verlauf der Hermann-Sequenz noch einmal annäherte, wissen wir nicht; der Text bricht nach Str. 8 ab. Wenn ja, dann wohl erst wieder deren Schlußteil (Versikel 7–9) mit seinen einfach-eindringlichen Anrufungen und nicht deren Mittelteil (Versikel 4–6) mit seiner anspruchsvoll-dunklen Typologie. (Es ist bezeichnend, daß das deutsche Gedicht genau an der Stelle in die vertraute Verkündigungsszene ausweicht, wo es im Lateinischen anfängt, kompliziert zu werden.) Daß die ‚Seckauer Sequenz' die Bauform der Vorlage nicht streng nachbildet, bedeutet, daß die Melodie nicht mit übernommen wurde, das lateinische Kunstlied sich also wohl in einen gesprochenen Text verwandelte. Wann dies geschah, ist umstritten, doch spricht mehr für den Ansatz 1160/70 als für eine ebenfalls erwogene Datierung vor 1140 (de Boor, Maurer).

Anders ist das Verhältnis zur Vorlage bei der nicht vor 1180 entstandenen ‚Mariensequenz aus Muri'. (Sie ist, neben späteren Teilabschriften, vollständig erhalten in zwei Handschriften des ausgehenden 12. Jahrhunderts aus Muri im Aargau bzw. Engelberg bei Luzern). Sie sucht die genaue Entsprechung im formalen Aufbau, um die Melodie übernehmen zu können. Dagegen zitiert sie aus dem Text der Hermann-Sequenz gerade die ersten beiden Zeilen – wohl hauptsächlich als Melodiehinweis –, entlehnt ein paar Bilder und Gedanken, zeigt sich aber in der Gestaltung des Inhalts ebenso unabhängig von der Vorlage wie in ihrem Sprachrhythmus, der trotz der formalen Korrespondenz mit dem lateinischen Vorbild genuin deutsch ist. Der Grund der Loslösung vom Inhalt der Vorlage dürfte der gleiche sein wie bei dem Seckauer Lied: Die lateinische Sequenz häuft in knappster Assoziationstechnik so viele und vor allem so überraschend neue typologische Bilder, daß zwar der theologische Connaisseur seine helle Freude daran haben konnte, der gewöhnliche Laie, die schlichte Nonne jedoch überfordert war. Zudem lagen deren religiöse Bedürfnisse mehr auf der Empfindungsseite, und so mußte im deutschen Lied die kunstvoll-künstliche Marientypologie zurücktreten zugunsten einer Verherrlichung von Mariens Mütterlichkeit, die den Eindruck menschlicher Nähe hervorrief und Identifikation ermöglichte. Eine so innige Apostrophe der Gottesmutter wie in der ,Sequenz von Muri' war seit Otfrid in deutscher Sprache nicht mehr formuliert worden. Diesem menschlich-nahen Bild der Gottesmutter, das hier erst skizziert ist, wird die Zukunft gehören, manche *wâre rede suoze* („fromm-beglückende Dichtung") wird es später weiter ausschmücken.

Preisen und Rühmen verlangt nach der kostbaren, ungewöhnlichen Form; das Aufsuchen neuer Gestaltungsmittel ist damit untrennbar verbunden. Dies läßt sich nicht nur an der Marienlyrik beobachten, sondern ebenso an dem Gedicht ,Vom Himmelreich', das etwa gleichzeitig mit der ,Marien-sequenz von Muri' geschaffen wurde und vor allem wegen der Eigenart seiner Versform das Interesse der Literaturwissenschaft erregt hat. Es besteht aus (meist) zäsurierten endgereimten Langzeilenpaaren mit großer Freiheit in der Gestaltung von Auftakt, Versfüllung und Kadenz, so daß ein Gebilde von bemerkenswerter metrisch-rhythmischer Lebendigkeit entsteht. Zwei- und mehrgliedrige Synonymenverbindungen, Reime in Versinneren, Alliterationen u.ä. treten als Schmuckmittel hinzu.

Das Fehlen des Binnenreims und die deutlich spürbare Ungleichgewichtigkeit der beiden Vershälften – die zweite enthält oft nur zwei oder drei Hebungen gegen vier der ersten – markiert die Distanz zum Otfridvers und die Nähe zur Strophenform des Kürenbergers, des ,Nibelungenliedes' und der ,Elegie' Walthers von der Vogelweide (vgl. Bd. II/1). Es scheint nicht ausgeschlossen, daß die im bayerischen Prämonstratenserkloster Windberg (bei Straubing) entstandene Dichtung die Strophenform des etwa eine Generation älteren und vielleicht im benachbarten Mühlviertel beheimateten Kürenbergers bewußt adaptierte. Es ist aber auch möglich, daß sich das endgereimte Langzeilenpaar im bayrisch-österreichischen Raum schon vorher als Strophe der „volkstümlich-weltlichen Epik" (de Boor) etabliert hatte und der Kürenberger wie der Dichter des ,Himmelreiches' unabhängig von einander darauf zurückgriffen. Wie dem auch sei, die Dichtung belegt das Interesse des Autors an metrisch-rhythmischer Gestaltung, ja am Experiment, und sie bildet in ihrer (formalen) Orientierung an der weltlichen Literatur ein interessantes Gegenstück zur lateinischen Ausrichtung der deutschen Mariensequenzen.

Das Gedicht umfaßt 356 Langzeilen und ist in der Münchener Handschrift Clm 9513 (aus Oberaltaich) überliefert. Die Lokalisierung nach Windberg ergibt sich aus seiner Übereinstimmung in Dialekt, Orthographie und sogar Schriftzeichen mit der ‚Windberger Psalmenübersetzung‘ (vgl. Bd. II/1). Die oben erwähnte Vorliebe für Synonymenhäufung hat ebenfalls in der Interpretationstechnik des Psalters ihre Entsprechung.

Der erste Herausgeber, Schmeller, hat dem Werk den Titel ‚Vom Himmelreich‘ gegeben. Damit ist zwar sein Hauptgegenstand zutreffend benannt, aber seine Gattungszugehörigkeit eher verdunkelt. Die Form ist nicht die der Belehrung, sondern des Hymnus, und so schiene eine Bezeichnung wie ‚Lob des Himmelreiches‘ eher angemessen. Wollte man ganz genau sein, müßte man sogar sagen ‚Lobpreisung Gottes für seinen Himmel‘, da das Gedicht durchgehend Gott direkt anspricht. Es beginnt mit einem Hymnus auf Gottes Größe, die sich vor allem in der Erschaffung der drei „Reiche“ erweist. Nach kurzer Nennung der ersten beiden (Firmament und Erde) beginnt das eigentliche Thema: Lob Gottes für das dritte „Reich“, den Himmel, als Ort der Seligkeit und des Lebens. Seine Symbole sind Licht und Regenbogen. Dieser wird zuerst „naturwissenschaftlich“ erklärt und dann mit Hilfe der Etymologie Iris-Irene-Frieden als Bild der Versöhnung Gottes mit dem Menschen gedeutet. Deren äußeres Kennzeichen: Erfüllung aller Bedürfnisse − deren inneres: *vride* und *reht*. Der Schlußteil gestaltet Bitte und Lob mit Bildern aus der Apokalypse (die vier Tiere, die 24 Alten). Die einzelnen Elemente sind der Heiligen Schrift entnommen, aber sehr persönlich umgeformt. So geht etwa die Kennzeichnung des himmlischen Lebens *ex negativo* auf biblische Muster zurück; aber während die dort angelegten und von den Predigern der Folgezeit kräftig ausgebauten Reihungen (Tod, Leid, Geschrei, Schmerz, Hunger, Durst usf.) alle möglichen Übel dieser Welt aufführen, um die Größe des Unterschieds zwischen himmlischem Paradies und irdischem Jammertal zu unterstreichen, spielen die Unerfreulichkeiten der irdischen Existenz bei unserem Autor kaum eine Rolle. Vielmehr erklärt er, man werde im Himmel nicht schlachten, kein Bier brauen, kein Feuerholz schlagen; man benötige dort weder Kotze (in den Alpenländern beliebter Lodenumhang) noch Bademantel, noch kostbare Armreife u.ä. Diese Schilderungen sind nicht platter Naturalismus, wie man dem Autor vorgeworfen hat, vielmehr ruft er die bunte Vielfalt der Welt auf, um in der Negation das ganz andere der himmlischen Vollkommenheit auszudrücken. Gerade diese Betonung des qualitativen Unterschieds zwischen Jenseits und Diesseits ermöglicht dann aber auch eine positivere Beurteilung der Welt, die zwar als etwas Vorläufiges und Unzulängliches erscheint, in ihrer bunten Vielfalt jedoch auch liebenswürdige Züge aufweist. So entstand ein Werk von heiterer Gelassenheit, das, am Ende unserer Periode gedichtet, kein unwürdiges Gegenstück zum ‚Ezzolied‘ des Anfangs bildet. Beide leben aus der gläubigen Gewißheit der Erlösung, einer Gewißheit, die sich dort als freudiger Stolz über den Heilsweg der

gesamten Menschheit äußert, hier als Heiterkeit eines Herzens, das an sich
– und an den Erscheinungen dieser Welt – die Güte Gottes erfährt.

So sympathisch uns der Autor des ‚Himmelreiches' auch sein mag, sein
anteilnehmendes Interesse an den Dingen dieser Welt ist keineswegs repräsentativ für die geistliche Lyrik der Zeit. Im Gegenteil. Wo diese ihren Blick
auf das irdische Leben richtet, bricht sie zumeist in Klage aus. Diese bezieht
sich allerdings nur selten auf äußeres Unglück (wie z.B. Bedrängnis durch
Feinde), dafür umso öfter auf die Gefährdung des ewigen Heils durch die
Sünde. Um dieses Thema kreisen Sündenklagen, Reuegebete, Beichten in
den verschiedensten Formen, in Vers und in Prosa.

Das beeindruckendste dieser Werke ist – nicht nur wegen seines Umfanges
von 858 Versen – die ‚Vorauer Sündenklage', überliefert in der Handschrift
Vorau 276. Auffällig an diesem Gedicht ist vor allem seine sprachliche
Qualität. Die besondere Begabung des Verfassers zeigt sich schon in ungewöhnlichen und ausdrucksstarken Wortbildungen, wie z.B. *wurmgarte*
(„Schlangengarten" v. 71) oder *chelgitechheit* („Schlundgier" v. 76), noch
mehr jedoch in weit ausgreifenden Satzkonstruktionen, die nicht selten zehn
Reimverse überspannen. Ihm gelingen wirkliche Perioden; er baut nicht
wie andere Autoren der Zeit Satzungetüme, die ihren Umfang vor allem
syntaktischer Unbeholfenheit verdanken. Hier treten uns wohldurchdachte,
Über- und Unterordnung souverän beherrschende Gebilde entgegen, die
nicht den Eindruck erwecken, lateinische Stilvorbilder mühsam zu kopieren.
Ebenso geschickt bedient sich der Dichter auch der Metrik; die Verse
schmiegen sich dem Gedankengang an, Reimbrechung ist selbstverständlich,
und wenn die Hebungen auch nicht klassische Regelmäßigkeit zeigen, so
doch eine erstaunliche Glätte und Flüssigkeit.

Die ‚Vorauer Klage' ist ca. 1150/60 in Österreich verfaßt worden, also etwa eine
Generation nach der ‚Millstätter Klage' (s.o. S. 40f.). Der Unterschied zum älteren
Werk zeigt sich formal in dem geschilderten Zuwachs an sprachlicher Beweglichkeit,
inhaltlich in der Stellung, die Maria im jüngeren Gedicht einnimmt. Sein Anfang
ist völlig von ihr beherrscht; sie erscheint als Mittlerin zwischen Mensch und Gott
(v. 138–141) und ist für den Autor „Unsere Liebe Frau", *drut vrouwe* (v. 23), an
die er sich voller Vertrauen wendet. In einem anderen Punkt setzt die ‚Vorauer
Klage' das weiter fort, was die Millstätter bereits begonnen hatte, in der Anpassung
des überpersönlichen Sündenkatalogs an die persönliche Situation. Zwar erscheint
eine katalogartige Aufzählung von Vergehen auch noch in dem Vorauer Gedicht,
aber sie wird gerahmt von Versen, in denen der Autor versucht, sein persönliches
Sündenbewußtsein, die individuelle Schulderfahrung zu artikulieren: *nu lig ich in
dirre tiefe: an dine guote ich nu ruofe, daz du mir bietest dine hant* („Nun lieg ich
hier in der Tiefe, nun beschwöre ich dich bei deiner Güte: reich mir deine Hand!"
(v. 405–407).

Es scheint, als sei die ‚Vorauer Klage' die letzte ihrer Art gewesen; jedenfalls
ist uns aus der Zeit nachher keine „große" Sündenklage mehr überliefert.
Die Gründe hierfür sind eher im religiösen als im literarischen Bereich zu

suchen, genauer, in einer veränderten Vorstellung davon, wie ein Schuldbekenntnis aussehen soll und wie die Verzeihung erlangt werden kann. Im
Falle des Bekenntnisses geht, wie gezeigt, die Entwicklung weg von der
möglichst vollständigen, katalogartigen Aufzählung aller nur denkbaren
Sünden hin zu einem allgemeinen Bekenntnis des Sich-schuldig-Fühlens.
Entsprechend nehmen die „Beichtspiegelverse" ab. (In der Millstätter
‚Klage' waren diesem Thema nach 325 Verse gewidmet, in der Vorauer sind
es nur mehr knappe 100 und in der Sündenklage, die Hartmann seiner
1140/50 gedichteten ‚Rede vom Glauben' einfügt [S.u. S. 137–140], gar
nur 50.) Gleichzeitig wird den Motiven immer mehr Raum gegeben, die
Gott zur Vergebung veranlassen sollen. Dabei nehmen zum einen die
Berufungen zu, mahnende Hinweise auf schon erfolgte Gnadenakte Gottes,
aus denen der Gläubige die Hoffnung und gewissermaßen ein „Anrecht"
auf Wiederholung ableitet. Zum anderen aber wird die Rolle der Fürsprecher
bei Gott immer wichtiger – und ihre Zahl immer größer. Die ‚Vorauer
Sündenklage' repräsentiert den einen Zweig der Entwicklung: das Für-
sprachemotiv. Zwar enthält auch sie eine (eher konservative) Reihe von
Berufungen – Maria Aegyptiaca, Drei Jünglinge, Susanna, Daniel (v. 653–
721) –, aber daneben steht die schon erwähnte schier überbordende
Einladung an Maria, dem Sünder zu Hilfe zu eilen (v. 8–290).

Die kleineren Klagen der Folgezeit gehen auf den beschriebenen Wegen weiter. Die
einer Frau in den Mund gelegten ‚Rheinauer Gebete' (‚Rheinauer Sündenklage')
bestehen, so weit sie erhalten sind, ganz aus Berufungen, die in eindrucksvoller
Knappheit aneinandergereiht werden. Die Heilstaten, an die Gott „gemahnt" wird,
sind vor allem die Wunder Jesu und seine Passion; dazwischen steht auch aber der
Hineis auf die *condition humaine*: „Ich bitte dich, Herr, daran zu denken, daß
ich mir vorkomme wie der Vogel, der im Nest liegt, nackt und blind" (Z. 115–117).
Ganz ähnlich gebaut, jedoch im Umfang kürzer und in der Formulierung breiter,
ist die Prosaklage der ‚Upsalaer Frauengebete' (Z. 215–238). Auf der anderen
Seite wird – und zwar häufiger – die Anrufung der Heiligen ausgebaut. Da sind
die ‚Klagenfurter Gebete', deren erstes die Apostel Johannes und Jacobus im
Anschluß an eine Sündenklage um Unterstützung bittet; da ist die gereimte Klage
aus den ‚Upsalaer Frauengebeten', deren Adressatin Maria Magdalena ist und,
wiederum von einer Frau, die an den heiligen Petrus gerichtete Bitte um Fürsprache
in den ‚Gebeten und Benediktionen von Muri' (Z. 60–88). Vor allem aber wendet
man sich an die Gottesmutter, um ihr die Sünden zu beichten und um durch ihre
Fürsprache die Vergebung zu erlangen (‚Gebete und Benediktionen von Muri',
Z. 169–180; ‚Engelberger Gebete', Z. 33–616).

Das mittelalterliche Rechtsdenken hatte eine Schwäche für die Quantität;
man denke an die langen Zeugenreihen der Urkunden oder an die Scharen
von Eideshelfern vor Gericht. Dieses Je-mehr-desto-besser mag auch die
wachsende Zahl der heiligen Fürsprecher mitbedingt haben. Es leitete
vielleicht auch einen Geistlichen mit Namen Heinrich, als er um 1160 die
Allerheiligenlitanei umgestaltete.

Die Allerheiligenlitanei ist ein liturgisches Gebet, bestehend aus einer Folge von Anrufungen, in die sich Vorbeter und Gemeinde teilen. Die Anrufungen richten sich an die Trinität (Einleitung), an die Heiligen (1. Hauptteil), an Christus mit der Bitte um Befreiung von Übeln (2. Hauptteil) und um die Gewährung von Anliegen (3. Hauptteil). Die Dreiteilung erhellt vor allem aus den Antworten der Gemeinde; sie lauten im ersten Teil *ora pro nobis* („bitt für uns"), im zweiten *libera nos, Domine* („erlöse uns, o Herr") und im dritten *te rogamus, audi nos* („wir bitten dich, erhöre uns").

Die Dreiteilung der liturgischen Allerheiligenlitanei ist in Heinrichs Litanei bewahrt − v. 868 wird der dritte Antwortruf lateinisch zitiert. Wir haben es also wirklich mit einer deutschen Allerheiligenlitanei zu tun, allerdings nicht mit einer Übersetzung, sondern mit einer in Teil 1 stark erweiternden, in Teil 2 und 3 kürzenden Bearbeitung. Die Erweiterung besteht darin, daß an die Stelle von einfacher Nennung mit Antwortruf (z.B. *Sancte Johanne Baptista − Ora pro nobis*) ein ausführliches Gebet zum betreffenden Heiligen tritt, in dem sein Leben gepriesen und seine Fürsprache erfleht wird. (Im erwähnten Falle Johannes des Täufers stehen dann 124 Reimpaarverse gegen eine lateinische Zeile.) Man könnte also von ausschmückender (Teil 1) bzw. auskürzender Paraphrase (Teil 2−3) eines vorgegebenen liturgischen Grundtextes sprechen. (Die in Teil 1 angewandte poetische Technik ist im Grunde die gleiche, die in den lateinischen Meßtropen [vgl. Bd. I/1] − wenngleich weniger üppig − blühte. Für die kürzende Bearbeitung der Teile 2 und 3 mögen die versifizierten lateinischen Litaneien das Modell geliefert haben, die seit dem 9. Jahrhundert entstanden sind und die zum Teil sogar im Gottesdienst Verwendung fanden.) Sowohl von der Form wie auch von der Funktion her unterscheidet sich eine „Litanei" ganz erheblich von einer „Sündenklage". Heinrich aber modifizierte seine „Litanei" so − und darin liegt der Grund für ihre Behandlung an dieser Stelle −, daß sie sich einer Sündenklage annähert: Die ganze lange Reihe von Heiligen hindurch laufen die Anrufungen immer wieder auf das eine hinaus: *intercessio ad veniam* („Fürsprache bei Gott, damit dem Beter seine Sünden verziehen werden"). Auf uns wirkt diese Monotonie ermüdend; die Zeitgenossen hingegen müssen die ‚Litanei' sehr geschätzt haben.

In der Handschrift G (Universitätsbibliothek Graz 1501, 12. Jahrhundert, aus Seckau), die das Werk in der ursprünglichen Fassung zu 952 Versen überliefert, ist es − paläographisch gesehen − in der höchsten, gewöhnlich der Bibel und den liturgischen Büchern vorbehaltenen Stilstufe geschrieben. Ferner erlebte die ‚Litanei' sehr bald eine „Neuauflage": Die auf 1468 Verse erweiterte Redaktion der Handschrift S (Straßburg-Molsheimer Handschrift) ist vermutlich noch in den siebziger Jahren entstanden. (Wie weit Heinrich selbst an der Bearbeitung mitwirkte, wissen wir nicht; ein großer Einschub in S, v. 746−1036, dürfte nach dem versteckten Autorhinweis v. 1033 mindestens teilweise von Nonnen gedichtet worden sein.) Auch der Dichter dachte groß von seiner Leistung. Er nennt im Kolophon nicht nur den Titel des Werkes, sondern auch seinen eigenen Namen (G, v. 939; in S,

v. 1457, beseitigt). In S, v. 889f., wird ein Abt Engelbrecht als Auftraggeber erwähnt,
wiederum ein Hinweis darauf, welche Bedeutung man dem Werke beimaß.

Mit ‚Heinrichs Litanei‘ haben wir die Reihe von mehr oder weniger persönlichen, mehr oder weniger poetischen Ich-Aussagen über Sünde und Sündenvergebung fast zum Abschluß gebracht. Es fehlt nur noch der Hinweis auf
die von literarischen Entwicklungen kaum beeinflußte liturgische Beicht-
formel (s.o. S. 39f.) und die mit dieser in engstem Zusammenhang stehende
‚Upsalaer Beichte‘. Von den Gemeindebeichten sind unserem Zeitraum mit
einiger Sicherheit zuzuweisen ‚Glaube und Beichte‘ aus St. Gallen II, Wessobrunn II, Benediktbeuren III und München. In der gereimten Beichte aus
Upsala (65 Verse, unvollständig) ist die liturgische Gemeindebeichte in Verse
gebracht worden (wohl nach 1150 in Mittelfranken); man sollte daher die
Benennung ‚Upsalaer Sündenklage‘ vermeiden. Wie wir etwa aus den
‚Gebeten und Benediktionen von Muri‘ (Z. 358f.) ersehen können, war es
üblich, Beichtgebete auch im Rahmen privater Andachtsübungen zu
sprechen; als Text persönlicher Andacht und Erbauung dürfte die ‚Upsalaer
Beichte‘ geschaffen und verwendet worden sein.

Unsere dritte Gruppe nach Preis und Sündenklage umfaßt Texte, in
denen der Beter verschiedene Anliegen zum Ausdruck bringt. Manche von
ihnen weisen Vers-, die meisten Prosaform auf. Der literarische Unterschied
ist minimal; Vers und Reim bringen dem Sprechen kaum je eine Steigerung
des lyrischen Affekts, Prosa kann quasi nebenbei in Reim (oder Reimerei)
umschlagen, wie etwa im ‚Kölner Morgensegen‘ (Z. 672–675). Als Untergruppen schälen sich Bittgebete und Andachtsgebete heraus. Erstere flehen
Gott, seine Engel und seine Heiligen (Maria, Petrus, Johannes Evangelista)
um Schutz vor persönlichen Feinden und ihren Waffen an oder um Befreiung
aus nicht näher definierter Bedrängnis (*angest und nôt*). So das ‚Vorauer
Frauengebet‘ (108 Verse) und der schon erwähnte ‚Kölner Morgensegen‘,
ferner die Mehrzahl der ‚Upsalaer Frauengebete‘ und der ‚Gebete und
Benediktionen von Muri‘. Bisweilen sind diese Schutzbitten mit magischen
Anweisungen oder Anrufungen verknüpft, wie etwa im fünften der soge-
nannten ‚Vaticanischen Gebete‘: „Herr, dein Name ist unaussprechlich:
on, ione, ot, zel, melchion, adonay, ioth, eyan“ (Z. 118f.); ähnlich ‚Muri‘
Z. 286–290. Besondere Frauenanliegen vertreten das ‚Zürcher Gebet‘ (um
Keuschheit) sowie aus der Sammlung von Muri das Gebet Z. 139–149 (gegen
Vergewaltigung) und Z. 371–387 (gegen die Lästerer eines gefallenen
Mädchens bzw. einer Ehebrecherin). Andachtsgebete sind – neben Marien-
grüßen (‚Vaticanische Gebete‘ 1–4) – vor allem Gebete der eucharistischen
Frömmigkeit. Hier sind zu nennen die nach lateinischen Vorlagen geschaf-
fenen Gebete vor und nach der Kommunion aus St. Lambrecht (ursprünglich
Seckau) und das ‚Benediktbeurer Gebet zum Meßopfer‘ (‚Benediktbeurer
Meßgesang‘), ein andächtig-meditatives Gedicht von 94 Versen, das gewiß
der einstimmenden Vorbereitung auf die Feier der Messe diente.

Unmittelbare Belehrung: Formen der Rede

War die im engeren Sinne belehrende Literatur im ersten Abschnitt unserer Periode mit zwar sehr gewichtigen, aber doch nur wenigen Denkmälern vertreten, so zeigt sich in den Jahrzehnten zwischen 1140 und 1170 ein anderes Bild: Die für diesen Zeitraum ganz allgemein zu konstatierende Zunahme der volkssprachigen Literatur-Produktion gilt auch für die Werke mit ausgeprägt lehrhafter Tendenz. Doch nicht nur die Quantität steigt, die diaktische Literatur verändert sich auch qualitativ. Diese Feststellung betrifft in erster Linie die neu entstehende weltliche Lehrdichtung, aber auch in der „traditionellen" geistlichen Belehrung zeigt sich bei näherem Zusehen Neues. Auf den ersten Blick freilich konstatiert man vor allem Kontinuität mit dem vorausgehenden Zeitabschnitt. So wird die deutsche gottesdienstliche Predigt weiter gepflegt und gewinnt offenbar zunehmend an Bedeutung. Soweit die Gläubigen außerhalb des Gottesdienstes über das Heil belehrt werden, geschieht es weiterhin in Formen, die sich um unsere Idealtypen „Reimpredigt" und „Reimtheologie" gruppieren lassen; dabei wird auch in den belehrenden Werken dieses Zeitabschnitts der christliche Glaube einmal mehr sachbezogen, einmal mehr publikumsorientiert vermittelt. Eine genaue Abgrenzung ist auch hier nicht möglich; Abhandlung und Paränese (praxisorientierte Ermahnung) gehen die unterschiedlichsten Verbindungen ein und nehmen auch hymnische Elemente auf. Die Variationsbreite der Typen wächst mit der Zahl der entstehenden Werke. Die trotz dieser Übereinstimmungen bemerkbare Veränderung gegenüber dem vorausgehenden Abschnitt läßt sich zunächst so charakterisieren, daß die Werke nach Inhalt und Darstellungsweise anspruchsvoller werden. Das bezieht sich zum einen darauf, daß sie an der allgemeinen Verfeinerung von Metrik und Reim teilhaben und daß die sprachlichen Ausdrucksmöglichkeiten zunehmen. Zum anderen ist ein allgemeiner Trend zur umfänglicheren und differenzierteren Unterweisung festzustellen. Neben bewußt popularisierende Werke, die gelehrte Theologie im Blick auf laikales Verständnis und laikale Lebenswelt vereinfachen, treten Gedichte, die ebenso bewußt versuchen, spezifisch theologische Fragestellungen und Probleme auch in der Volkssprache zu formulieren und den Laien nahezubringen. Auch die zunehmende Verwendung von Interpretations- und Darstellungsformen, die in der geistlich-lateinischen Literatur selbstverständlich zu Hause waren – Zahlensymbolik und Allegorese – weisen darauf hin, daß die Volkssprache allmählich in Räumen heimisch wird, die bis dahin wesentlich dem Latein vorbehalten waren. Am deutlichsten aber zeigt sich der Wandel der Zeit in der größeren Subjektivität der jüngeren Werke. Das Ich der Autoren ist nun stärker präsent als im vorausgehenden Zeitabschnitt. Der einzelne mit seinem Können und Wissen, seinem Interesse und Engagement, auch mit seinen persönlichen Erlebnissen und Erfahrungen tritt mehr und mehr in den

Vordergrund. In Korrespondenz dazu werden auch die Hörer intensiver als bisher als einzelne angesprochen, sucht man ihnen Identifikationsmöglichkeiten anzubieten durch umfassendere und anschaulichere Einbeziehung ihrer Lebenswelt.

Geistliche Belehrung

Predigt

Die Überlieferung der deutschen Predigt aus der Zeit vor 1130 (s.o. S. 45 – 48) erinnerte nach Umfang und Art fast an die ahd. Literaturepoche: Weniges, Fragmentarisches, Disparates. In der 2. Jahrhunderthälfte ändert sich das Bild schlagartig: eine Fülle von Texten, in eigenen Predigtkodizes überliefert, planvoll angelegte Sammlungen. Kein Zweifel, daß diese quantitative wie qualitative Steigerung auf eine zunehmende Predigttätigkeit und auf ein zunehmendes Interesse des Publikums an der deutschen Predigt in der zweiten Phase der frühmhd. Epoche schließen läßt, ein Interesse, das parallel geht zu der auch auf anderen Gebieten wahrnehmbaren Intensivierung des geistigen und literarischen Lebens.

Die Sammlungen, die von der Forschung ins 12. Jahrhundert gesetzt werden – teils weil die sie überliefernden Handschriften noch aus diesem Jahrhundert stammen, teils weil sie dem Predigtstil dieser Zeit entsprechen – stellen in der 1974 erschienen ‚Bibliographie der deutschen Predigt des Mittelalters‘ die Hauptmasse des Abschnitts II ‚Vorfranziskanische Predigt‘ (T 9 – T 47) dar. Die für uns wichtigsten unter ihnen sind: ‚Speculum Ecclesiae‘ (T 9), die Grieshabersche Sammlung I (T 10), die Mitteldeutschen Predigten (T 11 – 14), die Rothsche Sammlung (T 16), die Teilsammlungen II – VII der Leipziger Predigten (T 17), die Schlägler Bruchstücke (T 21), die Oberaltaicher Sammlung (T 23), Hoffmanns Bruchstücke (T 24), Priester Konrad (T 25), die Haller und Proveiser Bruchstücke (T 26f.), die Basler Predigten (T 29), die Hoffmannsche Sammlung (T 30), die Prager Predigtentwürfe (T 31), die Züricher Predigten (T 32), die Weingartner Predigten (T 33), die Kuppitsch'sche Sammlung (T 34), die St. Pauler Predigten (T 39), die Mettener Sammlung (T 40).

Es wäre nun höchst reizvoll, die Masse des überkommenen Materials – über 1500 Druckseiten – zeitlich und räumlich zu gliedern, um so zu einer Entwicklungsgeschichte der deutschen Homiletik im 12. Jahrhundert zu kommen. Die Schwierigkeiten, die einem solchen Unternehmen im Wege stehen, sind jedoch so groß, daß bis heute niemand den Versuch wagte. Zwar hatte Anton Emmanuel Schönbach (1851 – 1911), der Herausgeber der großen Predigtkorpora und beste Kenner der Materie, im Jahre 1891 eine Gesamtdarstellung als nahezu fertig angekündigt, doch ist diese nie erschienen.

Das zentrale Problem besteht darin, daß die deutschen Predigten vor Berthold von Regensburg (s. Bd. II/2, S. 69ff.) nicht Niederschriften von gehaltenen, sondern am Schreibtisch entstandene Musterbeispiele für zu haltende Predigten sind. Es sind keine individuell gestalteten, von der Persönlichkeit, dem Stil und den besonderen Anliegen des Predigers geprägte Kanzelreden, sondern Kompilationen aus tradierten (älteren wie jüngeren) Vorlagen. Diese Vorlagen waren zwar auch in unserer Periode noch überwiegend lateinische Homilien („Bibelpredigten" mit versweiser Erklärung eines Textabschnitts), Sermone („thematische Predigten") und Bibelkommentare aus der Feder der großen Kirchenväter (Ambrosius, Augustinus, Cäsarius von Arles, Gregor der Große), Bedas, der karolingischen Theologen (Hrabanus Maurus, Haimo von Auxerre) und der „modernen" kirchlichen Schriftsteller (Hildebert von Lavardin, Gaufredus Babio, Rupert von Deutz, Honorius Augustodunensis, Werner von St. Blasien, Bernhard, Radulfus Ardens, Petrus Comestor, Petrus Lombardus), aber spätestens seit der Jahrhundertmitte erlangen auch deutsche Predigten den Status „zitierfähiger" Modelle. Sie werden exzerpiert, erweitert, verkürzt; eine Predigt wird in mehrere Predigten zerlegt oder mehrere Predigten werden zu einer neuen zusammengefaßt. Nicht selten paßt dabei der Kompilator die alten Teile dem Stil und den Tendenzen seiner Zeit an, so daß eine Scheidung von älteren und jüngeren Bestandteilen fast nur möglich ist, wenn die alte Predigt als ganze oder als Einsprengsel in einer parallelen Neubearbeitung erhalten ist. Glücklicherweise haben wir solche Fälle, aber sie sind keineswegs die Regel, da zwar vieles erhalten, aber noch weit mehr verlorengegangen ist. Oft ist es der reine Zufall, daß ein Pergamentfragment von wenigen Zeilen gerade einen Text enthält, den wir schon von anderswoher kennen.

Eine weitere Schwierigkeit der Beurteilung erwächst daraus, daß ältere Predigten nicht nur einem neuen Stil, sondern auch einem neuen Milieu angeglichen werden. So werden z.B. Pfarrpredigten zu Klosterpredigten umfunktioniert und umgekehrt. (Beispiel: die Blaubeurer und die Leipziger Handschrift der Leipziger Predigten.)

Neben solchen Umformungen stehen aber auch Predigten, die fast unverändert in jüngere Sammlungen übernommen und so bis ins Spätmittelalter hinein weiter abgeschrieben werden. (Beispiele hierfür sind u.a. die Leipziger Predigten, die Oberaltaicher Sammlung, die Basler Predigten.)

Ebenso schwierig wie die zeitliche Bestimmung ist auch die örtliche Festlegung einer Predigt bzw. eines Predigtkorpus. Die Texte wandern von Sprachlandschaft zu Sprachlandschaft, und es ist oft unmöglich, Substrat und Superstrat („Grundschicht" und „Überlagerung") eindeutig zu unterscheiden. Immerhin scheint so viel festzustehen, daß im 12. Jahrhundert die führende Landschaft in der Schaffung von Predigtsammlungen der bairisch-österreichische Raum gewesen ist.

Aufgrund dieser Gegebenheiten erweist sich eine zeitliche und räumliche Zuordnung als außerordentlich schwierig, und in der Tat ist es bis heute nicht gelungen, die erhaltenen Predigten des 12. Jahrhunderts wenigstens auf ein Vierteljahrhundert genau zu datieren. Zwar hat die neuere Forschung einige Fortschritte in der Analyse der Sammlungen erzielen können; sie hat sich mit den Intentionen und Bearbeitungsprinzipien der einzelnen Kompilatoren befaßt, hat Teilsammlungen ausgegrenzt, Abhängigkeiten entdeckt, verschollene Vorlagen erschlossen und so für eine künftige Geschichte der vorbertholdischen Predigt wichtige Vorarbeit geleistet, aber für die Analyse und zeitliche Bestimmung der Predigttypen fehlen noch viele Voraussetzungen. Eine der ersten − und relativ leicht zu verwirklichenden − wäre die Neubestimmung der Überlieferungsträger (Handschriften und Fragmente) nach dem heutigen Erkenntnisstand der Paläographie (Schreiblandschaft, Schreibstil, Entstehungszeit). Da liegt manches im Argen. So hängt etwa die gesamte absolute Chronologie der frühmhd. Predigt an der niemals nachgeprüften Behauptung, die Schlägler Bruchstücke seien in die 1. Hälfte des 12. Jahrhunderts zu setzen, eine Behauptung, die Bedenken erregt, wenn der Herausgeber der Fragmente mitteilt, daß der Schreiber i-Striche verwendet und die gotische Bogenverbindung (pp) kennt. Oder der Fall des ‚Speculum Ecclesiae‘. In der oben genannten ‚Bibliographie der deutschen Predigt‘ heißt es: „Mitte 12. Jh. oder 12. Jh.[II]“. Bereits die Möglichkeit, das ‚Speculum‘ um 1150 anzusetzen, hätte Konsequenzen für eine Darstellung des Entwicklungsganges der frühmhd. Predigt. In Wirklichkeit kommt für das ‚Speculum Ecclesiae‘ aus paläographischen Gründen eine Datierung vor 1180 nicht in Betracht.

Sind erst einmal die paläographischen Daten der noch vorhandenen Handschriften und Fragmente erhoben − zehn von den hierhergehörenden Textzeugen sind seit ihrer Publikation verschollen −, dann läßt sich ein zeitliches Gerüst der Überlieferung bauen, in das dann auch die erschlossenen Sammlungen einbezogen werden können. Von hier aus müßte es in einem weiteren Schritt möglich sein, für die verschiedenen Predigttypen den Zeitpunkt ihres ersten Auftretens in der Überlieferung festzulegen.

Solche formal und inhaltlich differierenden Typen begegnen uns in jeder der großen Sammlungen, sie sind aber bislang noch nicht genügend scharf erfaßt worden. So unterschied man z.B. schon immer im ‚Speculum Ecclesiae‘ zwischen kurzen, mittleren und langen Predigten, versäumte dabei jedoch, auch auf inhaltliche Elemente zu achten, was unter Umständen Verwirrung stiften kann. (Als „kurze“ Predigt kann z.B. auch die Reduktionsstufe einer von Haus aus „langen“ und einem anderen Grundtypus zugehörigen Predigt auftreten.) Nimmt man jedoch mehrere Erkenntnismerkmale zusammen, dann schälen sich trotz unvermeidbarer Randunschärfen, Überlagerungen und Abweichungen im einzelnen eine begrenzte Anzahl von Grundtypen heraus, die immer wiederkehren: der ermahnende, der rein belehrende und der unterhaltend-belehrende Typ.

Tpus I enthält vorwiegend Ermahnung zu christlichem Leben, Warnung vor der Sünde, Aufruf zur Buße und zu guten Werken. Die Sprache ist einfach und kunstlos, die Predigt kurz. Allegorische Ausdeutungen des Schriftwortes gibt es fast keine; lateinische Zitate innerhalb des Predigttextes sind selten. Musterbeispiel: ‚Speculum Ecclesiae‘ Nr. 33 ‚De Sancto Iohanne Baptista‘.

Diesen Typ verkörpern u.a. die Schlägler Bruchstücke, die Nummern 4 und 6 der Grieshaberschen Sammlung I, die Nummern 91, 96, 110–129, 160 der Leipziger Sammlung und die Nummern 5, 18, 28, 33f., 36f., 40, 44, 46–49, 55, 58 und 67 des ,Speculum Ecclesiae'. (Bei der Zuordnung der einzelnen Stücke ist zu beachten, daß lateinische Zitate, die – wie in den Schlägler Fragmenten – ursprünglich nur zum Gebrauch des Predigers auf den Rand geschrieben waren, im Lauf der Überlieferung in den Text gewandert sein können und so das Wiedererkennen des Typus erschweren. Man wird bei lateinischen Zitaten immer prüfen, ob sie fest mit dem sie umgebenden Text verbunden sind. Wenn nicht, muß mit der Möglichkeit gerechnet werden, daß es sich um spätere „Eindringlinge" handelt.)

Dem Typus II ist ein belehrender Grundzug eigen. Dies zeigt sich zum einen darin, daß dort, wo Typ I einen Bibeltext nur anzitiert, um dann sogleich zur Paränese („Ermahnung") überzugehen, Typ II die Bibelvorlage ausführlich wiedergibt und so den Hörer mit dem Schriftwort vertraut macht. Zum anderen werden jetzt allegoretische Erklärungen eingeschaltet oder es wird, dies freilich seltener, der gesamte der Predigt zugrunde gelegte Bibeltext im übertragenen Sinne ausgedeutet. (Ein Kennzeichen des Typus II ist häufig wiederkehrendes *diz bezeichent* „dies bezeichnet, bedeutet" oder *damit gibt er uns bilde* „damit gibt er uns zeichenhaft zu verstehen".) Aber auch anderes wird erklärt, vor allem hebräische oder griechische Eigennamen, daneben Geographisches oder Dinge aus der jüdischen und römischen „Altertumskunde". Diese Deutungen und Erklärungen hat natürlich der deutsche Prediger nicht selber erfunden, sondern aus lateinischen Vorlagen übernommen, aber gerade dies ist ein weiteres Charakteristikum von Typ II. Während für die Typ-I-Predigten kaum unmittelbare, durchgehende Vorlagen zu finden sind, ist der Großteil der Typ-II-Predigten aus lateinischen Sammlungen – z.T. wörtlich – übersetzt. Unter das Stichwort „Belehrung" fallen auch die nun zahlreicher werdenden „Schriftbelege" (ob nun lateinisch-deutsch oder nur deutsch), d.h. das Heranziehen von Schriftparallelen zum Beweis einer eben aufgestellten Behauptung, wodurch häufig der Eindruck eines assoziativen Springens von Schriftstelle zu Schriftstelle hervorgerufen wird. Dies alles erfordert selbstverständlich eine gewisse Breite der Darstellung, und so sind die Predigten von Typ II von Haus aus merklich länger als die von Typ I. Hinzu kommt, daß der Stil anspruchsvoller, rhetorischer wird: Es werden direkte Reden eingestreut, rhetorische Fragen gestellt, die Sätze ausgebaut insbesondere durch Wiederholung paralleler Satzglieder, durch Doppelausdrücke u.ä. Auch die unzweifelbar „echten" lateinischen Einschiebsel, d.h. die syntaktisch mit ihrer Umgebung verklammerten, werden häufiger eingesetzt, sei es, um der Rede rhetorischen Glanz zu verleihen, sei es, weil das Publikum vom Prediger den Nachweis seiner Bildung (d.h. seiner Predigtkompetenz) erwartete. Im gleichen Sinne ist wohl auch zu deuten, daß man Autoritäten wie Origenes, Boethius, Gregor den Großen, Beda namentlich zitiert. Nicht alle der hier genannten Züge sind in jeder Predigt des Typus II vereinigt, doch reicht jeder von ihnen, wenn er ausgeprägt erscheint, hin, eine Zuordnung zu Typus II zu begründen. Musterbeispiel: ,Speculum Ecclesiae' Nr. 2.

Diesem Typ ist die große Mehrzahl der Predigten des 12. Jahrhunderts zuzurechnen. Vergröbert könnte man sagen: Zu Typ II gehört alles, was übrig bleibt, wenn man von dem überlieferten Bestand die Stücke des Typus I (s.o.), des Typus III (s.u.), die verkürzten Predigten (wie z.B. die Nummern 130–158 der Leipziger Predigten und die Weingartner Predigten) sowie die Predigten des 13. Jahrhunderts (Leipziger Predigten Nr. 1–25 = Leysersche Predigten) abzieht.

Typ III ist der unterhaltend-belehrende Typ. Er tritt in zwei Formen auf, die deutlich voneinander geschieden sind, aber eben das Element „Unterhaltung" gemeinsam haben und dadurch gegenüber Typ I und II zusammenrücken. IIIa umfaßt legendarische Predigten, in denen das unterhaltende, erzählerische Moment überwiegt, ja beinahe zum Selbstzweck wird. Sie unterscheiden sich damit von den Predigten des Typus II, die gleichfalls legendarisches Material enthalten (neutestamentliche Apokryphen, die Konstantinlegende, die Herakliuslegende, die Erzählungen von der Entstehung der Bittprozessionen und des Allerheiligenfestes, die Martinuslegende, die Legende von den Ketten des heiligen Petrus u.ä.), dieses jedoch – ähnlich wie bei der Nacherzählung des Bibeltextes – dem Hörer gewissermaßen als „Grundinformation" anbieten, um damit zu arbeiten, es zu deuten, Folgerungen aus ihm zu ziehen. Eine belehrende Grundabsicht ist wohl auch den Legenden des Typus IIIa nicht abzusprechen, aber diese liegt nur im Beispielhaften des Legendenheiligen an sich, nicht im deutenden, aufklärenden Wort des Predigers. Dieser ist ausschließlich damit befaßt, die unerhörten Vorgänge anschaulich, ja spannend zu schildern. Dabei schafft der deutsche Prediger wiederum nicht aus eigenem, sondern verwertet längst bekannte lateinische Vorlagen. Nur, es ist nicht selbstverständlich, daß solche Vorlagen mit ihren phantasievoll-erzählerischen Elementen in einer deutschen Predigt erscheinen. In der Tat gibt es nur zwei Sammlungen, die Texte dieser Art enthalten: die Mitteldeutschen Predigten und die von Mertens erschlossene Sammlung Y*, eine der Vorlagen des Predigtbuches des Priesters Konrad. In diesem Zusammenhang ist die Beobachtung nicht uninteressant, daß der Priester Konrad aus Y* zwar Predigten des Typus II, jedoch keine des Typus IIIa in seine Sammlung übernommen hat. Der Typus dürfte ihm ebenso wie den meisten anderen Kompilatoren seiner Zeit nicht würdig und nicht ernsthaft genug erschienen sein.

Wenig verbreitet war auch die andere Untergruppe von Typus III, nämlich die Predigt mit erzählenden Einlagen in der Form von Exempla („Beispielen"), Anekdoten, „Predigtmärlein". Geschichtchen dieser Art wurden in die Predigt eingeflochten, um die strenge Form der Mahnung und Belehrung aufzulockern, eine Aussage zu verlebendigen, die Aufmerksamkeit der Hörer wachzuhalten oder neu zu wecken. Man wundert sich, daß man diesem Typus, den man eigentlich für den Normalfall der mittelalterlichen Predigt zu halten geneigt ist, in unseren Sammlungen so selten begegnet, obwohl er in der lateinischen Homiletik seit der 2. Hälfte des 11. Jahrhunderts immer häufiger wird und bei Honorius Augustodunensis (um 1080 bis um 1137) bereits einen ersten Höhepunkt erreicht. (Die Blütezeitder Predigtexempels wird dann das 13. und 14. Jahrhundert sein.) Signifikant für das Zögern der deutschen Kompilatoren ist das deutsche ,Speculum Ecclesiae'. Es bietet außer der Teufelslegende in Predigt Nr. 45 (nach Schönbach wörtliche Übersetzung einer zeitgenössischen lateinischen Predigt aus Frankreich) nur an einer einzigen Stelle Exempla der genannten Art, u.z. in Predigt Nr. 60, dem bekannten, aus Honorius übernommenen ,Sermo generalis' („Ständelehre"). Hier nun ist der eigentliche Predigttext mit seinen Ermahnungen an Priester, Richter, Reiche, Ritter, Kaufleute und Bauern, wie üblich, deutsch; das dem jeweiligen Abschnitt zugeordnete Exempel jedoch steht auf lateinisch dazwischen eingeschoben, gerade so, als wollte der Kompilator diese Materie der Diskretion des Predigers vorbehalten.

Auch in den anderen Sammlungen sind entweder gar keine oder nur ganz wenige „Märlein" in die Predigten eingestreut, ausgenommen einzig die Predigtreihe Nr. 33–73 der Leipziger Predigten, die sich schon dadurch als ein eigenes Korpus zu erkennen gibt. Vermutlich wurde in der gehaltenen Predigt von diesem Mittel der „Auflockerung" häufiger Gebrauch gemacht, doch von der schriftlichen Predigtvorlage scheint man das Genre bewußt ferngehalten zu haben. Musterbeispiel für IIIa: Haller Bruchstücke fol. 3/4 (Erasmuspredigt); für IIIb Hoffmannsche Sammlung Nr. 2.

Vergleichbare Stücke vom Typus IIIa sind: die Heiligenpredigten der Grieshaberschen Sammlung II und der Klagenfurter Bruchstücke (T 11–14 = Mitteldeutsche Predigten), Haller Bruchstücke fol. 1–4 (Maria Aegyptiaca, Johannes vor der lateinischen Pforte, Vitus, Erasmus), Proveiser Buchstücke fol. IIa–IVb (Silvester, Severus, Sebastian). Zum Typus IIIb gehören: ,Speculum Ecclesiae' Nr. 45 und 60. Hoffmannsche Sammlung Nr. 2, 11, 29, Leipziger Predigten Nr. 46÷50, 52–57, 59–61, 64, 67, 69f., Oberaltaicher Sammlung Nr. 39.

Alle drei bzw. vier Typen gehören noch dem 12. Jahrhundert an, da jeder von ihnen mindestens einmal in einer Handschrift dieses Jahrhunderts erscheint. Eine erneute paläographische Überprüfung der Textzeugen wird dann klären, wann genau im 12. Jahrhundert ein Typus zum ersten Mal handschriftlich bezeugt ist. Mehr läßt sich zum gegenwärtigen Zeitpunkt nicht mit Bestimmtheit sagen. Möglich wäre allenfalls die Bildung einer Arbeitshypothese: Typreihenfolge gleich chronologische Reihenfolge. Bezüglich des Typus I ist sich die Forschung angesichts der alten Mehrfachüberlieferung ohnehin einig. Für das zeitliche Verhältnis von II zu III sind weitere Untersuchungen nötig, doch kann man davon ausgehen, daß Typus III einer Tendenz entspricht, die für das 13. und 14. Jahrhundert kennzeichnend ist. Ferner entspräche die genannte Hypothese der allgemeinen

Entwicklungstendenz der frühmhd. Literatur, wie sie sich in unserer Darstellung allenthalben gezeigt hat: Ermahnung – Unterweisung – Erzählung.
Man muß sich jedoch versagen, über eine generelle Analogie hinaus weitere
Spekulationen anzustellen, und auf jeden Fall wäre es illegitim, die Ent-
wicklungsschritte der poetischen Literatur für eine absolute Chronologie
der Predigtliteratur heranzuziehen. Die Predigt als konservatives (und halb-
liturgisches) Genre öffnet sich von Haus aus neueren literarischen Tendenzen,
wenn überhaupt, dann nur mit zeitlicher Verzögerung.

Reimpredigt

Neben der deutschen Prosapredigt, die sich mit ansehnlichen Korpora
langsam einen Platz an der Seite der lateinischen Predigtsammlungen zu
erobern beginnt, entstehen auch weiterhin Dichtungen vom Typus Reimpredigt. Deutlicher noch als im ersten Abschnitt zeigt jetzt allerdings ein
Vergleich von Prosa- und Reimpredigt, daß die Gemeinsamkeit des Namens
nur in der generellen Zielsetzung – geistliche Ermahnung einer Zuhörerschaft – seine Rechtfertigung findet. Ansonsten sind die Unterschiede
größer als die Ähnlichkeiten. Die Prosapredigt tritt als Teil einer Sammlung
auf, die Sammlung ist nach bestimmten Gesichtspunkten geordnet, die
formale Gestaltung (Einleitung, Schluß, Aufbau, Umfang, Argumentations-
weise) ist, mitbedingt durch das lateinische Vorbild, innerhalb der Sammlung
(oder auch der Teilsammlung) relativ einheitlich. Die Reimpredigt dagegen
ist von Haus aus individualistisch; so wenig wie es Reimpredigtsammlungen
gibt, so wenig gibt es eine formale Einheitlichkeit und ein einfaches Übersetzen oder Versifizieren lateinischer Mustervorlagen. Das Spektrum reicht
von Texten, die nach Intention, Thematik und Ausführung der eigentlichen
Predigt nahestehen, bis hin zu Texten, in denen der Autor sozusagen in die
Rolle des Predigers schlüpft, die „Predigt" als etablierten Typus literarisch
nutzt.

Wenden wir uns nun der inhaltlichen Seite der Reimpredigten zu, so
stellen wir ein ähnliches Vorherrschen von Sünde- und Bußthemen fest wie
im Bereich der „Lyrica". Etwa 3400 Versen Sündenpredigt (‚Wahrheit',
‚Balylonische Gefangenschaft', ‚Cantilena', ‚Trost in Verzweiflung',
‚Priesterleben', ‚Erinnerung an den Tod') stehen ca. 300 Verse allgemeiner
Lebenslehre (‚Scopf von dem lône') und ca. 500 Verse liturgischer Unterweisung (‚Deutung der Meßgebräuche') gegenüber. Das ist eine Themen-
verteilung, wie man sie eher für den ersten Zeitabschnitt erwarten würde.
Man könnte vermuten, daß die große Zeit der cluniazensischen Ausstrahlung
und der Gregorianischen Reform die stärksten Warnungen vor der „Welt"
hervorgebracht hätte; tatsächlich aber betrachten die Prediger der ersten
Phase das Diesseits und die Menschen mit größerer Gelassenheit als ihre
Nachfolger. Der Grund hierfür dürfte in dem schon mehrfach erwähnten
Wandel des Zeitgeistes zu suchen sein. Die größere Weltfreudigkeit der

neuen Generation forderte die Prediger dazu heraus, immer stärkeres Geschütz aufzufahren. Schon Bernhard von Clairvaux († 1153) hatte gesagt, daß es sehr schwer sei, Laien zur Buße zu bewegen; umso intensiver mußten dann eben die Bemühungen sein, umso eindrucksvoller die Mittel der Erschütterung. Betrachten wir vor diesem Hintergrund zunächst den dominierenden Typ der Bußpredigt.

Aus dem Anfang unseres Zeitabschnitts, etwa dem Jahrzehnt zwischen 1140 and 1150, stammt das in Österreich entstandene Gedicht ‚Die Wahrheit'.

Das in der Vorauer Handschrift 276 überlieferte, wohl nicht ganz vollständig erhaltene Werk (182 Verse) verdankt seinen Titel dem nicht sicher gedeuteten Vers 151: *daz liet heizet diu wârheit* (,,das Lied heißt ‚die Wahrheit' ", oder: ,,dieses Lied verheißt die Wahrheit"). Wenn der Autor einem Werk den Titel ‚Die Wahrheit' geben wollte, dann dürfte ihm die johanneische Opposition Wahrheit = Gott, Teufel = Lüge vorgeschwebt haben. Wer die Augen vor dem kommenden Gericht verschließt, lebt in der ,,Lüge". ,,Wahrheit" hingegen ist sowohl das aufklärende Wort der Predigers als auch der durch Predigt und reuige Umkehr erreichte Zustand der Gotteskindschaft, des wahren Lebens (Johannes 8,44; 14,6).

Die nicht sehr umfangreiche Dichtung versammelt in sich eine ganze Reihe von Denk- und Darstellungselementen, die vielfältig in anderen Werken wiederkehren und dort z.T. wesentlich breiter und konsequenter ausgeführt sind. Aber gerade dadurch, daß sie hier eine eher beiläufige Erwähnung finden, wird ihre weite Verbreitung und selbstverständliche Präsenz belegt. So ist die ‚Wahrheit' ein interessantes Zeugnis für den geistlichen Gedanken- und Bildervorrat der Zeit, aus dem auch die satirischen Invektiven eines Heinrich (s.u. S. 130–134) und noch der ‚Gregorius'-Prolog Hartmanns von Aue (vgl. Bd. II/1) schöpfen konnten.

Zeitgenössischem Fühlen entspricht es z.B., wenn der Dichter v. 62–68 den Wald als Sinnbild des Lebens wählt, der ,,gar schön und groß ist" und der ,,lebensfrohen Stimmung" seiner Zuhörer entspricht (*ir sit iwers muotes vil gemeit*), am Ende aber doch gefällt wird und ,,Wipfel, Wurzel und Saft" verliert. Aus der Bibel kannte man das Bild vom Gras, das geschnitten wird und verdorrt (Psalm 101,5; Jesaja 40,6–8). Die Grundaussage ist die gleiche, aber ,,Wald" ist eben das ,,modernere" Symbol, mit dem das 12. Jahrhundert ,,glückhafte Empfindung", ,,Lebenslust", ,,Einklang mit der Natur" verbindet – man braucht nur an die Natureingänge der frühen lateinischen Liebeslyrik zu denken. Noch Walthers ‚Elegie' wird den zweiten Bildteil verwenden, um das Ende der ,,Lebensfreude" anzudeuten: *verhouwen ist der walt* (124,10 ,,gefällt ist der Wald"; vgl. Bd. II/1). Bezeichnend für die Zeit ist auch, daß der Aufwand für Frisur, Kleidung und Schuhwerk getadelt wird; noch für das ‚Memento mori' ist dies kein Thema. Erst das 12. Jahrhundert entdeckt den Luxus – und ergibt sich ihm mit solcher Vehemenz, daß die ganze Wirtschafts- und Sozialstruktur davon betroffen ist. Unser Prediger betrachtet dies als Teufelswerk und empfiehlt als ,,alternatives" Programm, sich mit dem zu begnügen, was aus der Hand Gottes kommt, das *tegeliche brot*, und sich an dem zu erfreuen, womit Gott uns „dient": „Der Mond und die Sonne, die erfreuen uns mit ihrem Schein. Der Tag kommt herauf nach Gottes Weisung; es freut sich der Mensch, daß er gesund ist" (v. 163–170).

Mahnung zur Umkehr, zur Buße, ist auch das Thema eines ebenfalls um 1140/50 verfaßten, aber nur fragmentarisch erhaltenen Gedichts, dem man den Titel ‚Von der Babylonischen Gefangenschaft' gegeben hat. (Die überliefernde Handschrift stammt aus Maria Saal in Kärnten, sie befindet sich heute in St. Paul, ebenfalls in Kärnten.) Der Dichter deutet die siebzigjährige Knechtschaft des Volkes Israel als das „Elend" der Höllenstrafe, setzt sie aber auch in Bezug zu den 70 Tagen der Vorfasten- und Fastenzeit (von Septuagesima bis Ostern), in denen die Gläubigen ihre Sünden beweinen und dadurch Gottes Huld – die Heimkehr aus der Gefangenschaft – wieder erlangen können. Die Babylonische Gefangenschaft als Predigtthema zum Sonntag Septuagesima ist aus dem Bereich der lateinischen Homiletik reich belegt; ferner gehört zur Liturgie dieses Tages die *depositio Alleluiae* („Einstellung des Alleluja-Gesanges"), die in unserem Denkmal ebenfalls zur Sprache kommt. Man hat daher zu Recht in dem Gedicht einen Bußaufruf zum Beginn der Vorfastenzeit gesehen, und so ist das formal wie inhaltlich gleich anspruchslose Werklein ein interessantes Beispiel dafür, wie eng sich die Reimpredigt an den Typus der eigentlichen gottesdienstlichen Ansprache anlehnen konnte.

In Verbindung zum Kirchenjahr steht vielleicht auch die alemannische ‚Cantilena de conversione Sancti Pauli' (‚Lied über die Bekehrung des hl. Paulus'); sie könnte zum Vortrag am Fest Pauli Bekehrung (25. Januar) bestimmt gewesen sein.

Einziger Anhaltspunkt für diese Vermutung ist der in der Handschrift (Colmar, Archives départementales, F. var. 108) überlieferte Titel; im Gedicht selbst, das durch Beschnitt schwer verstümmelt und ab Str. 15 ganz verloren ist, kommt der Apostel Paulus nicht vor. Doch verknüpfte man, wie deutsche Predigten auf den Festtag (z.B. Schönbach, AP I, Nr. 180; Leyser, Nr. 15) und der ‚Rheinauer Paulus' (o. S. 42) zeigen, den Aufruf zu Buße und Bekehrung gern mit der Gestalt des vom Saulus zum Paulus gewordenen Apostelfürsten.

Buße und Reue ist das durchgehende Thema der Dichtung, die weder von der Sprache noch von den Motiven her (Sünde, Teufel, Tod, Gericht) besonders originell ist, unter dem Aspekt der Gattung aber unser Interesse verdient; läßt sich doch an ihr das Phänomen der Gattungsmischung besonders deutlich beobachten. Der Text setzt didaktisch ein: „Die Bücher können uns Anleitung geben, wie wir zur Umkehr gelangen …" (v. 1f.), und in diesem lehrhaften Ton fährt der Autor bis Str. 10 fort, um dann in die Ich-Aussage einer Sündenklage zu verfallen: *Heu me misero*, wie [*sol ich iemer werden*] *fro* … („Ach, ich Armer, wie soll ich jemals wieder froh werden …"). Die letzte erhaltene Strophe enthält – ganz im Stil der Sündenklagen – eine Berufung auf die Ehebrecherin des Evangeliums

(Johannes 8, 1–10); die Berufung auf Paulus dürfte nicht gefehlt haben. Insgesamt scheinen die „lyrischen" Partien einen so breiten Raum eingenommen oder so starken Eindruck gemacht zu haben, daß man das ganze ‚Cantilena' nannte. Wir rechnen trotzdem das Denkmal zur belehrendmahnenden Dichtung, da wir die „Reuearie", ähnlich wie die Klage in Hartmanns ‚Rede vom Glauben' (s.u. S. 137–140) oder die Ich-Erzählung im sogleich zu besprechenden Gedicht ‚Trost in Verzweiflung', als eine affektsteigernde Einlage, als rhetorisches Mittel der Erschütterung im Rahmen einer Bußrede betrachten. Aber die Anleihen der Rede beim lyrischen Genre verraten doch die zum Subjektiv-Emotionalen hin veränderte Mentalität – keine der Reimpredigten der ersten Phase kennt eine ähnliche Einlage.

Wohl gegen 1180, eine Generation nach den bisher behandelten drei Reimpredigten, ist im oberdeutschen Raum (Bayern oder Schwaben) ein weiteres Bußgedicht geschaffen worden, dem Scherer den Titel ‚Trost in Verzweiflung' gegeben hat. (Anfang und Ende des Werkes fehlen, die erhaltenen 167 Verse sind vielfach durch Blattbeschnitt verstümmelt; die Handschrift ist verschollen.) Ähnlich wie in der ‚Cantilena' wechselt auch hier der Autor von der Bußlehre hinüber zur Ich-Aussage, diesmal aber nicht in der Form einer Sündenklage, sondern in der Form einer Lebensbeichte. Dabei erscheinen die eigenen schlimmen Erfahrungen, die den Zuhörern als eine Art Exemplum erzählt werden, im Gewand einer Allegorie nach dem Vorbild der ‚Psychomachie' des Prudentius. Doch während Prudentius vor allem die – letztlich erfolglosen – Angriffe der Laster auf die Seele schildert, ist in unserem Gedicht von den eigentlichen Feinden kaum die Rede; das ganze Interesse des Autors konzentriert sich auf den Verräter, der die Seele in die Falle lockt und den Feinden ausliefert, von denen sie dann tödliche Wunden empfängt. Dieser Verräter ist das eigene Herz, das von Kindheit an darauf ausging, der Seele zu schaden und sie dem Teufel zuzuführen. Beinahe wäre ihm das auch gelungen – die todwunde Seele fand keinen Helfer auf Erden und im Himmel und gab sich bereits der Verzweiflung hin – da ereignete sich ein großes Glück … (Hier bricht die Handschrift ab.)

Diese Schilderung hat wegen der spürbaren Nähe zu Hartmanns ‚Gregorius'-Prolog und auch zum ‚Büchlein' (vgl. Bd. II/1) früh die Aufmerksamkeit auf sich gezogen. Man erwog die Abhängigkeit Hartmanns von der Reimpredigt und umgekehrt, doch reichen zum Nachweis einer direkten Beeinflussung die Parallelen nicht aus. Als weitere Frage wurde die Möglichkeit einer Beziehung zum Minnesang erörtert. Aus der Tatsache, daß hier das Herz, „das verzärtelte Organ des Minnesangs" (de Boor), inkriminiert wird, hat man geschlossen, es handle sich bei unserem Gedicht um eine Kampfansage gegen diese neue Kunst und ihr Wertesystem. In der Tat finden sich Elemente, die das Gedicht mit dem Minnesang verbinden: das gesteigerte Interesse am eigenen Ich, die vertiefte Art der Selbsterfahrung –

damit auch die deutlicher wahrgenommene Widersprüchlichkeit der eigenen Strebungen – und das Bedürfnis und Bemühen, all dies zu verbalisieren. Was den Autor des ‚Trostes' wie manchen Minnesänger umtreibt, ist das Erlebnis der Intensität, mit der das Herz sich bemerkbar macht, die Gewaltsamkeit, mit der es seine Wünsche vertritt. Anders als beim Minnesang führt jedoch in der Vorstellungswelt unseres Gedichtes diese Intensität auf den falschen Weg und vermittelt nur die erschreckende Erfahrung, daß man sich auf sich selbst nicht verlassen kann und auf Gnade angewiesen ist. Minne wird dabei weder positiv noch negativ erwähnt; sie hat nicht Schuld an der Hilf- und Ratlosigkeit des Autors, der seinen wahrgenommenen inneren Energien keine positive Richtung zu geben vermag. Genau dies aber versucht der Minnesang, wenn er sich bemüht, die intensivsten persönlichen Wünsche und Strebungen in sein Wertesystem einzubinden. Der Minnesang geht also im Grunde einen Schritt weiter als der Verfaser des ‚Trostes'. Wäre es diesem darauf angekommen, gerade die Lösungen des Minnesangs als unzulänglich herauszustellen, hätte er dies deutlicher zu verstehen gegeben. So ist der ‚Trost in Verzweiflung' kaum als geistliche Replik auf den Minnesang zu betrachten, sondern als Beispiel dafür, wie in der geistlichen Literatur Möglichkeiten angelegt sind, die dann von der höfischen Dichtung aus veränderter Perspektive weiter entwickelt werden.

Die wohl jüngsten Bußpredigten dieses Zeitabschnitts sind zugleich die bedeutendsten: ‚Von des todes gehugede' (‚Erinnerung an den Tod') und ‚Priesterleben' (vgl. S. 93–97).

Wie das ‚Priesterleben' ist auch die ‚Erinnerung' (1042 Verse) in der Handschrift Wien 2696 überliefert. Das Gedicht enthält im Schlußgebet mit großer Wahrscheinlichkeit einen Hinweis auf den Autor und seinen Wohltäter (Auftraggeber?): „Dorthin (nämlich in den Himmel) bringe, Herr und Gott, um der Ehre deiner Mutter und um der Verdienste aller deiner Heiligen willen, deinen armen Knecht Heinrich und den Abt Erkenfried!" (v. 1029–33). Wir haben o. S. 94 gesehen, wie aus diesen Angaben die Vita eines „Heinrich von Melk" herausgesponnen wurde, und festgestellt, daß Heinrich kaum ein „Melker Konverse" gewesen sein kann. Wo Abt Erkenfried stattdessen zu lokalisieren ist, wissen wir nicht. Sicher nicht in der Schweiz (Kimmich), da die ‚Erinnerung' genauso wie das ‚Priesterleben' in der bairisch-österreichischen Sprachlandschaft beheimatet ist. Am ehesten käme noch das niederösterreichische Altenburg in Frage, wo ein Abt Erkenfried bis 1196 regierte (Eis), aber auch das muß Vermutung bleiben.

Was die Identität Heinrich – Verfasser des ‚Priesterlebens' angeht, so dürfte trotz ihrer entschiedenen Ablehnung in der jüngsten großen Monographie zu diesem Thema, den Untersuchungen von Neuser, das letzte Wort in dieser Fage noch nicht gesprochen sein. Das o. S. 94f. für den Dichter des ‚Priesterlebens' erstellte Persönlichkeitsprofil entspricht so genau dem, was uns die ‚Erinnerung' von Heinrich verrät, daß beide entweder identisch oder geistige Zwillingsbrüder gewesen sein müssen: gleiche Ausbildung, gleiche Grundanlagen, die gleiche Verwurzelung in der laikalen Armutsbewegung. (Man beachte die Autornennung: „Heinrich, der arme Gottesknecht".) Auch die von Neuser geltend gemachte theologische Differenz in der Frage der Meßfeier durch konkubinäre Priester scheint nicht gegeben: ‚Erinnerung' v. 174–179 werden nur die Laien aufgefordert, sich, wie nach der Predigt üblich, zu erheben und ein Gemeindelied, einen *ruof*, anzustimmen des Inhalts: „Möge es Gott gefallen, möge es Gottes Wille sein, daß wir die Messe nicht von unwürdigen Priestern hören, daß die Messe nicht von unwürdigen Priestern gefeiert wird." Der einzige schwerwiegende Einwand gegen eine Verfasseridentität liegt im formalen Bereich: Die ‚Erinnerung' weist gegenüber dem ‚Priesterleben' doppelt so viele unreine Reime auf (26 gegen 13). Man könnte mit der älteren Forschung diesen Unterschied damit erklären, daß der Autor eine Entwicklung hin zu größerer Sorgfalt in der Reimwahl durchgemacht hat. Dies würde freilich voraussetzen, daß das ‚Priesterleben' jünger ist als die ‚Erinnerung', was wiederum von Neuser heftig bestritten wird.

Auch in diesem Punkt ist wohl kaum schon alles entschieden. Die von Neuser bewiesene Anordnung ‚Priesterleben' – ‚Erinnerung' in der Handschrift sagt nichts über die Priorität der Entstehung aus; ebenso wenig ist sicher, daß ‚Erinnerung' v. 181–186 aus ‚Priesterleben' 397–402 genommen ist und nicht umgekehrt: Die unmittelbar vorhergehenden Verse 174–179 (s.o.) sind frei von jedem Schatten der Heterodoxie; sie bedürfen daher keiner orthodoxen „Richtigstellung". Größere Reinheit des Reims ist gewöhnlich Indiz für jüngeres Alter. Ferner ist eine Priesterschelte im Rahmen eines ‚Sermo generalis' („Predigt für alle Stände") bzw. einer traditionellen Memento-mori-Dichtung weniger provokant als eine ausschließlich gegen die Priester gerichtete Invektive. Man könnte sich vorstellen, daß zuerst das weniger Problematische gewagt wurde. Für eine Priorität des ‚Priesterlebens' würde das höhere auktoriale Bewußtsein, die größere literarische Distanz des Dichters im Mittelteil der ‚Erinnerung' sprechen; doch könnten hier auch Gattungsunterschiede (Klerikerpredigt versus Laienpredigt) hereinspielen. Nimmt man alles zusammen, so spricht mehr für eine zeitliche Priorität der ‚Erinnerung' und mehr für eine Verfasseridentität als umgekehrt, doch wiederum nicht so viel, daß man bei der Interpretation der Stücke davon als von einer feststehenden Tatsache ausgehen dürfte. Aus den Schwierigkeiten, die selbst eine relative Chronologie der beiden Werke bereitet, läßt sich bereits entnehmen, daß eine absolute Chronologie nicht möglich ist; doch weisen Vers- und Reimtechnik ebenso wie der Inhalt und literarische Einflüsse auf die untere Grenze unserer Epoche.

Die ‚Erinnerung' ist ein würdiger Verwandter des älteren ‚Memento mori', von gleicher rhetorischer Wucht und Eindringlichkeit, wenn es gilt, dem Menschen die Unausweichlichkeit des Todes und die niederdrückende Last seiner Sünden vor Augen zu stellen. Doch bei aller Verwandtschaft sind die Unterschiede zwischen den beiden Werken, ist der zeitliche Abstand, der sie trennt, nicht zu übersehen. Dies zeigt sich am deutlichsten in einem Wechsel des Blickwinkels, der zusammenhängt mit dem größeren Gewicht, das der „Welt" jetzt beigemessen wird. Das ‚Memento mori' bezog seinen Standpunkt gleichsam in der Transzendenz: Das Unvergänglich-Unveränderliche, sei es ewige Seligkeit oder ewige Verdammnis, war Anfang und Ziel aller Überlegungen. Erst von dort aus kam dann auch das irdische Leben als „Episode von der Dauer eines Wimpernschlages" (v. 45f.) in den Blick, wurde in den Versen über die ungerechten Richter (64–72) irdische Realität

gestreift. Heinrich hingegen geht es in erster Linie um ebendiese irdische
Realität, um die Verderbtheit der Welt und die Verkehrung der rechten
Ordnung: *omnes declinaverunt* („alle sind sie vom rechten Wege abge-
wichen", v. 12). Fast könnte man sagen, daß Heinrich den Memento-mori-
Gedanken dazu benutzt, die Verhältnisse anzugreifen, sie wieder in
Ordnung zu bringen.

Die traditionelle, von der Schilderung der „Letzten Dinge" beherrschte
Memento-mori-Predigt kam allerdings der neuen Zielsetzung kaum entgegen.
So bedient sich Heinrich eines literarischen Kunstgriffs: Er bricht den alten
Predigttypus auf, schiebt formal wie inhaltlich neues Material ein und
benutzt die „alte" Predigt nur noch als Klammer für seine Komposition.
Das ganze baut sich aus zwei Teilen auf: Teil eins, das *vorder liet* ‚Von dem
gemeinen lebene' („Vom Leben aller Stände", v. 448, 450), umschließt die
Verse 1 – 451, Teil zwei, ‚Von dem tode' (v. 452) die Verse 452 – 1028. (Die
Verse 1029 – 1042 bilden das Schlußgebet.) Die Memento-mori-Mahnungen
der „alten" Predigt finden sich am Beginn des ersten (v. 1 – 34), am Beginn
(v. 455 – 510), in der Mitte (v. 639 – 662) und am Ende (v. 911 – 1028) des
zweiten Teils. Dazwischen stehen die neuen Stücke. In Teil eins ist dies
wiederum eine versifizierte Predigt, diesmal vom Typus ‚Sermo generalis'
(„Standeslehre"), wie er uns im ‚Speculum ecclesiae' des Honorius
Augustodunensis (Migne, Patrologia Latina 172,861 – 870), aber auch im
deutschen ‚Speculum Ecclesiae' begegnet (Nr. 60 – s.o. S. 120). Die Einlage
in Teil zwei wird vom Dichter selbst (v. 913) als *spel* (hier wohl so viel wie
„Parabel") bezeichnet. Sie besteht aus zwei „Geschichten": Leben und
Tod eines Königssohnes (v. 511 – 638) und Rede des toten Ritters an seinen
Sohn (v. 663 – 910). (Die Memento-mori-Verse 639 – 662 fungieren als
Trenner.)

In diesen Einschüben nun bringt Heinrich seine eigentlichen Anliegen
unter: die Verderbnis aller, insbesondere der führenden Stände durch
hemmungslose Hingabe an die Güter und Freuden dieser Welt, an Luxus,
Sex, zerstreuende Unterhaltung, vor allem aber an Besitz und Reichtum.
Weil dieser die Hauptursache dafür ist, daß die Menschen ihre Pflichten
gegenüber Gott und den Menschen mißachten, spielt die Geldgier (Papst,
Bischöfe, Priester, Richter) im ‚Sermo-generalis'-Abschnitt eine so große
Rolle: *der rîche man ist edele … allenthalben ist verworfen der armman*
(„der Reiche ist angesehen … der Arme zählt nirgends"); deshalb werden
im zweiten Teil die Parabeln aus dem Bereich des *rîchtuom* genommen:
Im Angesicht des Todes erweist sich, daß Reichtum und seine Derivate
(gesellschaftliche Stellung, Ehre, Schönheit, Eleganz, höfisches Leben,
Genuß) nichtig sind. Dort, wo diese „Nichtigkeiten" zu den bestimmenden
Werten erhoben werden, zerstören sie die Ordnung des menschlichen
Zusammenlebens, verderben sie die Gesellschaft.

Die „neuen" Teile in Heinrichs Predigt dienen aber nicht nur der Darlegung seiner Gedanken, sie verschaffen ihm auch die Möglichkeit, durch

anschauliche Schilderungen das Interesse seines Publikums zu wecken, seine literarischen Mittel zu entfalten, seine *ars* („literarische Ausbildung") unter Beweis zu stellen.

Zwei Dinge sind in diesem Zusammenhang besonders auffällig: Heinrichs Geschick, die unterschiedlichsten literarischen Typen seinen Zwecken dienstbar zu machen, und sein Autorbewußtsein. Neben der Predigttradition, die ihm selbstverständlich vertraut ist und die die Grundlage der gesamten Dichtung bildet, ist es vor allem die (mittel)lateinische Satire, die ihre Spuren im Werk hinterlassen hat — auch wenn dieser Einfluß keineswegs so groß ist, wie es die zum Schlagwort erstarrte Charakterisierung Heinrichs als „Juvenal der Ritterzeit" nahelegt. Aber dem Verfahren des Satirikers, der mit scharfem Griffel um des moralischen Effektes willen überzeichnet, verdankt Heinrich zweifellos viel; er hat die Affinität dieses Vorgehens zur Intention des Bußpredigers erkannt und gesehen, was es ihm an Möglichkeiten der Veranschaulichung bot. Neben diesen beiden Bereichen zeichnen sich andere Einflüsse ab. So hat man sicher mit Recht darauf hingewiesen (Williams), daß es sich bei der Beschreibung des toten Edelmannes um eine Inversion der traditionellen Schönheitsbeschreibung handelt, wie sie das Mittelalter und hier nicht zuletzt der Minnesang aus der Antike übernahm. Angesichts der Tatsache, daß der „Herr" im Gedicht auch als Sänger von Liebesliedern dargestellt wird, kann man wohl annehmen, daß Heinrich hier die Betroffenen mit ihren ureigenen Mitteln schlagen wollte. Schließlich hat noch ein weiterer, etwa zur gleichen Zeit auch in der Volkssprache aktuell werdender literarischer Typ dem Autor entscheidende Anregung gegeben: die Jenseits-Vision. Heinrich verwendet ihren Grundgedanken — Warnung der Lebenden durch einen aus dem Jenseits Zurückkehrenden —, wenn in seinem Werk der verstorbene Edelmann unter Hinweis auf seine Höllenqualen den Sohn zu einem christlichen Leben anhält. Der Autor benutzt die Jenseits-Vision freilich mit vorsichtiger Distanzierung: Bevor er den Toten eine große Mahnrede halten läßt, meint er (v. 691—696): „So würde der Tote sprechen, wenn es die Naturgesetze zuließen oder Gott eine Ausnahme davon machte ... Nun aber spreche ich an seiner Statt; hört mir andächtig zu!"

Die Stelle ist bezeichnend für das zweite der oben genannten Chrakteristika, für das Selbstverständnis des Dichters Heinrich, dessen auktoriale Souveränität in unserer Periode ihresgleichen sucht. Heinrich ist in seinem Werk allenthalben gegenwärtig — aber in einer anderen Weise als die meisten zeitgenössischen Autoren. Diese bringen ihr Ich unmittelbar in ihre Produktionen ein: als mitbetroffene Sünder, als Glieder des *corpus christianum*, als schuldbeladen-unfähige, bisweilen auch als leistungsstolze und selbstbewußte Verfasser ihrer Werke. Von Heinrich dagegen wird die Autor-Rolle als solche bewußt gemacht und als zusätzliches Reizmittel in seiner Dichtung verwendet. Wenn er etwa die gängigen Formeln für menschliche Hinfälligkeit in Erzählung umsetzt, wird er gewissermaßen zum

„allwissenden" Autor: „Wir wollen euch einen Königssohn vorstellen ... Im Rahmen unseres Vorhabens sehen wir davon ab, ihn als Kind schwer krank werden zu lassen ... Vielmehr soll er unbeschadet heranwachsen und voller Freude seine Schwertleite feiern ..." (v. 511–521).

Heinrichs scharfe Gesellschaftsanalysen, die unnachsichtige Bitterkeit seines Tadels erlauben keinen Zweifel an der Ernsthaftigkeit seines Bußrufs. Trotzdem zeigt seine Dichtung, daß er auch Literat war (und wohl auch Beifall für seine Leistung erwartete). Die alte, schlichte Predigt über Sünde, Tod und Hölle konnte weder ihm noch dem Publikum genügen, für das die ‚Erinnerung' geschrieben sein muß: der literarisch kultivierten höfischen Gesellschaft. Der ästhetischen Darbietung aufgeschlossen, war sie wohl bereit, eine kunstvolle Bußpredigt zu ertragen, auch wenn sie ihre zentralen Lebenswerte in Frage stellte – das Bewußtsein eines Zwiespaltes zwischen *guot und werltlîch êre* einerseits und *gotes hulde* andrerseits zieht sich durch die ganze höfische Epoche –, eine simple „Bauernpredigt", ein primitives Drauflosdonnern aber hätte sie wohl als dégoutant empfunden und einfach abgelehnt. Heinrich (und vielleicht auch Abt Erkenfried) kommt das Verdienst zu, mindestens den Versuch gemacht zu haben, für die alte Wahrheit eine neue Form zu finden, eine Form, die der Führungsschicht seiner Zeit eine Rückbesinnung auf Wertmaßstäbe ermöglichte, die in der stürmisch voranschreitenden Welteroberung (Säkularisierung) verloren zu gehen drohten.

Eng verwandt mit der ‚Erinnerung' ist das ‚Priesterleben' (s.o. S. 93– 97 und 131f.). Wie immer man das Autorproblem und das Problem der Priorität beurteilen mag, sicher ist, daß bei gleicher Grundeinstellung das ‚Priesterleben' sich in der formalen Gestaltung dem speziellen Thema anpaßt. Zwar lassen auch hier lebendig gestaltete Dialogszenen (z.B. v. 69–85: die Abweisung des Bettlers an der Tür des Priesters) die literarische Kunst des Autors erkennen, daneben aber wird weit stärker als in der ‚Erinnerung' Wert auf theologische Argumentation gelegt, die sich vor allem auf die Bibel, aber auch auf die Tradition (Beda) stützt. Das direkte Zielpublikum waren ja Priester, die zur Bekehrung aufgerufen wurden. Allerdings erfolgte dieser Aufruf in deutschen Versen, so daß der Dichter gewissermaßen als der Sprecher der Laienschaft auftreten und die Laienschaft „mithören" konnte, was in ihrem Namen gegen die Verweltlichung ihrer Priester vorgetragen wurde.

Neben den eindrucksvollen, bisweilen großartigen Bußpredigten wirken die Lehrpredigt ‚Deutung der Meßgebräuche' und die Lehrrede ‚Scopf von dem lône' eher bescheiden und anspruchslos.

Die ‚Deutung der Meßgebräuche' ist ein predigtartiges Gedicht von 524 Kurzversen (Pfeiffer) bzw. 262 Langzeilen (Maurer), am Anfang wohl nicht ganz vollständig. Nach einer Einleitung über die rechte Verkündigung und das rechte Hören des Gotteswortes (v. 1–78) wird die Grundvoraussetzung für eine würdige und fruchtbare Feier der Messe geschildert: die dem Laien- bzw. dem Priesterstande angemessene christliche Lebensführung (v. 79–186). Es folgt die Beschreibung und geistliche Deutung der priesterlichen Tracht, der Meßvorbereitung und der Meßkleidung (v. 187–336), sodann des Meßritus selbst (v. 337–524). Das Denkmal ist überliefert in jener Handschrift aus Benediktbeuren, die auch die deutsche Predigtsammlung ‚Speculum Ecclesiae' (s.o. S. 120) enthält, sowie (fragmentarisch) auf einem Doppelblatt der Bibliothek Wolfenbüttel (Novi 404.9, 14. Jahrhundert), dort in Verbindung mit einem Traktat über den Sonntag.

Das Werk steht nicht nur überlieferungsmäßig im Zusammenhang mit der Predigt, es übernimmt von dort auch einige typische Züge: die Ausführungen über das rechte Hören des Wortes, über die Unwürdigkeit des Sprechenden, die Mahnung zu Fasten, Beten, Almosengeben, die Schlußformel. Dennoch vermeidet der Autor bewußt den Eindruck einer „echten" Predigt: Im Werk ist das Meßgeschehen konsequent und im wahrsten Sinne des Wortes von den Laien aus „gesehen", und wenn im Gedicht „wir" und „uns" gesagt wird, dann ist das nicht der „Prediger-Plural", der Priester und Gläubige unter dem Aspekt des gemeinsamen Christseins zusammenschließt, vielmehr sind mit „wir" ausschließlich die Laien gemeint, denen der Priester am Altar gegenübersteht. Ebenso vermeidet es der Sprecher auffällig, lateinische Zitate in seine Rede einfließen zu lassen, wie das in der zeitgenössischen Predigt üblich war. Wir müssen deswegen nicht annehmen, daß der Dichter dem Laienstande angehörte, es dürfte sich eher um ein literarisches Rollenspiel handeln, aber auch als solches unterstreicht es, wie stark das theologische Interesse der Laien inzwischen zugenommen hatte.

Das Bedürfnis nach theologischer Unterweisung, nach Verständlichmachung dessen, was in der Messe vor sich ging, dürfte sowohl der Grund für die Abfassung des Werkes als auch für die Wahl der poetischen Form gewesen sein. Die Erklärung der Meßgebete und -zeremonien war nämlich nicht Gegenstand der regulären Predigt: Weder die lateinischen noch die deutschen Sammlungen des 12. Jahrhunderts enthalten einen ‚Sermo de ritu missae'. Lateinische Auslegungen der Meßgebräuche gab es natürlich schon lange (Amalar, † um 850, ‚De ecclesiasticis officiis' II,17–20; III,6–36; Hraban, † 856, ‚De clericorum institutione' I,14–21, 31–33; Walahfrid, † 849, ‚De ecclesiasticarum rerum exordiis et incrementis' 22–24; vor allem Honorius Augustodunensis, † um 1137, ‚Gemma animae' I), aber diese Auslegungen waren Bestandteil theologisch-liturgischer Traktate, geschrieben für Kleriker, mit geistlichen Nutzanwendungen für Kleriker. Der Verfasser unseres Gedichts zieht die wesentlichen allegorischen Erklärungen aus Werken der genannten Art aus, fügt die *moralisatio* („ethische Schlußfolgerung") für Geistliche hinzu, gibt aber außerdem, wo immer es sinnvoll scheint, auch die Anwendungsmöglichkeiten für Laien bei. Im einzelnen mag das nicht immer voll überzeugen, aufs ganze gesehen ist es aber doch ein weiterer Schritt auf dem Wege zu einer Laientheologie. Die vertraute Form der Predigt, an die sich der Dichter anlehnte, mochte wohl in der Absicht gewählt worden sein, auf dem neuen und schwierigen Weg eine Stütze zu bieten.

Ungewöhnlich wie die Werkbezeichnung *scopf* (v. 27,7 Maurer) ist beim letzten Denkmal dieser Gruppe, dem ‚Scopf von dem lône', auch der Typus. Zwischen „Reimpredigt" und „Reimtheologie" angesiedelt, zeigt das Werk einmal mehr die literarische Vielfalt der Epoche. Von der Predigt bezieht das Gedicht das zentrale Thema: rechte christliche Lebensführung. Auch die einzelnen Abschnitte haben dort zum großen Teil ihre Entsprechung: Sündenfall, Erlösung, Belehrung über die Ehe, über den Wert irdischen Besitzes (Beispiel des heiligen Martin), über Gottes Bereitschaft, dem reuigen Sünder zu verzeihen (Beispiel der Maria Magdalena und des Zachäus). Das Material hätte sich vortrefflich zu einer feurigen Bußpredigt verarbeiten lassen, aber eine solche findet nicht statt. Vielmehr legt der Autor in ruhiger Gelassenheit dar, wie es um den Menschen steht, und überläßt es dem Hörer, Nutzen daraus zu ziehen (v. 1,2). Trotzdem zögert man, die Dichtung der Reimtheologie zuzurechnen, denn es fehlt die Lust an der Spekulation und vor allem die Lust an der Systematik. Obwohl der fragmentarische Zustand des nur in der Kolmarer Handschrift der ‚Cantilena de conversione S. Pauli' (s.o. S. 128f.) überlieferten Gedichts eine exakte Analyse erschwert, kann aus den vorhandenen Resten doch so viel geschlossen werden, daß das ganze nicht logisch-konstruktiv gebaut war, sondern den zentralen Gedanken, die Unterscheidung der beiden Lebenswege, des guten/richtigen vom bösen/falschen, in locker-assoziativer Reihung durchführte. Ebenso unkonventionell wie der Aufbau ist aber auch der Zugriff auf die einzelnen Themen. Da ist z.B. die Ehelehre, die in den Predigten des 12. Jahrhunderts fast ausschließlich unter dem Aspekt „Keuschheit" abgehandelt wird. Der ‚Scopf von dem lône' betrachtet, vergleichbar den Erzählungen des Stricker aus dem 13. Jahrhundert (vgl. Bd. II/2, S. 15f. und 139ff.), Ehe und Hausgemeinschaft unter dem Gesichtspunkt der Spannungen, die sich aus dem Zusammentreffen von gut und bös ergeben: gute und böse Frau (Str. 4), böse Frau und guter Mann (Str. 5), gute Frau und böser Mann (Str. 6). Unkonventionell, von jeder allegoretischen Anstrengung frei, ist auch der Blick auf die als wunderbar empfundene Einrichtung der Welt, wie sie Gott für den Menschen geschaffen hat. In den Strophen 10—12, die auch stilistisch herausgehoben sind durch häufigen Einsatz der Anapher und durch eine Art leitmotivischer Wiederholung (*vil ist des uns got gan*, „vieles läßt uns Gott zukommen"), wird der ganze Kreis der Schöpfung abgeschritten, die dem Menschen zu seiner Stütze (Engel), zu seinem Gebrauch und zu seiner Freude gegeben ist (Gestirne, Luft, Regen und Schnee, Wald, Hitze und Kälte, Berg und Tal, Finsternis und Licht), so daß man sich von fern an die Frömmigkeit der Franziskaner erinnert fühlt (vgl. Bd. II/2, S. 68).

Wer immer der Verfasser gewesen sein mag, seine Blickrichtung unterscheidet sich von der symbolisch-theologischen Sehweise der schulmäßig gebildeten Kleriker. Vielleicht hat er deswegen für sein Gedicht eine Bezeichnung gewählt, die gewöhnlich für volkssprachig-mündliche Dichtung — und aus geistlichem Mund häufig mit negativem Akzent — gebraucht wurde:

scopf. Unser Autor will mit diesem zu seiner Zeit eher „altertümlichen Ausdruck" (de Boor) sein Werk sicher nicht als „Spielmannslied" kennzeichnen – der Charakter des Gedichts ist jedenfalls nicht typisch „spielmännisch" und die Aufforderung zur *milte* („Freigebigkeit") muß ebenfalls nicht auf einen „Spielmann" als Verfasser deuten –, aber die Assoziation mit „weltlichem Lied", die der Terminus evoziert, wird wohl beabsichtigt gewesen sein. Der ‚Scopf von dem lône' ist als geistliches Gedicht, mit gewissen Einschränkungen sogar als Predigt anzusprechen, doch sein Ton ist charakteristisch anders, näher bei der Natur und näher beim Menschen.

Reimtheologie

Im Rahmen der unterweisenden Literatur unseres Zeitraums nimmt der Typ „Reimtheologie" einen beträchtlichen Raum ein. Wir fassen unter dieser Bezeichnung all die Dichtungen zusammen, denen es im wesentlichen um Glaubensinformation geht. Die Ausformung im einzelnen Werk kann bei gleicher Grundtendenz wiederum ganz unterschiedlich sein, je nachdem, ob zur Unterweisung weitere Elemente (z.B. meditative, mystische, hymnische oder paränetische) hinzutreten, ob die Belehrung eher theologisch-wissenschaftlich oder eher popularisierend angelegt ist, ob sie ein Einzelproblem behandelt oder einen Überblick bietet, ob sie dem ästhetischen Aspekt ein größeres oder ein geringeres Eigengewicht einräumt. Streng geschlossene formale Gruppierungen lassen sich jedoch aus diesen Merkmalsdifferenzen nicht ableiten, auch wenn dadurch einige Werke näher aneinander rücken und sich die eine oder andere Verbindungslinie ziehen läßt. Insgesamt kann man sagen, daß auch die Reimtheologie in den Prozeß zunehmender Differenzierung und Literarisierung einbezogen ist. Der hierdurch bedingte Wandel verändert gegen Ende unserer Periode die Reimtheologie so sehr, daß der alte Typus, wie er sich seit Beginn unserer Epoche entwickelt hatte, ganz verschwindet und von neuen Formen abgelöst wird.

Die Reihe der hier zu besprechenden Denkmäler eröffnet ein Werk, das sicher in seiner Einstellung, vermutlich auch in seiner Chronologie an die vorausgehende Periode anschließt. Es besitzt den gleichen Ernst wie die frühen Dichtungen und es erhebt mit der gleichen Selbstverständlichkeit den Anspruch, allgemein verpflichtende Glaubensinformation und das für den Laien wesentliche Wissen zu bieten. Es ist dies eine umfassende Lehre ‚Von deme heiligen gelouben' (v. 3738), vorgetragen von einem Mann, der sich selbst im Epilog seines Werkes nennt: *ich arme Hartmann* (v. 3737).

Wegen der respektvoll-distanzierten Art, mit der er über das Priesteramt spricht, nahm man an, daß er selbst kein Geistlicher war; andrerseits verstand er Latein und verfügte über theologische Kenntnisse. Dies führte, wie bei Heinrich, dem Verfasser der ‚Erinnerung' (s.o. S. 94), schon früh zu der Vermutung, Hartmann sei einer jener Adligen, die sich in fortgeschrittenem Alter aus der Welt zurückzogen, um als Konversen zu leben. Doch scheitert diese Vermutung, noch eindeutiger als bei Heinrich, an der im Gedicht zutage tretenden Bildung. Hartmann beherrscht nicht nur die lateinische Bibel und Liturgie, er zitiert auch aus der ‚Maria Aegyptiaca' des Hildebert von Lavardin († 1133) und er flicht in seine Darlegungen zahlreiche lateinische Reimzeilen ein, für die keine Quellen zu ermitteln sind, die er also vermutlich selbst verfaßt hat. All diese sprachlichen und literarischen Kenntnisse – von den theologischen ganz zu schweigen – konnte nur jemand besitzen, der in der lateinischen Schriftkultur aufgewachsen war, nicht aber ein adeliger *illiteratus*, der vielleicht mit fünfzig oder sechzig Jahren das Lesen lernte. Wir müssen daher davon ausgehen, daß Hartmann dem Klerikerstande angehörte. Mit seinen lateinischen Zitaten und dem stolzen Hinweis, daß sein Werk in Buchform vorliege (v. 1633–40), setzt er diesbezüglich eine deutliche Marke. Daß er sich nicht als Priester geriert, den Priester vielmehr mit den Augen des Laien betrachtet, dürfte seinen Grund entweder darin haben, daß er nicht ordiniert war, oder daß er, ähnlich wie der Verfasser der ‚Deutung der Meßgebräuche', sich als Autor „auf die Seite der Laien" stellte, um nicht als der Redner „von der Kanzel herab" zu erscheinen. Darauf könnten auch seine Demutsgesten („armer" Hartmann; *ich und andere tumben*, v. 423) hindeuten. (Daß „arm" bei Hartmann als Demutsfloskel und nicht, wie bei Heinrich, als Signal für eine Affinität zur laikalen Armutsbewegung zu deuten ist, ergibt sich daraus, daß in seiner Dichtung jegliche Kritik am geistlichen Stande vermieden wird – vgl. v. 1065–1140, 2923–2986. Die Kritik am Reichtum der Kirche gehörte aber zu den Essentials der Laienreformer.) Als Publikum dürfte, wie bei Heinrichs ‚Erinnerung', in erster Linie der Adel intendiert gewesen sein: Nur seine Lebensverhältnisse werden im einzelnen geschildert (v. 2388–2510), nur dort dürfte das intellektuelle und literarische Niveau vorhanden gewesen sein, das eine Rezeption ermöglichte. – Das Werk war (mit einer Lücke von ca. 400 Versen) in der 1870 verbrannten Straßburg/Molsheimer Handschrift (s. o. S. 16) überliefert. Entstehungsort und -zeit sind nicht genau fixierbar (1140/60; westliches Mitteldeutschland ?).

Den Rahmen für Hartmanns *rede* bildet das nicäno-konstantinopolitanische Glaubensbekenntnis. Seine 12 Artikel werden lateinisch zitiert, übersetzt und schließlich kommentiert. Die Artikel selbst lassen sich, dem Credo entsprechend, in vier Großabschnitte zusammenfassen: I. Gott Vater (v. 61–178), II. Jesus Christus (v. 179–1640), III. Der Heilige Geist (v. 1641–3630), IV. Kirche, Taufe, Letzte Dinge (v. 3631–3708). Die Kommentierung erfolgt aber nicht im Sinne einer gelehrt-dogmatischen Darlegung, sondern in Form einer Verständnishilfe für Laien, einer Art „Kleiner Katechismus". Und wie Luther bei seiner Auslegung stets die Praxis eines christlichen Lebens im Blick hat, so auch Hartmann. Daher nimmt sein von der Anlage her dogmatisches Werk auch paränetische Elemente auf.

Die Bedeutung, die dem rechten christlichen Leben als Konsequenz des im Credo bekannten Glaubens zugemessen wird, macht verständlich, daß der zweite, christologische Abschnitt, vor allem aber der dritte Abschnitt über den Heiligen Geist einen weitaus größeren Raum einnehmen als der erste und letzte. Denn dort gibt die Darlegung der „Räte" des Heiligen Geistes einen besonders geeigneten Anknüpfungspunkt für die Diskussion eines zum Heil führenden Lebens. Gerade Hartmanns Äußerungen über das Leben „in der Welt", genauer: in der Welt des Adels und Reichtums, sind es, die dem Werk das größte Interesse eingebracht haben. Denn der Autor versteht es eindrucksvoll, den Glanz und den Prunk dieser Gesellschaftsschicht zu schildern. In den Versen 2403−2488 zeichnet er das Bild eines stolzen Herrn in schimmernder Rüstung, umgeben von seinem Gefolge; er zeigt ihn in seinem prächtig ausgestatteten Haus, wie er an herrlich geschmückter Tafel die erlesensten Speisen und die köstlichsten Getränke genießt und wie er schließlich auf weichen Kissen in den Armen seiner schönen Frau ruht.

Ein solches Leben in Reichtum und Genuß wird vom Autor natürlich nicht schlechthin neutral oder gar positiv bewertet, vielmehr zeigen die beigefügten Warnungen, daß hier überall das Laster lauert, genauer: die auch in Predigten und Beichtformeln ständig wiederkehrenden Todsünden *ubirmuot* (*superbia*, „stolze Überheblichkeit"), *girde* (*avaritia*, „Besitzsucht"), *ubiraz und ubirtranc* (*gula*, „Völlerei"), *uppicheit* (*luxuria*, „Ausschweifung"). Aber während dort die Sünden katalogartig in ihrer trockenen Begrifflichkeit aufgezählt werden, treten sie hier bildhaft-anschaulich vor Augen − und zwar nicht mit ihrer abstoßenden Seite (etwa als widerlicher Hochmut, als Raffgier, Betrunkenheit, Ausschweifung), sondern mit allem Glanz der Schönheit und höfisch-weltlicher *vröide*.

Wollte Hartmann es sich absichtlich schwer machen? Wohl kaum, vielmehr mußte er, um sein Zielpublikum zu erreichen, dieses so schildern, wie es sich selbst sah, wie es sich selbst empfand. (Hätte er z.B. einen wüsten Trunkenbold geschildert, wäre der Stoß ins Leere gegangen; man hätte sich − zurecht − nicht betroffen gefühlt.) Die Angehörigen der Gesellschaftsschicht, die Hartmann ansprechen möchte, sind eben dabei, sich aus einer Art von „Texasranchern" mit ungeheurem Landbesitz und einer schlagkräftigen Reitertruppe zu „Aristokraten" zu entwickeln, für die die Ästhetik eines kultivierten Lebensstils eine eminente Bedeutung gewinnt. Reichtum, zuvor identisch mit *eigen und lêhen* („Eigenbesitz und Lehen"), manifestiert sich nun in der sinnlich wahrnehmbaren Schönheit der Gebrauchsgegenstände (einschließlich der Mode) und im Raffinement der Wohn- und Eßkultur. Dem korrespondiert die Verfeinerung der Sitten: „höfisches" Benehmen, geistreich-witzige Konversation, anspruchsvolle Unterhaltung durch Liedkunst und Instrumentalmusik. Gegen all dies zu predigen, war freilich schwerer als gegen die oft brutalen Leidenschaften des Frühmittelalters. In der Ästhetisierung des Lebens lag bereits eine Ethisierung, ein Sich-selbst-Beherrschen durch *zuht und mâze* („Disziplin und Mäßigung"). Hartmann erkennt dies an, ja, man glaubt in seiner Schilderung zu spüren, daß er selbst vom neuen adelig-edlen Lebensstil fasziniert ist. Deshalb kann er ihn auch nicht einfach verdammen. Zwar wäre es vollkommener, das Herrenleben aufzugeben und Gott als Konverse zu dienen (v. 3168−3224), aber dies kann nicht zur Pflicht gemacht werden.

Pflicht des Edelmanns, der seine Seele retten will, ist es allerdings, inmitten des Reichtums auch der Armen zu gedenken (v. 2390), nicht im Wohlleben auf die Seele zu vergessen (v. 2464), die Geschlechtslust zu zügeln (v. 2495f.), nicht um der *êre* willen Böses zu tun (v. 2508) und vor allem zu bedenken, daß dieses Leben mit dem Tod endet und vor Gott verantwortet werden muß (v. 2511–2868). Nicht die neue Adelskultur als solche wird also von Hartmann bekämpft, sondern die mit ihr gegebene Gefahr des Solipsismus, der Egozentrik. Die Mittel, die er zur Bekämpfung der Gefahr anrät, entstammen dem traditionellen Fundus der kirchlichen Morallehre. Die höfische Epik wird diese Mittel so nicht übernehmen, obwohl sie das Problem der neuen Gesellschaft ebenso klar sieht wie Hartmann. Ihre Lösung wird darin bestehen, daß der vollkommene Ritter sich für den Mitmenschen (und damit für Gott) einsetzt, um sich nicht an sich selbst (und damit an den Teufel) zu verlieren.

Etwa gleichzeitig mit Hartmanns Credo-Erklärung entstand ein Werk, das gewöhnlich ,Auslegung des Vaterunsers' oder ,Paternoster' genannt wird. Die Intention des Gedichtes – der (moderne) Titel zeigt es an – läßt sich durchaus mit Hartmanns *rede* vergleichen. Der Autor will im ,Vaterunser' das Gebet vorstellen, das „in knappen Worten all das zusammenfaßt, wessen der Mensch bedarf zur Führung dieses Lebens und zum ewigen Heil" (v. 16–20 Waag). Formal durch die Symbolzahl Sieben strukturiert, ist das ,Paternoster' vielleicht das kunstvollste unter den zahlensymbolisch organisierten Werken, die in unserem Zeitabschnitt entstanden.

Es ist fragmentarisch in der Millstätter Sammelhandschrift (s.o. S. 16) sowie nahezu vollständig in einem weiteren, einst dem Kloster Stams in Tirol gehörenden, jetzt in der Universitäts-Bibliothek Innsbruck aufbewahrten Kodex des 12. Jahrhunderts enthalten. Letzterer überliefert nicht nur den als Autorangabe gedeuteten Namen *Chunrat* (Schupp), sondern auch das lateinische Bauschema des Gedichts: fünf vertikale Siebenerreihen mit den sieben Erzvätern, den sieben Gaben des Heiligen Geistes, den sieben Seligpreisungen, den sieben Hauptstationen des Lebens Jesu und den sieben Vaterunserbitten. Aus diesen Elementen erstellt der Autor ein höchst artifizielles Gebilde von zwanzig Strophen zu sechs Reimpaaren, und zwar so, daß jeweils eine Vaterunser-Strophe mit einer Strophe abwechselt, in der die Entsprechungen aus den restlichen vier Siebenerreihen verarbeitet sind. Die sich so ergebende Zentralgruppe von 7 + 7 Strophen wird umrahmt von einer Einleitungsgruppe (Str. 1–5) mit dem Thema *minne und forhte* („Liebe und Furcht") und einer Schlußstrophe (20), die die sieben Bitten noch einmal gliedernd überschaut. Das Ganze bietet nicht eigentlich einen kontinuierlichen Gedankenablauf, sondern wirkt wie ein kostbares Geschmeide, dessen fein ziselierte Einzelteile von den Septenaren wie von einer Kettenschnur zusammengehalten werden. Verwandt damit ist die symbolistische Buchmalerei des 12. Jahrhunderts, die ebenfalls ihren Betrachter nicht durch ganzheitlich-organische Bilder beeindrucken, sondern zum Studium des Details und zum Entdecken von Zusammenhängen und Entsprechungen führen will (vgl. Abb. 8). Solche Entsprechungen sind aber in der Regel nicht zwingendexklusiv, sondern spielerisch-alternativ: Außer den im konkreten Fall aufgezeigten

Kombinationen sind auch andere denkbar, da alle Dinge der körperlichen und geistigen Welt über ihren Schöpfer miteinander kommunizieren, so wie sämtliche Stellen der Heiligen Schrift über ihren göttlichen Verfasser miteinander in Verbindung stehen. Nur der im Geistig-Geistlichen beheimatete Mensch vermag freilich den verborgenen Beziehungen nachzuspüren mit Hilfe der meditativen *ruminatio*, d.h. des immer neuen, vertiefenden, anverwandelnden Überdenkens der Offenbarung Gottes in Schöpfung und Schrift. Auf dem Boden solchen Denkens ist die ‚Auslegung des Vaterunsers‘ entstanden. Wir sehen in ihr eine Art Umsetzung der geistlich-biblischen Meditation ins Medium der Literatur. Wann und wo dies geschah, ist nicht ganz klar, doch weist die sprachliche Form auf den bairisch-österreichischen Raum und die Reimbehandlung nebst Satzduktus (Periodenbau) auf die Zeit um die Mitte des Jahrhunderts.

Inhaltlich mit dem ‚Paternoster‘ eng verwandt und in der genannten Innsbrucker Handschrift gleich hinter diesem eingetragen ist das kleine, nur 94 Kurzverse (Waag) umfassende strophige Gedicht ‚Von der Siebenzahl‘ (‚De septem sigillis‘ = „Von den sieben Siegeln"). Es dürfte etwa gleichzeitig mit der ‚Auslegung‘ und im gleichen Raume entstanden sein; sogar gleiche Verfasserschaft ist nicht ganz auszuschließen. Auch für dieses Werk ist die Zahl sieben konstitutiv, allerdings in etwas anderer Weise als für das ‚Paternoster‘: Müssen dort die verarbeiteten Siebenergruppen durch den Betrachter erst aufgefunden werden, so reiht ‚Von der Siebenzahl‘ mehr oder weniger bekannte Septenare einfach aneinander, z.B. Wochentage und Lebensalter, die sieben Söhne Hiobs, die zweimal sieben Dienstjahre Jakobs.

Entschiedener als in den beiden genannten Werken tritt die belehrende Absicht im dritten der zahlensymbolisch bestimmten Denkmäler hervor, in Priester Arnolts ‚Gedicht von der Siebenzahl‘, das zur Unterscheidung von dem gleichnamigen Denkmal der Innsbrucker Handschrift auch ‚Loblied auf den Heiligen Geist‘ genannt wird. Hier spricht ein Geistlicher in der erklärten Absicht, die *vil tumpen leigen* („die gänzlich unerfahrenen Laien", v. 937) zu unterweisen: *Nu vernemet, waz ich iuch lere* (v. 306) — so und ähnlich formuliert er wiederholt sein Vorhaben.

Er verfaßte zu diesem Zweck ein Gedicht von 955 Reimpaarversen (Vorau 276 — s.o. S. 16), dessen bairischer Dialekt die Annahme stützt, daß der Autor, der *priester ... Arnolt* (v. 919), mit dem gleichnamigen Verfasser der Juliana-Legende (s.u. S. 162f.) zu identifizieren ist, der 1158 Propst des Prämonstratenserklosters Schäftlarn bei München wurde und dort 1163 starb. Das Gedicht dürfte, auch der Reim- und Verstechnik nach zu urteilen, um die Jahrhundertmitte entstanden sein. Das Verhältnis zur ‚Kaiserchronik‘, mit der das ‚Loblied‘ Gemeinsamkeiten aufweist (‚Kaiserchronik‘, v. 605—642 = ‚Loblied‘ v. 640—695), ist nicht eindeutig geklärt; am ehesten darf man wohl mit einer gemeinsamen Quelle rechnen.

Trotz des erklärten Willens zu belehren, ist auch Arnolts Werk nicht etwa eine wissenschaftliche Abhandlung, vielmehr bestimmt hymnisches Sprechen den Anfang und vor allem das Ende des Werkes, wo der Autor den Heiligen Geist verherrlicht, den er zu Beginn seines Gedichts um Beistand gebeten hatte, und den er in der „gefühlsmäßigen Mitte" (Mohr) des Gedichtes wiederum anruft (v. 470–473). Ähnlich wie bei Hartmann (v. 321–422), der freilich seinen Abriß der Naturkunde imSinne der vorscholastischen Theologie (Christus = *sapiencia patris*, „Weisheit des Vaters", v. 276) mit der zweiten trinitarischen Person verknüpft, entwickelt sich auch bei Arnolt aus dem Hymnus die Lehre, die, wiederum wie bei Hartmann, nicht nur theologische Unterweisung beinhaltet, sondern darüberhinaus einen informativen Überblick über das weltliche Wissen seiner Zeit bietet. Makro- und Mikrokosmos werden skizziert, die Ordnung des Alls ebenso wie die Struktur des Menschen, der in seinem natürlichen Werden und in seiner geistigen Ausstattung vorgestellt wird. Dargeboten wird der ganze Stoff in Septenaren: die sieben Planeten, die sieben freien Künste, die sieben Lebensalter des Menschen usf. Alles erscheint so von der Siebenzahl, d.h. vom siebenfältigen göttlichen Geist, geformt, das Sein selbst ebenso wie seine Spiegelung, Arnolts Gedicht. Das Werk ist zu verstehen als eine Variante des für unsere Zeit charakteristischen Bemühens, die Vielfalt der Welt und ihrer Erscheinungen zu ordnen, den entscheidenden Punkt zu zeigen, von dem aus sich die divergierende Vielheit doch als Teil einer übergreifenden Einheit erweist. Wenn Arnolt zur Erreichung seines Ziels zur Zahlensymbolik greift, so bedient er sich keines neuen Prinzips des Weltverständnisses; das im Hintergrund aller zahlensymbolischen Deutung stehende Bibelwort *omnia in numero, mensura et pondere disposuisti* („du hast allem, was ist, seinen Platz angewiesen aufgrund von Zahl, Maß und Gewicht", Sapientia 11,21) war christlichem Denken vor allem seit Augustinus stets präsent. Neu aber ist, wie konkret und umfassend dieses Prinzip angewendet wird, neu auch die Intensität des Ordnungsstrebens (unterstrichen durch die Konzentration auf eine einzige Zahl). Neu ist ferner in diesem Zusammenhang die Akzentuierung des Hier und Heute: Nicht der ferne Schöpfungsvorgang steht im Zentrum der Überlegungen, sondern das gegenwärtige Wirken des göttlichen Geistes. Und neu ist schließlich, daß es Laien sind, denen auf diese Weise die Welt erklärt wird.

Versuchen die bisher besprochenen Vertreter der Reimtheologie, Glaubenswissen und -verständnis zu erreichen, indem sie die in Natur, Geschichte und Offenbarung wirkenden Symbolzahlen aufdeckten, so ist eine Reihe weiterer Werke bestrebt, mit Hilfe der Allegorese intensiver in den Glauben einzuführen. Unter ihnen schließen sich wiederum zwei Gruppen enger zusammen, eine erste, in der der Verfasser eines deutschsprachigen Werkes seine allegorischen Deutungen aus der lateinischen Tradition bezieht, und eine zweite, in der der deutsche Autor seine e i g e n e n Auslegungen erfindet und vorträgt.

Das älteste Werk der erstgenannten Gruppe ist das sogenannte ‚Himmlische Jerusalem'. Seine biblische Grundlage bildet eine Passage aus jenem Buch des Neuen Testaments, das seit je ein bevorzugter Gegenstand allegorischer Deutung war: der Apokalypse des Johannes. Das Gedicht geht aus vom 21. Kapitel der Apokalypse, der Schilderung der Gottesstadt. Die Tore der Stadt und vor allem die sie schmückenden Steine stehen im Zentrum der Ausdeutung: Die Edelsteine bezeichnen Formen rechten christlichen Verhaltens, durch das die Menschen zu lebendigen Bausteinen der Himmelsstadt werden.

Das 470 Kurzverse umfassende Gedicht ist in der Vorauer Handschrift überliefert (Reste der ersten Strophe außerdem in der Millstätter) und dürfte um 1140 im oberdeutschen Sprachgebiet entstanden sein. Es gehört zu den wenigen belehrenden Denkmälern unserer Periode, für die nicht nur punktuelle Anregungen aus dem lateinisch-theologischen Bereich (insbesondere aus der Apokalypseerklärung und der Steinallegorese) nachgewiesen sind, sondern für die ein lateinischer Traktat als Hauptquelle (Grundzüge der Deutung, Aufbau) wahrscheinlich gemacht werden konnte (Meier). Die Veränderungen, die der deutsch schreibende Autor gegenüber dieser Vorlage vornimmt, beleuchten einen charakteristischen Zug der gesamten volkssprachigen „Lehrdichtung" der Zeit: das Bemühen um unmittelbaren und intensiven Publikumsbezug. Die an Kleriker gerichtete, eher abstrakt formulierende lateinische Vorlage wird durch die Hereinnahme von Predigtelementen (z.B. Publikumsanrede, Ermahnung, anschauliche Vergleiche) der volkssprachigen Rezipientenschicht angepaßt, und so entsteht – formal betrachtet – der für unsere Literatur so bezeichnende, Didaxe und Paränese verbindende „Mischtypus". Über das Formale hinaus verändert sich dadurch aber auch der Charakter der Aussage. Indem das Gedicht Bibelwort, allegorische Deutung und predigt-orientierte Aktualisierung miteinander verknüpft, verwandelt sich die erklärende Information über den Bau des Himmlischen Jerusalems in die Erfahrung persönlichen Betroffenseins, in geistige „Erbauung" (Haug).

Noch intensiver als im ‚Himmlischen Jerusalem' vollzieht sich der durch Allegorese in Gang gesetzte Prozeß geistig-seelischer Erbauung im ‚St. Trudperter Hohenlied'.

Die Besprechung des ‚St. Trudperter Hohenlieds' im Zusammenhang der Reimtheologie mag bedenklich erscheinen – handelt es sich dabei doch um ein Prosawerk, auch wenn sein Pathos und der hymnische Schwung seiner Sprache den Prosacharakter bisweilen fast vergessen lassen und man eher glaubt, freie Rhythmen vor sich zu haben. Da jedoch das ‚St. Trudperter Hohelied' in seinen Intentionen und in seiner Verfahrensweise dem hier in Rede stehenden literarischen Typ durchaus entspricht, erscheint seine Besprechung an dieser Stelle sinnvoll.

Das biblische ‚Hohelied', die Textgrundlage unseres mittelhochdeutschen Werkes, kann auf eine lange Geschichte allegorischer Interpretation zurückblicken – sicherte doch allein das uneigentliche Verstehen den ursprünglich weltlichen Liebesliedern ihren Platz im biblischen Kanon. Bereits im Judentum wurden die Lieder auf das Verhältnis Gottes zu seinem auserwählten Volk bezogen; die Theologie der Väterzeit adaptierte diese Vorstellung und übertrug sie auf Christus und die Kirche bzw. auf Christus und die Seele, bis schließlich im frühen 12. Jahrhundert (vor allem durch Rupert von Deutz) zusätzlich das Deutungsschema Gott – Maria Eingang fand. (Vgl. Bd. II/2, S. 163f.)

Als das ‚Hohelied' um die Mitte des 11. Jahrhunderts zum ersten Mal ins Deutsche übertragen wurde, entschied sich der Übersetzer Williram von Ebersberg (s. Bd. I/1) in seinem beigegebenen Kommentar für die streng ecclesiologische, d.h. auf die Kirche auslegende Interpretation. Das ‚St. Trudperter Hohelied' folgt Willirams Übersetzung und greift auch aus seinem Kommentar einzelne Elemente auf; in seiner Gesamtdeutung aber geht das jüngere Werk entschieden eigene Wege.

Viele Fragen im Zusammenhang mit der Entstehung des Werkes sind nach wie vor offen; über die Datierung jedoch herrscht weithin Einigkeit: Gute Argumente (zeitkritische Anmerkungen, allgemeine Entwicklung der Mystik, sprachliche Souveränität) sprechen für eine Entstehung nach der Jahrhundertmitte; kein zwingender Grund dagegen verlangt die in der Forschung ebenfalls ventilierte Datierung in die zwanziger Jahre. Um 1160 also kann man sich das Werk im oberdeutschen Raum entstanden denken – und hier hat es nach Auskunft der Überlieferung auch gelebt und weitergewirkt; noch aus dem 16. Jahrhundert sind drei Abschriften bekannt, die in München (Franziskanerinnen-Kloster) geschrieben sind. Auch der älteste erhaltene Überlieferungszeuge, ein nur zwei Blätter umfassendes Fragment des 12. Jahrhunderts, ist bairisch, ebenso die jüngsten Funde, die dem Herausgeber, Menhardt, glückten. Die Haupthandschrift (Österreichische Nationalbibliothek Wien, 2719) aus dem 13. Jahrhundert aber weist bairisch-alemannische Sprachmischung auf, und die Frage, ob die Heimat des Werkes im bairischen oder alemannischen Raum zu suchen sei, scheint trotz Menhardts eindeutigem Votum für Baiern, ja Regensburg, noch nicht endgültig beantwortet. Auch der Besitzervermerk in der Wiener Handschrift („St. Trudpert im Schwarzwald") kann die Frage nicht entscheiden, obwohl ihm das Werk seinen Namen verdankt. St. Trudpert war ein Männerkloster; da sich die Schrift aber an Nonnen wendet, kann sie jedenfalls nicht für diesen Konvent geschrieben worden sein. Auch die Versuche, das Verhältnis des ‚St. Trudperter Hohenliedes' zur lateinischen Mystik entstehungsgeschichtlich zu präzisieren und damit eventuell ein Argument für die Heimatbestimmung zu gewinnen, haben keine absolut beweisenden Ergebnisse erbracht. Die letzten ausführlichen Untersuchungen dieses Problems ergeben allenfalls einen weiteren Anhaltspunkt für eine Entstehung in Bayern. Sie unterstreichen die schon wiederholt geäußerte Vermutung, daß das ‚St. Trudperter Hohelied' dem Denken Gerhohs von Reichersberg (s.o. S. 95) besonders nahe steht: Seine Verknüpfung von Hohelied-Interpretation und Mariologie scheint der Konzeption des deutschen Werkes am ehesten zu entsprechen.

Als Partnerin des göttlichen Bräutigams erscheint im ‚St. Trudperter Hohenlied' Maria – doch nicht sie allein. Vielmehr wird sie zum Ur- und Vorbild der Vereinigung j e d e r Seele mit Gott, und auch der göttliche Bräutigam ist nicht mehr ausschließlich Christus. Der Schwerpunkt der Darstellung liegt nun – wenn auch die trinitarische Seinsweise Gottes im Werk stets präsent gehalten wird – auf der dritten göttlichen Person. Der Heilige Geist ist es vor allem, der im ‚St. Trudperter Hohenlied' unter dem Bild des *sponsus* („Bräutigams") erscheint. Er ist die alles durchwirkende göttliche Kraft, die Liebe selbst, der der Mensch liebend teilhaftig wird. Das Sprechen von der höchsten Liebe, der Vereinigung der Seele mit Gott, gibt der Autor programmatisch im Prolog als Thema an. Er macht damit von vornherein den Unterschied seines Werkes zur traditionellen gelehrten ‚Hohelied'-Exegese deutlich, die sich schon in ihren Vorreden wesentlich auf „Wissensfragen" (Ohly) konzentrierte. Im ‚St. Trudperter Hohenlied' aber steht nicht Wissensvermittlung im Vordergrund, sondern das beseligende Gefühl der Gotteserfahrung, das mystische Erleben (vgl. Bd. II/2, S. 67). Dies bedeutet freilich nicht, daß die wissenschaftliche Theologie in dieser Schrift überhaupt keine Rolle spielte. Sie bildet nicht nur die Voraussetzung für alles andere, sondern ist auch, obwohl dogmatische Darlegungen und theologische Spekulationen nirgends „zum System drängen" (Geppert), im ganzen Werk präsent. Damit nicht genug. Das Werk ist nicht nur Ergebnis einer nach Ausdruck ringenden neuen inneren Erfahrung, nicht nur mystisch-theologische Spekulation, sondern darüber hinaus auch ein Buch der Seelsorge. Es weist mahnend hin auf die Notwendigkeit eines christlich-tugendhaften, ja klösterlichen Lebens, in dem der Autor die entscheidende Voraussetzung für die *unio mystica*, die Vereinigung der Seele mit Gott, sieht. Man hat daher zurecht immer wieder den Einfluß der Predigt auf das Werk hervorgehoben. Wenn sich also auch im ‚St. Trudperter Hohenlied' mystische Ergriffenheit mit gelehrt-theologischer Tradition und predigthaft-paränetischen Elementen verbindet, so zeigt das Werk damit die gleiche charakteristische Mischform, die für die geistlich-belehrende Literatur unserer Zeit insgesamt konstitutiv ist. Seinen besonderen Rang erhält das Werk durch die sprachlichen Ausdrucksmöglichkeiten, die es sich für die Darstellung intensivsten seelischen Erlebens schafft. Denn was viele zeitgenössische Werke nur in Ansätzen zeigen, ist dem ‚St. Trudperter Hohenlied' in umfassender und überzeugender Weise gelungen: die Erforschung der *terra incognita* („des unbekannten Landes") des *inneren mennisken*.

Zur Untergruppe „Deutsche Dichtungen mit übernommenen Allegoresen' gehören auch die Bruchstücke aus Benediktbeuern (München, Cgm 5249 Nr. 50, Anfang 13. Jahrhundert), von denen man nicht weiß, ob es sich um Teile ein und desselben Werkes oder um zwei selbständige Gedichte handelt. Sicher unzutreffend ist der eingeführte Titel ‚Esau und Jakob' – daß aus einer offenkundig umfassenderen allegorischen Deutung von Gestalten der Genesis (v. 97–114: Joseph!) in größerem Umfang gerade Verse über die Isaaksöhne erhalten sind, ist reiner Überlieferungszufall. Die Verse 114–222 behandeln die Zehn Gebote lehrhaft, ohne Allegoresen, stellen also möglicherweise eine eigenständige Dekalogdichtung dar. Die Sprache der Bruchstücke ist bairisch, doch schimmert an manchen Stellen (v. 19f., v. 63f.) die mitteldeutsche Vorlage durch. Als Entstehungszeit gilt in der Forschung das Ende des Jahrhunderts; bedenkt man jedoch den Wanderweg der Überlieferung, die Altertümlichkeit des Stoffes – das Interesse am Alten Testament ist charakteristisch für die erste Phase der frühmhd. Literatur – und die zahlreichen unreinen Reime, wird man eher geneigt sein, mit dem Ansatz um ein paar Jahrzehnte nach oben zu gehen.

Die zweite Untergruppe der allegorisierenden Reimtheologie beweist, welches
Ansehen die Volkssprache im Laufe des 12. Jahrhunderts hinzugewonnen
hat. Diente sie anfangs – jedenfalls im Bereich der Exegese („Schrifter-
klärung") – nur zur Übersetzung dessen, was lateinisch vorgedacht worden
war, so wird jetzt der Versuch gewagt, auch neues, eigenständiges theologisches Gedankengut zum Bibelverständnis gleich auf deutsch vorzulegen.

Der *pfaffe Wernher* ist, soweit wir wissen, der erste, der die Beschränkung
der deutschen allegorischen Dichtung auf tradierte Deutungen durchbricht
und neue Wege geht. In seinem Werk ‚Di vier schiven' (‚Die vier Scheiben',
d. h. „Wagenräder") gibt er eine von ihm selbst gefundene Auslegung des
Wagens des Feldherrn Aminadab (Hohelied 6,11): Aminadab bedeutet
Christus, sein Wagen die vier Evangelien, die Rosse, die ihn ziehen, die vier
Evangelisten, seine Räder die vier entscheidenden Stationen des Erlöser-
lebens: Geburt, Kreuzigung, Auferstehung, Himmelfahrt.

Diese Allegorese bildet den Ausgangspunkt eines umfänglichen Werkes von 690
Reimpaarversen, das in einer Handschrift des 13. Jahrhunderts überliefert ist; es
dürfte ca. 1160/70 entstanden sein, und zwar nach Ausweis der Sprache am
Niederrhein, weswegen sein Autor (er gibt Namen und Titel im letzten Vers des
Gedichtes an) gewöhnlich „Wernher vom Niederrhein" genannt wird. Er ist ein
gelehrter und selbstbewußter Autor, der deutlich zu verstehen gibt, daß die Exegese
der vier Wagenräder sein geistiges Eigentum darstellt (v. 94–96).

Doch bei aller Freude über seine „Inventionen" ist für Wernher das Auf-
finden des „geistlichen" Schriftsinnes weit mehr als nur eine intellektuelle
Spielerei. Wenn er die vier Räder (= Lebensstationen Christi) mit den vier
Dimensionen Breite, Länge, Höhe, Tiefe verknüpft, deren Begreifen nach
Paulus (Brief an die Epheser) zur „Verwurzelung in der Liebe" führt, dann
erwächst aus der Deutung die Anwendung, kommt das innere Ziel des
Werkes zum Vorschein, die Stärkung dieser Liebe in den Menschen. Auf
ihre Bedeutung wird vor allem am Anfang und am Ende des Gedichts nachdrücklich hingewiesen: *caritas* („Liebe") allein führt zum Heil, ihr Fehlen
bedeutet die Hölle. So wird die theologisch-gelehrte Allegorese umrahmt
(und relativiert) von der Intention des „Erbauens".

Neu wie der Gegenstand von Wernhers Allegorese ist auch seine
Verfahrensweise. Sie ist gekennzeichnet durch ein deutliches Streben nach
„logischer" Stimmigkeit und Kohärenz, sie verrät Freude an der gedanklichen Konstruktion. Der Autor stellt nicht mehr einfach eine Anzahl von
Deutungselementen im Vertrauen auf ihre überlieferte Autorität und
selbstverständliche Evidenz nebeneinander, sondern er bemüht sich, diese
Deutungen einsichtig und nachvollziehbar zu machen. Wernher illustriert
mit diesem Bemühen einen allgemeineren Wandel seiner Zeit in der Einstellung zur Allegorese. Der geistliche Allegoriker hatte seine Gegenstände
bisher gleichsam „vertikal" gedeutet, sie auf ihren transzendenten Verweis-
charakter befragt, ohne daß der „horizontale" Aspekt, der Zusammenhang

zwischen den einzelnen Elementen, wichtig war; als sinnstiftende Einheit genügte die hinter allem stehende, planende göttliche Weisheit. Sie hatte einerseits die Deutungsrichtung und andererseits die einzelnen Deutungshinweise vorgegeben. Nun aber ist man bestrebt, auch jenseits oder unterhalb dieser letzten Einheit Zusammenhänge zu zeigen. Im ‚Himmlischen Jerusalem‘ und mehr noch im ‚St. Trudperter Hohenlied‘ stiftet der von der Allegorese angestoßene geistig-seelische Prozeß diese Einheit, bei Wernher bildet die rationale Ordnung das integrierende Element.

Freilich, wenn die Allegorese versucht, sowohl auf der Bild-, wie auf der Deutungsebene durchgehende Kohärenz zu erreichen, dann wird die Durchführung sehr kompliziert. Ein möglicher Ausweg aus der Schwierigkeit kann dann darin bestehen, sich die geeignete Interpretationsbasis selbst zu schaffen. d.h. sich seine eigene Allegorie mehr oder weniger unabhängig zu „erfinden“, wie es in gewisser Weise schon der Autor der ‚Hochzeit‘ getan hatte (s.o. S. 51–53).

Eine kleine Allegorie dieser Art steht im Zentrum eines Werkes, dessen Autor sich selbst „Der wilde Mann“ nennt. Das Gedicht wird gewöhnlich ‚Van der girheit‘ (‚Von der Habgier‘) betitelt, und in der Tat ist die falsche Einstellung zum Besitz das Hauptanliegen des Gedichts; ihm widmet der Autor den ersten (v. 21–174) und den dritten Abschnitt (v. 299–386) des Werkes, während der Mittelteil das richtige Verhalten des Reichen in der Allegorie eines Baumgartens darstellt (v. 175–238), den sein Besitzer durch Ausheben eines Grabens und Errichtung eines Dornzauns vor räuberischem Zugriff schützt und in dem er friedlich wohnen kann, falls er nicht dem Hochmut verfällt (v. 239–298).

Außer dieser 424 Kurzverse zählenden Dichtung besitzen wir vom gleichen Verfasser auch noch zwei zusammengehörende bibelnahe Erzählungen (‚Veronica‘ und ‚Vespasian‘ – s.u. S. 157f.) sowie weitere 222 Reimpaarverse lehrhaften Charakters, denen der erste Herausgeber, Wilhelm Grimm, den gemeinsamen Titel ‚Christliche Lehre‘ gab. Es ist ihm offenbar entgangen, daß es sich bei den Versen um zwei selbständige Stücke handelt. Das erste (v. 1–114) beschäftigt sich mit der Weigerung der Juden, an die Jungfrauengeburt zu glauben: Christi Geburt aus einer Jungfrau ist zwar von den Propheten vorherverkündet worden, aber die Juden zeigen sich verstockt. Das zweite Stück (v. 115–222) ist eine gereimte Predigt über das Thema: Weisheit, der Weg zum Heil. Die Predigt gliedert sich in ein Exordium („Einleitung“) über rechtes Hören und rechtes Verkünden des Wortes (v. 115–142) und den Hauptteil: Weisheit teilt sich mit; sie ist die Mutter aller Tugenden; um sie zu erwerben, muß man Glaube, Demut, Gehorsam, Barmherzigkeit üben; dann führt Weisheit zum ewigen Leben (v. 143–220). Der Predigtcharakter des Stückes wird unterstrichen durch die dem Typus entsprechende Voranstellung eines lateinischen Bibelzitats (Vorspruches – v. 115f.) und die ebenso typische Schlußformel *des helfe uns pater et filius et spiritus sanctus. Amen* (v. 221f.). (Die Handschrift bietet Vorspruch und

Schlußformel in Prosa; erst der Herausgeber hat durch Umstellung und
Teilung Reime erzeugt!)

Alle vier bzw. fünf Werke des Wilden Mannes sind in der gleichen Handschrift
überliefert wie Wernhers ,Vier schiven'. Diese Tatsache und die sprachliche Verwandtschaft mit Wernher hat in der älteren Forschung zu der Vermutung geführt, er
und der Wilde Mann seien identisch. Man erkannte dies bald als Irrtum, hob aber
nach wie vor gern die innere Verwandtschaft der Autoren bzw. ihrer Werke hervor,
ja man wollte aus dem Vorkommen gleicher Motive (z.B. Mariä Verkündigung,
Kreuzigung, Adam und Eva, Bileams Eselin), vor allem aber aus wörtlichen Übereinstimmungen in der Himmelfahrtserzählung (,Vier schiven' v. 568–574 = ,Veronica'
v. 615–626) folgern, daß der Wilde Mann Wernhers Gedicht gekannt habe. Über-
zeugend ist das nicht, da die genannten Motive in vielen Werken der frühmhd.
geistlichen Dichtung vorkommen und die Verse über die Himmelfahrt wörtliche
Bibelzitate sind. In Wirklichkeit erweisen sich bei näherem Zusehen die beiden
Autoren als sehr verschieden. Wernher ist der fein Ziselierende, der sorgfältig
Verbindungsfäden zwischen biblischen Aussagen spannt und sie in ein vielfältiges
Bedeutungssystem integriert, der Wilde Mann dagegen malt in kräftigen Farben,
will seine Gegenstände eher lebendig und wirksam als komplex zur Darstellung
bringen. Dem gelehrten Theologen Wernher steht im Wilden Mann der ,,Autodidakt"
(Eggers) gegenüber, der die Weisheit des gläubigen Herzens, die Gott verleiht, hoch
über alle Buchgelehrsamkeit stellt.

Wir dürfen daraus wohl den Schluß ziehen, daß wir es mit einem ,,Laientheo-
logen" zu tun haben – auch die mangelnde Bibelkenntnis deutet darauf hin. (Im
Werk finden sich eine Reihe von biblischen Sachfehlern.) Man könnte sich ihn gut
als fahrenden Berufsdichter denken (Ehrismann, Eggers); dazu würde auch der
Namenstypus passen, wie immer der Name sonst zu deuten sein mag (,,der Fremde"?,
,,der Sonderbare"?, ,,der Ungewöhnliche"?, ,,der Waldschrat"?). Auffällig bleibt
bei dieser Annahme das Fehlen von direkten Heischeversen, auch wenn immer
wieder die Reichen vor Hartherzigkeit gewarnt und zur *milde* (,,Freigebigkeit")
aufgerufen werden. Die Reichen sind sein bevorzugtes Ansprechpublikum, und
zwar, wie es scheint, nicht die Adeligen, sondern die reichen Stadtbürger. Jedenfalls
tauchen dort, wo vom ungerechten Erwerb des Reichtums die Rede ist, immer die
Begriffe *wocher* (,,Wucherzins") und *luchurkunde* (,,Falschaussage") auf, nicht
Gewalt, Raub und Brand, und der Besitz des Reichen in der ,Girheit' besteht nicht
in Ländereien und Meierhöfen, sondern in einem ,,Baumgarten" (wohl vor den
Toren der Stadt). Trotz aller Betonung der Sozialpflichtigkeit von Eigentum und
trotz des Hinweises, daß der Dichter zeitlebens in ungesicherten Verhältnissen lebte
(,Girheit' v. 161–174), ist die Armut nicht das, was ihn am meisten bedrückt, und
der Lohn nicht das entscheidende Movens für sein Dichten. Man hat den Eindruck,
daß er auch umsonst reden würde, wenn man ihm nur zuhört, wenn man ihn nur
ernst nimmt. Er glaubt fest daran, von Gottes Geist selbst seine *wîsheit* empfangen
zu haben, und er fühlt die Verpflichtung, davon mitzuteilen. Hochmut und Spott
für seinen Eifer ist das Schlimmste, was ihm widerfahren kann – und es scheint
ihm oft genug widerfahren zu sein, weil er immer und immer wieder darauf zu
sprechen kommt. So werden wir uns den Wilden Mann als einen Sonderfall des
fahrenden Berufsdichters zu denken haben: einen, der aus religiöser Überzeugung
das Genre wechselt, nicht mehr Leiche singt, wie man es von ihm erwarten würde

und wie er es wohl auch früher praktiziert hat (,Girheit' v. 5: *want iz ist bezzir dan ein leich,* „denn das [was ich hier vortrage] ist besser als ein Leich"). Jetzt spricht er über geistliche Themen, obwohl er das nicht „studiert" hat und obwohl er deswegen teils verspottet, teils angefeindet wird. – Als Zeitpunkt seiner Tätigkeit ergibt sich aus dem relativ hohen Stand von Metrik und Reim die obere Grenze unserer Periode, die späten siebziger Jahre.

Etwa gleichzeitig mit den Arbeiten des Wilden Mannes entstand ein Werk, das in anderer Werke einen Grenzfall der geistlich-belehrenden Dichtung darstellt: das sogenannte ,Anegenge'. Hier unternimmt ein Autor den hochgespannten Versuch, theologisches Fachwissen in möglichst weitem Umfang an Laien zu vermitteln.

Das Werk von beeindruckender Länge (3242 Reimpaarverse) ist nur in der Wiener Sammelhandschrift 2696 (s. o. S. 16) erhalten. Reime, Wortschatz, Grammatik legen mittelbairische Sprachheimat nahe (Neuschäfer). Verbindliche Anhaltspunkte für eine genaue Datierung fehlen; doch weist der Stand der Vers- und Reimentwicklung und mehr noch der geistige Habitus des Werkes selbst auf das Ende unserer Epoche, auf das Jahrzehnt zwischen 1170 und 1180.

Das zentrale Thema der Dichtung ist das „Verhältnis von Gott und Mensch" (Rupp). Freilich denkt und argumentiert der Autor dabei ganz vom göttlichen Pol her. Der Mensch ist ihm vor allem das in Ungehorsam gefallene Geschöpf – Adam steht weithin stellvertretend für alle Späteren –, und obwohl die Frage seiner möglichen Rettung das Gedicht beherrscht, wird dennoch die Erlösung nicht so sehr „von unten" (in ihrer Bedeutung für den Menschen) betrachtet, sondern „von oben", als Manifestation einer wesentlichen Qualität Gottes: seiner Güte. So folgt das Gedicht zwar im großen und ganzen dem heilsgeschichtlichen Ablauf – es besteht aus einem alttestamentlichen und einem neutestamentlichen Teil, die aufeinander bezogen sind –, dennoch ist sein Hauptanliegen dogmatischer Art und seine Darstellungsweise tendenziell explikativ, nicht erzählend, auch wenn sich de facto Heilssystematik und Heilsgeschichte durchdringen.

Der Autor möchte sein Publikum in die Geheimnisse Gottes einführen, ihm das Wesen des Dreieinigen in seiner Macht, Weisheit, Güte, aber auch in seiner Gerechtigkeit und Strenge vor Augen stellen. So werden schwierigste theologische Fragen diskutiert: das Problem der Trinität, der göttlichen Präszienz („Vorherwissen des Geschichtsablaufs"), der Satisfaktion („Lehre von der Genugtuung für die Beleidigung Gottes im Sündenfall"). Der Autor hat viel Mühe aufgewandt, um solche Überlegungen in der Volkssprache sagbar und verständlich zu machen. Sein Bestreben, bei all dem auch noch lebendig und anschaulich zu sein, beeinträchtigte zuweilen die theologische Präzision und hat ihm den Vorwurf der Vergröberung, ja der verfälschenden Simplifizierung eingetragen. Und dies ist nicht der einzige Einwand, der erhoben wurde. Die Schwierigkeiten, mit denen der Autor auf Schritt und Tritt zu kämpfen hatte, die Sperrigkeit der Sprache, die Differenziertheit der Problematik und die Suche nach der geeignetsten Form der Vermittlung, haben ihn offenbar so ans Detail gefesselt, daß er seinen Gegenstand insgesamt nicht recht in den Griff bekommen hat und sein Werk immer wieder auszuufern scheint. So ist denn das Urteil über die ästhetischen Qualitäten des ‚Anegenge‘ relativ einhellig; es gilt als merkwürdig „form-los" (Rupp). Im Grunde laufen die zahlreichen Vorbehalte gegen den Verfasser des ‚Anegenge‘ alle auf eines hinaus: daß er sich zuviel vorgenommen hat. Dies ist sicher richtig. Aber der Grund dafür ist nicht oder jedenfalls nicht hauptsächlich persönliche Unzulänglichkeit. Er scheiterte, weil er eigentlich Unmögliches wollte, Unmögliches ganz sicher hinsichtlich des Entwicklungsstandes der deutschen Sprache und der Aufnahmefähigkeit seines Publikums, Unmögliches aber wohl auch hinsichtlich der Sache selbst, versuchte er doch, Wissenschaft, Dichtung und breite Publikumswirkung auf einen Nenner zu bringen. In gewisser Weise zeigt er sich damit als treuer Erbwalter dessen, was er von der vorangegangenen geistlichen Lehrdichtung der Volkssprache überkommen hatte. Doch was dort noch gelingen konnte, mußte unter den veränderten Bedingungen des ausgehenden Jahrhunderts scheitern. In der älteren Phase wurden die auseinanderstrebenden Elemente zur Einheit gebändigt, weil sie sich alle dem Aspekt „Heilsbeförderung" unterzuordnen hatten. Diese Priorität existiert im ‚Anegenge‘ nicht mehr: Ästhetik, Wissenschaftlichkeit, geistlich-autoritative Verbindlichkeit erheben Anspruch auf Gleichberechtigung – und beeinträchtigen sich dadurch gegenseitig. Dabei liegt im Verfahren des Autors durchaus Konsequenz; er versucht nur, durch eine Weiterentwicklung aller im Ansatz vorhandenen Elemente die geistliche Lehrdichtung den gestiegenen Ansprüchen im geistig-literarischen Bereich anzupassen. Sein Weg hat nicht zum Ziel geführt; die veränderte Publikumssituation verlangte nach veränderten, differenzierten Formen der Vermittlung, nach neuen „Übersetzungs"-Möglichkeiten. Künftige Autoren werden auf anderen Wegen nach solchen suchen und neue Formen erproben, etwa in der „wissenschaftlichen" Prosa des ‚Lucidarius‘ (vgl. Bd. II/1).

Weltliche Lehrdichtung

Auch in der didaktischen Literatur spaltet sich im mittleren Drittel des Jahrhunderts die Gattung: Neben den Werken geistlicher Unterweisung taucht jetzt auch lehrhafte Dichtung weltlichen Charakters auf. Diese umfangmäßig noch recht bescheidene Gruppe von Denkmälern teilt mit der geistlichen Didaxe die Abneigung gegen Systematik und Abstraktion, bevorzugt ebenfalls die konkrete Situation und das anschauliche Beispiel und verfährt ebenso frei wie diese mit ihren lateinischen Vorbildern, wenn sie überhaupt auf solche zurückgreift. Es erstaunt daher nicht, wenn die drei Denkmäler, die sich sicher unserem Abschnitt zuordnen lassen, auch in ihrem formalen Erscheinungsbild die gleiche Varibilität aufweisen wie die verwandten Texte aus dem geistlichen Bereich.

Das älteste Stück stammt aus der Zeit vor der Jahrhundertmitte. Der Herausgeber hat dem kleinen, nur fragmentarisch erhaltenen Gedicht (ca. 150–170 Verse) den Titel ‚Rittersitte' gegeben, weil die dort erteilten Anweisungen für ein „gutes" Leben auf die Bedürfnisse eines adeligen Herrn zugeschnitten sind.

Das Werk erteilt Lehren über richtiges Verhalten im Kampf, bei der Jagd, bei der Wahl der Freunde und der „freundlich gesinnten Ehefrau". Als zentrale Werte eines adeligen Lebens zeichnen sich Frömmigkeit, Treue, Wahrung der Ehre ab. Doch nicht Begriffe, ihre Definition und Systematisierung stehen im Vordergrund, sondern praktische Ratschläge für eine wohlüberlegte, kluge und daher erfolgreiche Lebensgestaltung. Entsprechend ist auch die Form des Werkes: assoziativ gereihte „Lebenslehren", quasi gesammelte Spruchweisheit, lose verbunden durch den thematischen Rahmen. – Der Verfasser der ‚Rittersitte' ist Geistlicher; der Dialekt rheinfränkisch.

Das zweite hierher gehörige Werk, nach seiner Selbstcharakterisierung gewöhnlich ‚Der heimliche Bote' genannt, dürfte einige Jahrzehnte jünger sein als die ‚Rittersitte'. (Am meisten Zustimmung hat eine Datierung um 1170/80 gefunden.) Der zeitliche Abstand macht sich bemerkbar in der veränderten Thematik des jüngeren Werkes: Hier zum ersten Mal spielen Minne und richtiges Minneverhalten eine wesentliche Rolle. Der gesamte erste Teil des Werkes ist diesem Thema gewidmet. Er ist eine Art „offener Brief" (Glier), der den Frauen bei der richtigen Partnerwahl helfen will. Der zweite, an Männer gerichtete Teil des Werkes bringt dann eine allgemeine Tugendlehre. ‚Der heimliche Bote' lehnt sich an die lateinische Literatur an. Aus ihr entlehnt er die Briefform, in die er seine „Botschaft" kleidet, und weithin wohl auch seinen Inhalt.

Einen Hinweis auf diese Verbindung gibt das Werk selbst, indem es ein Buch *phaset* (Z. 15) erwähnt, das gute Minnelehren vermittle. Gemeint sein dürfte der ‚Facetus moribus et vita', eine im Mittelalter weit verbreitete Sammlung von Liebeslehren in der Nachfolge Ovids. Die Liebeslehren des deutschen Werkes selbst sind wenig differenziert. Sie fordern Verschwiegenheit als unabdingbare Voraussetzung für die Minne und warnen die Frauen vor dem trügerischen Schluß, ein gutaussehender, starker und im ritterlichen Kampf erfolgreicher Mann müsse auch als Liebhaber ideal sein. Man kann in dieser kritischen Distanzierung vom Rittertum einen Reflex der in der lateinischen Literatur verbreiteten Opposition *miles-clericus* („Ritter-Kleriker") sehen. Dort pflegt der *clericus* seine höhere Bildung, kultivierte Haltung und seinen Reichtum gegen den bäuerischen Ritter auszuspielen, der als Haudegen mit geringen geistigen Interessen und vor allem als armer Schlucker dargestellt wird. Mit der Transponierung in die Volkssprache und der Wendung an ein weltlich-adeliges Publikum war dieser Gegensatz so nicht mehr haltbar, aber dem Autor ist es offenbar nicht völlig gelungen, seinen Stoff der neuen Situation anzupassen. Doch hat er sich immerhin darum bemüht, wenn er im Männerteil mit seiner Mahnung zu Freundlichkeit, Zurückhaltung, überlegtem Sprechen versucht, kultiviertes Verhalten zu vermitteln, ohne allzusehr vor den Kopf zu stoßen.

Belehrung, ebenfalls nach Geschlechtern getrennt, bietet auch ein kleines
Werk von 219 Versen, dessen Anliegen ein später hinzugesetzter, gereimter
Titel formuliert: *Ditz buchel heizet die maze,   Got helf uns an die himel-
straze* („Dies Büchlein heißt das (rechte) Maß; Gott zeige uns den Weg zum
Himmel"). Die Lehren, die sich zunächst an die männliche, dann an die
weibliche Jugend richten, machen die *maze* als *muter aller tugende* zum
verläßlichen Kriterium rechten Handelns: Wer in jeder Hinsicht das rechte
Maß einzuhalten versteht, ist gern gesehen bei den Menschen und vor Gott.

Bei seinen Ausführungen ist es dem Autor dann nicht durchgängig geglückt, die
geforderte tugendhafte Handlungsweise auf seinen zentralen Begriff des Maßes
zu beziehen. Immerhin hat er versucht, seine Tugendlehre, wenn auch nicht zu
systematisieren, so doch unter einen leitenden Gedanken zu stellen. Ob dieser sein
Versuch freilich überhaupt noch in unseren Zeitraum fällt, ist fraglich. Man hat
erwogen, das spät überlieferte Denkmal der Zeit um 1400 zuzuschreiben. Der in
der Forschung wiederholt formulierte Eindruck des Biederen, Bürgerlichen, den
das Gedicht hervorrufe, bietet zwar hierfür keinen sicheren Anhaltspunkt, doch
bleibt ein gewichtiger Grund für die Spätdatierung: Die Verse 116–118 (*Wir muzen
wol gewinnen mit êren gotes hulde.   Daz ist ein ubergulde*, „Wir müssen gewiß
zusammen mit der Ehre auch Gottes Huld erringen. Das ist das Allerkostbarste.")
könnten ein Zitat aus dem berühmten ersten Reichstonspruch Walthers von der
Vogelweide sein (s. Bd. II/1).

Das umfangreichste, in seinen Anweisungen differenzierteste Werk dieser
Gruppe ist Wernhers von Elmendorf Übertragung des ‚Moralium dogma
philosophorum' (s.o. S. 97–100) in deutsche Sprache und deutsche Verhältnisse. Das *honestum* („sittlich Gute"), zentraler Begriff in der Quelle, wird
in dieser Umsetzung bezogen auf den *honor* („Ehre") als wesentliches Element adeligen Lebens. Indem Wernher *honor* („äußere Ehre, Ansehen") und
honestum („Ehrenhaftigkeit") zusammenrückt, schlägt er die Brücke von
der antiken bzw. christlichen Moralphilosophie zum germanisch-fränkischen
Adelsethos. Man wird Wernher nicht gerecht, wenn man annimmt, er habe
den Unterschied zwischen beiden Aspekten und die damit gegebene Problematik des mittelhochdeutschen *êre*-Begriffs nicht gesehen, vielmehr hat er
durch die Art seiner Darstellung deutlich gemacht, daß und wie er sich beide
aufeinander bezogen denkt. Mit einem möglichen Gegensatz zwischen
honestum und *utile* („dem Ehrenhaften – dem Nützlichen"), einem vor-
rangigen Thema der Quelle, hält sich Wernher dagegen nicht lange auf. Sein
aufklärerischer Optimismus erledigt das Problem mit einer rhetorischen
Frage: *Waz sulden si sundir?   irne wedir in touc ane daz andir* („was sollten
sie isoliert? Keines von ihnen ist sinnvoll ohne das andere", v. 89f.) So kann
es nicht überraschen, daß auch die Gliederung der Quelle, in der die Opposition *honestum – utile* eine entscheidende Rolle spielte, in der Übersetzung
aufgegeben ist. Wernher hat sie nicht durch eine ausgefeilte neue Struktur
ersetzt; den Leitfaden seines Werkes bilden die charakteristischen Aufgaben
im Leben eines adeligen Herrn bzw. die Situationen, in denen sie sich stellen.

So spricht er vom richtigen Verhalten in einem Gerichtsverfahren (sowohl in der Rolle des Richters wie in der des Zeugen), vom Verhalten im Krieg, von den Verpflichtungen des Herrn gegenüber allen, die von ihm abhängig sind, aber auch von den Pflichten, die der Adelige gegen seinen Herrn hat, wenn er seinerseits in einem Dienstverhältnis steht. Auch die richtige Einstellung zum Besitz wird diskutiert, ein Punkt, an dem die Anpassung der Quelle an die Gegebenheiten der eigenen Zeit besonders deutlich wird: In Wernhers Überlegungen verbindet sich in charakteristisch mittelalterlicher Weise Großzügigkeit als Adelsattribut mit der christlichen Verpflichtung zur Mildtätigkeit. (Daß in diesem Zusammenhang auch ökonomische Grundtatsachen zur Sprache kommen, dürfte ein Reflex der speziellen wirtschaftlichen Umbruchssituation in Wernhers Zeit sein.)

Die Reihenfolge, in der Wernher verschiedene Aspekte adeliger Lebenspraxis abhandelt, ist lose an der Quelle orientiert. Ob man darüberhinaus mit präziseren Gliederungen (etwa der Gruppierung des Materials um zentrale Tugenden, wie sie eine „volkstümliche Fürstenspiegeltradition" [Bumke] hätte vermitteln können) rechnen darf, ist fraglich. Vielleicht aber ist es mehr als Zufall, daß Wernher jene Tugend auch formal ins Zentrum seines Werkes stellt, die er als Mittelpunkt eines ehrenhaften Lebens in der Welt angesehen hat: *pietas* – „Frömmigkeit, Güte".

Erzählende Literatur

Im Bereich der erzählenden Literatur sind die größten Veränderungen gegenüber den vorausliegenden Jahrzehnten zu beobachten, hier zeigen sich die auffälligsten Neuerungen. Das hat seinen Grund nicht nur darin, daß die „weltliche" Seite nach Umfang und Gewicht stärker vertreten ist als in der „lyrischen" und didaktischen Literatur, vielmehr haben hier auch die geistlichen Werke stärker als dort an den allgemeinen Veränderungen teil. So bieten die in diesem zweiten Abschnitt entstandenen Werke in ihrer Gesamtheit ein sehr buntes Bild. Was sie aber bei aller Unterschiedlichkeit verbindet und von den Produktionen des voraufgehenden Abschnitts trennt, ist die andere Optik, mit der sie ihre Gegenstände betrachten. In den älteren Werken war der Blick immer auf den umfassenden Vorgang, tendenziell auf das Gesamtgeschehen des irdischen Zeitablaufs überhaupt gerichtet. Jetzt hingegen konzentriert er sich auf den Ausschnitt; das Partielle wird wichtig und kommt zur Darstellung, und zwar bei weltlichen und geistlichen Stoffen gleichermaßen. So wird die „alte" Heilsgeschichtsdichtung abgelöst durch die Legende, und dieser Personalisierung der *historia divina* korrespondiert auf der Seite der *historia mundana* („weltlichen Geschichte") die Beschränkung auf den historischen Ausschnitt: Nicht mehr Weltgeschichte oder doch die Geschichte des einen, entscheidenden Reiches ist der Gegenstand des Erzählens, sondern das bedeutsame Ereignis, der herausragende Herrscher.

Diese Umorientierung verändert ganz entscheidend auch die Situation des Erzählers. Hatte bisher der Gegenstand die Form gleichsam mitgetragen, so muß jetzt für jede Geschichte die Form erst gefunden werden; das Erzählen wird in neuer Weise zur Aufgabe. In der vorhergehenden Periode bildete die Heilsgeschichte stets den mehr oder weniger deutlich vorgegebenen Bezugsrahmen. Auch dort, wo sie nur partiell erzählt wurde, verlor der Ausschnitt nie den Bezug zu dem im Bewußtsein stets präsenten Ganzen. Welchen Teil ein Autor auswählte, welchen Umfang er seiner Auswahl gab, wo er seine Erzählung beginnen und wo er sie aufhören ließ – all dies konnte mehr oder weniger gut gelungen sein, war aber nicht entscheidend für die Konsistenz des Werkes. Der Autor brauchte sich keine Gedanken über die Strukturierung seiner Geschichte zu machen; sie war bereits gegliedert durch die vorgegebene Ordnung des göttlichen Heilsgeschichtsplans. Die zweite Periode der frühmhd. Literatur löst sich von diesem Schema, und das bedeutet, daß der Erzählstoff vom Autor selbst begrenzt und geordnet werden muß. Damit übernimmt er aber in viel ausgeprägterer Weise als bisher die Verantwortung für seine Geschichte. Von dem sich hieraus ergebenden Rechtfertigungsstreben und dem Bemühen um Verbindlichkeit war schon S. 109f. die Rede. Erzähltechnisch gesehen, mußte der Autor versuchen, unter veränderten Bedingungen die Einheit seiner Geschichte zu wahren. Er konnte dies erreichen, indem er vorrangig auf die Kontinuität und Geschlossenheit der erzählten Ereignisse achtete oder indem er konsequent die Person seines Helden ins Zentrum rückte. Für unseren Zeitabschnitt ist charakteristisch, daß die erzählerische Konzentration auf die Person des Helden erst ansatzweise verwirklicht wird. Am entschiedensten ist sie dort vollzogen, wo die Person als solche am wenigsten interessiert: in der Legende. Hier wird zwar die Vita eines einzelnen Heiligen erzählt, aber seine Vereinzelung bleibt aufgehoben in der göttlichen Führung und – literarisch gesehen – in den festgefügten Formen legendarischen Erzählens. Bei den übrigen Werktypen dominiert einmal mehr das Geschehen, einmal mehr der Held. Ein frühes Beispiel für das Nebeneinander beider Möglichkeiten bot schon das ‚Annolied', ein spätes und deswegen besonders anschauliches Exempel ist der ‚Herzog Ernst'. Dieses charakteristische Schwanken zwischen der Dominanz des Geschehens und der Konzentration auf den Helden hat nichts zu tun mit dichterischer Unzulänglichkeit, es ist vielmehr der literarische Niederschlag eines wesentlichen Anliegens der Zeit, der Frage: Wie ist die immer stärker erfahrene subjektive Vereinzelung, dargestellt im handelnden und sich in zunehmendem Maße selbst reflektierenden Helden, zu verbinden mit dem Allgemeinen, das als umgebende Welt, als umfassender Vorgang zur Anschauung gebracht wird? Erst der höfische Roman wird hier eine ganz eindeutige Entscheidung treffen – zugunsten des Helden. Dafür muß er allerdings die Welt, die für unsere Literatur noch „Realität", d.h. objektiv vorgegebene Wirklichkeit ist, „opfern", in Fiktionalität transformieren und so seinem Helden verfügbar machen.

Unmittelbar anschaulich wird die veränderte Situation der erzählenden Literatur, wenn man die Quellen betrachtet, aus denen sie schöpft. Bis an die Grenze unseres Abschnitts fußte die deutsche Erzählliteratur ausschließlich auf der kirchlich-lateinischen Tradition. (Eventuelle Anleihen bei der mündlichen Dichtung spielten nur eine unwesentliche Rolle.) Jetzt dagegen macht die „moderne" volkssprachige Dichtung des Westens ihren Einfluß geltend. Den Höhepunkt ihrer Wirkung wird sie erst in der Blütezeit der Klassik erreichen, die ersten Werke jedoch werden bereits in unseren Jahrzehnten übernommen, Werke, die für die weitere literarische Entwicklung von großer Bedeutung werden sollten. Als weitere Neuerung kommt hinzu, daß nun auch die heimisch-mündliche Erzähltradition von der Schriftkultur entdeckt und in deutschsprachige Buchdichtung umgesetzt wird. Diese verschiedenen Quellentypen erzwangen unterschiedliche Bearbeitungstechniken und bestimmten weitgehend das Vorgehen der Autoren sowie den Grad ihrer Freiheit in der Behandlung des Vorgegebenen. Ihr Verfahren mußte sich wandeln, je nachdem, ob sie es mit schriftlich fixiertem oder mündlich tradiertem, mit geistlichem oder weltlichem Material zu tun hatten. Wo ein Autor mündliche Überlieferung allererst in Schriftlichkeit überführte, bestand seine Aufgabe in der Bewältigung des Stoffes und in der Strukturierung des Ganzen. Entsprechend groß war in diesem Fall seine gestalterische Freiheit. Folgte er jedoch einer schriftlich fixierten Vorlage, so ergaben sich hieraus je nach Art der Vorlage verschiedene Bindungen. Eine Quellschrift aus dem Bereich der geistlichen Literatur implizierte die Verpflichtung zur unverfälschten Wiedergabe des Inhalts. (Die Bewahrung der Form bildete dazu gewissermaßen die logische Konsequenz.) Anders im Falle der französischen Quellen. Natürlich besaß auch hier die Vorlage als geformter Stoff, als „Werk", ein beträchtliches Eigengewicht, aber seine *matiere* („Materie") war nicht „die Wahrheit" schlechthin und seine Verbindlichkeit folglich nicht dieselbe wie die der geistlichen Literatur. So kann in diesen Fällen unter Wahrung des strukturellen Gerüsts und bei textueller Entsprechung im einzelnen die Aussage der Vorlage an eigene Konzeptionen adaptiert und dabei ganz entscheidend verändert werden. Angesichts dieser quellenbedingten Verschiedenheit scheint eine entsprechende Gliederung der Denkmäler berechtigt: 1. Werke nach geistlich-lateinischen Quellen, 2. Werke nach französischen Vorlagen und 3. Werke auf der Basis heimisch-mündlicher Überlieferung.

Werke nach geistlich-lateinischen Quellen

Bei einem Vergleich zwischen der erzählenden Literatur des ersten und zweiten Abschnitts fallen vor allem die Veränderungen ins Auge, doch gibt es neben den Neuansätzen doch auch noch eine Reihe von Werken, in denen literarische Typen der vorangegangenen Jahrzehnte – wenn auch modifiziert – weiterleben: dichterische Umgestaltungen einzelner Bücher des Alten und Neuen Testamentes, Erlöserleben, Eschatologie.

Noch vor der Jahrhundertmitte entstand im Trierer Raum eine Dichtung, die den Stoff des alttestamentlichen (apokryphen) Buches Tobias behandelte. Nur Bruchstücke davon sind auf uns gekommen (137 Langzeilen [Maurer] bzw. 274 Kurzverse [Degering]), und selbst die Handschrift, die die Fragmente überlieferte, ist seither verloren gegangen. Die dichterische Leistung des ‚Tobias' ist wenig bemerkenswert – die alttestamentliche Quelle ist, soweit man den Bruchstücken entnehmen kann, nicht sehr geschickt und auch nicht frei von sachlichen Unrichtigkeiten wiedergegeben. Interessant ist das Gedicht jedoch wegen seines Autors: Es ist jener Pfaffe Lamprecht, der mit seiner ‚Alexander'-Nachdichtung (s.u. S. 164–168) die Phase der intensiven Rezeption französischer Literatur in Deutschland einleitete. Der ‚Tobias' ist offenbar das ältere Werk, ein früher Versuch Lamprechts, für den sich damit eine ähnliche literarische Entwicklung abzeichnet wie für Veldeke (s. Bd. II/1): von der geistlich-lateinischen Quelle zum „modernen" französischen Vorbild.

Gleichfalls noch der ersten Jahrhunderthälfte angehören dürfte das (nach dem ehemaligen Aufbewahrungsort der heute verschollenen Handschrift benannte) ‚Hamburger Jüngste Gericht'. In dem kurzen Fragment (121 Verse) wird das Geschehen des Jüngsten Gerichts geschickt durch szenisch-gestische Darstellung und häufigen Einsatz direkter Rede vergegenwärtigt. Offenkundig will der Dichter damit den Eindruck erzeugen, daß jeder einzelne Mensch von diesem Ereignis betroffen ist. Vor allem das Entsetzen der Verdammten ist so einprägsam gestaltet, daß man annahm, das Werk sei geradezu zum Zweck der Beichtvorbereitung geschrieben worden (Ehrismann).

Wohl um die Jahrhundertmitte entstand – vielleicht in Bayern – ein Werk über Johannes den Täufer. Sein Verfasser, ein Priester Adelbrecht, stellt damit jene neutestamentliche Figur ins Zentrum, die schon im vorangegangenen Abschnitt das besondere Interesse der Autoren gefunden hatte. (Die erhaltenen Fragmente des ‚Johannes Baptista' umfassen 267 Verse, die von Jugend und Tod des Täufers berichten.) Wo Adelbrecht über die evangelische Quelle hinausgeht, dienen die Erweiterungen vor allem der erbaulichen Aktualisierung. Das Gedicht mündet am Ende in ein Gebet an den Heiligen, als dessen demütigen Diener sich der Autor bezeichnet.

Ebenfalls nur fragmentarisch erhalten hat sich eine wohl in den sechziger Jahren (vielleicht in Verbindung mit der Überführung der Makkabäer-Reliquien nach Köln) verfaßte Dichtung, die sogenannten ‚Halberstädter Makkabäer'. (Die Bezeichnung rührt vom Fundort der inzwischen verloren gegangenen Handschrift her.) Soweit das Bruchstück (121 Verse) erkennen läßt, interessierten den Autor neben den heldischen Elementen der Quelle vor allem die in ihr angelegten Möglichkeiten zur Darstellung vorbildlichen Herrscherverhaltens.

An der Grenze unserer Periode – wenn nicht schon darüber – entstand in Thüringen ein Werk, dem man den Titel ‚Christus und Pilatus' gegeben hat. (Erhalten ist ein Bruchstück von 64 Versen.) Die stark dialogische Darstellung der biblischen Gerichtsszene ließ Beeinflussung durch das geistliche Drama vermuten. Ist diese – angesichts der Kürze des Textes nicht unproblematische – Annahme richtig, dann hätten wir in dem Werk einen Beweis für die Existenz eines verwandten lateinischen Passionsspieles in Thüringen (de Boor; vgl. Bd. II/2, S. 157f.).

Schließlich wurden gegen Ende der Periode zwei Werke geschaffen, für die die Autoren in größerem Umfang auch außerbiblische Quellen heranzogen: der ‚Linzer Antichrist' und das erzählerische Werk des Wilden Mannes.

Der sog. ‚Linzer Antichrist' ist ein 1196 Verse zählendes eschatologisches Werk in drei, durch lateinische Überschriften gekennzeichneten Teilen. Nur der erste von ihnen handelt vom Antichrist. Der zweite Teil ist den Vorzeichen des Gerichtes gewidmet, der dritte dem Jüngsten Gericht selbst. Als Hauptquelle nennt der gerne seine Gelehrsamkeit zur Schau stellende Autor die Apokalypse, doch stützt er sich im ersten Teil hauptsächlich auf das im Mittelalter viel gelesene Werk Adsos von Montier-en-Der ‚De ortu et tempore Antichristi' („Herkunft und Herrschaft des Antichrist", geschrieben zwischen 949 und 954), das hier zum ersten Mal in der deutschsprachigen Literatur erscheint. War der Antichrist noch bei Frau Ava (s. o. S. 74–77) als Person uninteressant, wichtig nur als Vertreter des Bösen, als Vollstrecker des gottverhängten Unheils vor dem Ende der Welt, so tritt er nun als selbständig handelnde Figur auf, die eine vollausgebaute Vita erhält.

Die eigenständigsten Werke innerhalb der Gruppe der Bibeldichtungen sind wohl die vom Wilden Mann verfaßten Erzählungen ‚Veronica' und ‚Vespasian'. (Zur Person des Autors und zur Überlieferung der Werke s. o. S. 148f.) Beide Gedichte gehören inhaltlich zusammen, sind aber durch epilogartige Verse am Ende der ‚Veronica' voneinander abgesetzt. Literarische Typen wie die ‚Mittelfränkische Reimbibel' mit ihrer Verknüpfung von biblischem und legendarischem Material und der Werkzyklus der Frau Ava mit seiner Technik der additiven Reihung sind die nächsten formalen Verwandten. ‚Veronica' ist im Grunde ein Erlöser-Leben, eine nach Auswahl und Darstellung sehr persönliche Wiedergabe der evangelischen Berichte, in der die Zeit nach der Auferstehung einen relativ großen Raum einnimmt. ‚Vespasian' bildet dazu die Fortsetzung, da er das Geschehen um Jesus zu Ende bringt: Der Tod des „Helden" wird gerächt; Vespasian und Tiberius zerstören Jerusalem und erfüllen so Jesu Weissagung über den Untergang der Stadt. Darüberhinaus sind beide Werke durch die Figur der Veronica miteinander verbunden. Sie ist bereits im ersten Teil die Hauptperson einer (nicht-biblischen) Episode, die in die Leben-Jesu-Darstellung eingeschoben ist: Bei einem Mahl in Veronicas Haus prägt Christus sein Antlitz auf ein von Veronica dargereichtes Tuch. Mit diesem heilt Veronica in der zweiten Erzählung den schrecklichen Gesichtsausschlag Kaiser Vespasians, der daraufhin die Juden für die Tötung Jesu bestraft.

Es sind Werke sehr unterschiedlicher Art, die die vorangegangene Bibeldichtung fortsetzen und so noch einmal die Variationsbreite dieser „Gattung" unterstreichen. Doch ist ihnen allen der oben erwähnte Verzicht auf die Dominanz der heilsgeschichtlichen Gesamtperspektive gemeinsam. Statt dessen zeichnet sich eine Tendenz zur personalen Konkretisierung des Heils ab, subjektiv, in der Betonung der persönlichen Heilserfahrung, und objektiv, in der Fixierung auf die Gestalt des einzelnen Heiligen. Diese Tendenz zeigt sich nicht nur in Werken wie Lamprechts ‚Tobias' und Adelbrechts ‚Johannes Baptista', die bereits die Grenze zur Legende berühren, sondern auch im ‚Hamburger Jüngsten Gericht', wo die individuell-persönliche Leiderfahrung der Verdammten den universal-kosmischen Aspekt des Geschehens fast völlig verdrängt, und ebenso im ‚Linzer Antichrist' mit seiner personalisierten Titelfigur. Am deutlichsten aber kommt das Bestreben, dem Menschen das Göttliche weniger als universelle Heilsveranstaltung denn als subjektiv-gemüthafte Erfahrung nahezubringen,

beim Wilden Mann zum Ausdruck. Er baut, was früher völlig undenkbar
gewesen wäre, seine unbiblische Veronicalegende mitten in ein ‚Leben Jesu'
hinein, bricht also die sakrosankte Quelle auf, um ein Genrebild inniger
Vertrautheit einzufügen. Ein weiteres bezeichnendes Beispiel für die
„Vermenschlichung" des Heilsgeschehens in der Dichtung des Wilden
Mannes ist die Umdeutung der seit Venantius Fortunatus († 605) für das
Kreuz verwendeten Metapher *dulce lignum* („süßes Holz"). Bei Venantius
(und in der Liturgie) meinte dies: das Holz ist für uns „süß", weil
heilbringend. Der Wilde Mann dagegen läßt Christus mit seiner Hand über
das glatte Holz streichen: *den boum streichide he mit der hant, want he
die rinden suoze vant* („... weil ihn die Rinde süß dünkte", v. 355f.),
d.h. er transponiert die Heilswirkung des Kreuzes in das Gefühl, das Jesus
– aus Liebe zu den Menschen – dem Marterwerkzeug entgegenbringt.

So zeichnet sich also bereits im Rahmen des „traditionellen" Erzähltyps,
der Bibeldichtung, jene Entwicklung ab, die schließlich in der literarischen
Form ihren angemessenen Ausdruck findet, die in diesen Jahrzehnten
erstmals in der Volkssprache erscheint: in der Legende. Diese hatte es bis
in die mittleren Jahrzehnte des 12. Jahrhunderts hinein als selbständige
Form im Deutschen praktisch nicht gegeben. Nun aber wurde sie rasch zur
dominierenden Erscheinung innerhalb der im engeren Sinn geistlichen
Erzählliteratur.

Wo vor unserem Zeitabschnitt legendarische Formen auftreten, sind sie nur Werk-
bestandteile. Das ‚Annolied' etwa wird durch die Bezeichnung „Legende" nicht
getroffen, es umfaßt wesentlich mehr und hat auf Grund der Ungewöhnlichkeit
seines Entwurfs auch keine Tradition begründet. Auch die Legenden der ‚Kaiserchronik' bleiben eingebunden in den größeren Zusammenhang, ebenso die legendarischen Erzählungen in der ‚Mittelfränkischen Reimbibel'. Gleichwohl kündigen
Werke dieser Art die spätere Verselbständigung der Legende an, ja die ‚Kaiserchronik'
liefert unmittelbar Material dazu, wenn in der zweiten Hälfte des Jahrhunderts
die Episoden von ‚Silvester' und ‚Crescentia' gesondert bearbeitet und überliefert
werden.

Wenn nun um die Jahrhundertmitte plötzlich volkssprachige Erzählungen
auftauchen, in denen ganz massiv die Abkehr von der Welt gepredigt wird,
so liegt die Annahme nahe, daß hier das Gegengewicht zu einer Literatur
gebildet werden sollte, die andere Formen der Weltbewältigung zur Diskussion stellte und offenbar zunehmend an Bedeutung gewann. Was aber ließ
gerade die Legende als Konkurrenzform besonders geeignet erscheinen?
Zum ersten kommt sie mit ihrer Konzentration auf den einen (heiligen)
Helden dem wachsenden Interesse am einzelnen entgegen. Zum anderen
aber bietet sie die Möglichkeit, im Rahmen fromm-erbaulicher Zielsetzung
das gesteigerte Interesse an der Welt gleichsam en passant zu befriedigen
durch eine bunte Fülle von Stoffen und Motiven unterschiedlichster Art
und Herkunft, die sich die Legenden im Laufe ihrer z.T. langen Geschichte

anverwandelt hatten und die in ihrer Neuartigkeit sicher von hohem Unterhaltungswert waren.

Eine exakte Beschreibung der legendarischen Form ist schwierig, ja im Grunde unmöglich. Denn die Legende definiert sich – stärker noch als die durch die geheiligte Quelle „vorgeformte" Bibeldichtung – nicht so sehr durch ihre literarische Gestalt, als vielmehr durch ihre Produktions- und Rezeptionsbedingungen. Sie will (erzählend) der Verehrung Gottes und seiner Heiligen, der Vertiefung des persönlichen Glaubens, der Heiligung des einzelnen dienen. Entscheidend dafür sind allein „die innere Einstellung und die verfolgte Absicht" (Masser).

Dies sind genau jene Zusammenhänge, die der Wilde Mann in der ‚Veronica'-Episode zwar nicht auf den Begriff, aber zur Anschauung gebracht hat. Die Episode macht die Problematik einer Darstellung des Göttlichen im Medium der Kunst deutlich und gibt damit zugleich eine Poetik der Legende oder besser: die Illustration der Unmöglichkeit einer solchen. Veronica wünscht, beseligt durch die Erfahrung des Göttlichen, diesem Zustand Dauer zu verleihen; das Glück, das sie beim Anblick Jesu erlebt, möchte sie auch in seiner Abwesenheit erhalten. Sie bittet daher Lukas, ein Bild Christi zu malen. Lukas versucht sich wiederholt an dem Portrait, aber ein Versuch fällt kläglicher aus als der andere. Jesus erklärt schließlich dem Maler, daß sich sein wahres Antlitz nur in der himmlischen Herrlichkeit enthülle. Auf Erden sind nur wechselnde Aspekte des Göttlichen wahrnehmbar, und auch um diese zur Anschauung zu bringen, bedarf es der Hilfe des Himmels.

Hier sind alle Elemente versammelt, die nach dem Selbstverständnis der Legenden für diese Form konstitutiv sind: das Angewiesensein auf göttliche Unterstützung angesichts der Größe des Gegenstandes, die gläubige Haltung bei Künstlern, Auftraggebern, Hörern, und schließlich die Heilswirkung des Werkes. In dieser immer wieder betonten Interferenz zwischen Legende und Geistes- bzw. Seelenhaltung von Produzenten und Rezipienten treffen sich mittelalterliche Überzeugung und moderne Definitionsversuche.

Angesichts dieser Situation kann man nur eine relativ allgemeine Beschreibung des Typs Legende versuchen. Ihre Grundlage bildet stets das Leben des Heiligen, das aber nicht als Biographie interessiert und daher auch nicht als Kontinuum erzählt wird, sondern sich auf jene Momente beschränkt, in denen das Wirken Gottes besonders deutlich wird. Wunder nach dem Tode, die die Heiligkeit des Verstorbenen unterstreichen, treten ergänzend hinzu und zeigen die unmittelbare Aktualität des Erzählten für die Gegenwart. So ergibt sich als einfachste Darstellungsweise eine Form, die sich mit der bloßen Reihung von Episoden begnügt. Eine solche Reihe ist im Prinzip unendlich erweiterbar, die Einzelepisode austauschbar. Anspruchsvollere Formen führen das Prinzip der Steigerung und des Kontrastes ein. Auch können mehrere Episoden durch eine übergreifende Handlung verbunden sein, und endlich können durch Doppelung solcher Handlungsbögen komplexere Strukturen erzeugt werden. Eine besondere Form der Zweiteilung weisen jene Legenden auf, die vom „sündigen Heiligen" berichten. Hier geht der eigentlichen Heiligenvita das Weltleben des Helden voraus, das durch ein Bekehrungserlebnis abgeschlossen wird.

Versucht man, diese allgemeinen Bemerkungen anhand von Werken aus unserem Zeitraum zu konkretisieren, stellt man fest, daß dafür nur zwei vollständig erhaltene Legenden zur Verfügung stehen. Die übrige, reiche Produktion der Zeit ist nur in armseligen Resten auf uns gekommen. Doch kann eine Zusammenstellung des nur fragmentarisch oder in späterer Überarbeitung Erhaltenen immerhin ein ungefähres Bild von der Fülle und Vielfalt der Legendenproduktion dieser Zeit vermitteln und deren befruchtende Wirkung auf die weitere literarische Entwicklung verdeutlichen.

Erhalten haben sich 113 z.T. verstümmelte Verse einer ‚Andreas'-Legende. (Sie berichten vom Ende des Apostels.) Ferner besitzen wir 65 Verse einer ‚Veit'-Legende. (Sie bildeten den Beginn des Werkes.) Ebenfalls nur fragmentarisch erhalten ist eine ‚Albanus'-Legende (zwei Fragmente mit insgesamt 119 Versen), die vor allem deswegen interessiert, weil sie den gleichen Stoff behandelt wie die ‚Gregorius'-Legende Hartmanns von Aue (s. Bd. II/1): die Geschichte eines „sündigen Heiligen", der, bereits aus einer inzestuösen Verbindung hervorgegangen, durch die Ehe mit seiner Mutter den Inzest unwissentlich wiederholt und schließlich nach schwerer Buße zum Heiligen erhöht wird. Doch der Unterschied zum ‚Gregorius' ist deutlich. Im ‚Albanus' ist der Held nicht der schuldlos-schuldige Mensch, der *guote sündaere* („der gute Sünder"), der ohne zu murren und ohne zu verzweifeln seine unwillentliche „Sündhaftigkeit" als ein von Gott auferlegtes Schicksal trägt, sondern einer, der sich mit konkreter Schuld beladen hat: Albanus erschlug seine eigenen Eltern im Zorn über deren Rückfall in den Inzest. Insofern ist die Albanus-Legende eindeutiger, gröber als der ‚Gregorius'.

Interessant im Hinblick auf die künftige Entwicklung eines literarischen Typs ist die gleichfalls fragmentarisch erhaltene ‚Visio Sancti Pauli'. Sie ist ein früher volkssprachiger Vertreter jener Visionsschilderungen, in denen ein Seelenführer den Visionär durch die jenseitigen Orte der Seligen und Verdammten führt. Paulus wird gern zum Träger solcher Visionen gemacht, da er im 2. Korintherbrief selbst von ekstatischen Zuständen berichtet, die ihn bis in den dritten Himmel erhoben. In unserem Fragment informiert ein Engel den Apostel vor allem über das Schicksal der Seelen wankelmütiger Menschen, die sich auf den Zweigen windgeschüttelter Bäume ängstigen. Ob ein von diesem Teil durch eine Lücke getrennter weiterer Abschnitt (moderner Titel: ‚Zukunft nach dem Tode') auch in den Rahmen der Paulus-Vision zu stellen ist oder einem selbständigen Werk angehört, ist eine offene Frage. Eine differierende Reimtechnik und unterschiedliche Quellen weisen eher auf Unabhängigkeit beider Fragmente.

Eine Jenseitsvision enthält auch die ‚Patricius'-Vita, die um 1160 im alemannischen Raum entstand. (Die eingehendere Besprechung dieses Denkmals erfolgt wegen der Nähe zur etwas jüngeren ‚Tundalus'-,‚Tnugdalus'-Vision in Bd. II/1).

Die Absicht der Jenseitsschilderungen, durch Abschreckung kathartische Wirkungen zu erzielen, teilen jene Legenden, deren Helden verstockte, schließlich der Verdammnis anheimfallende Sünder sind. Ihr Leben ist das direkte Negativ eines Heiligenlebens; sie sind so perfekt böse wie die Heiligen vollkommen gut. In unserem Zeitraum vertritt eine ‚Pilatus'-Legende diesen Typ. Auch sie ist nur fragmentarisch überliefert, doch macht das Erhaltene den Eindruck, daß hier die gestiegenen Ansprüche der sich parallel entwickelnden weltlichen Literatur nicht ohne Einfluß geblieben sind. Dies zeigt sich nicht nur in den Prolog-Reflexionen über die Unzulänglichkeit der deutschen Sprache, sondern auch im Bemühen des Autors, diesem Mißstand durch sorgfältige sprachliche Gestaltung abzuhelfen.

Ferner erscheinen, wie gesagt, in der zweiten Hälfte des 12. Jahrhunderts zwei Legenden in selbständiger Gestalt, die in nicht wesentlich anderer Form auch Bestandteile der ‚Kaiserchronik' sind: ‚Silvester' und ‚Crescentia'. Der sog. ‚Trierer Silvester' (benannt nach dem Aufbewahrungsort der Handschrift, die neben den ‚Silvester'-Fragmenten auch den ‚Ägidius' [s.u.] und Bruchstücke einer ‚Floyris'-Dichtung [s. Bd. II/1] enthält) basiert auf dem ‚Kaiserchronik'-Text, den der jüngere Autor durch Benutzung weiterer Quellenmaterials und geschickte Umakzentuierung im Sinne der „starren kirchlichen Reformpartei" (de Boor) überarbeitet. Waren in der ‚Kaiserchronik' Konstantin und Silvester, Kaiser und Papst, gemeinsam als die großen Gründer des christlichen Imperiums und als die Garanten seiner Ordnung gepriesen worden, so versäumt der ‚Trierer Silvester' nicht, auf die Unterordnung des Kaisers unter den Papst hinzuweisen. Er rekurriert gegen die ‚Chronik' auf die übliche kirchliche Auffassung, daß der Kaiser nach seiner wunderbaren Heilung durch den Papst diesem Krone und Herrschaft übertragen habe, um sie dann aus seiner Hand als „Lehen" neu zu empfangen (die sogenannte „Konstantinische Schenkung"). Der Autor des ‚Trierer Silvester' bedient sich also der ‚Kaiserchronik', um deren zentrales Anliegen mit Hilfe ihres eigenen Materials zu widerlegen.

Während im Falle des ‚Trierer Silvester' die Abhängigkeit von der ‚Kaiserchronik' nie zur Diskussion stand, wirft die Überlieferungsgeschichte der ‚Crescentia' Probleme auf, in deren Zentrum die Frage steht: Läßt sich die gesamte Einzel-Überlieferung der ‚Crescentia' von der ‚Kaiserchronik' ableiten oder geht sie teilweise auf ein älteres Werk, eine ‚Ur-Crescentia', zurück, von der dann auch die ‚Chronik'-Fassung selbst abhängig wäre? Anlaß für diese Frage war – außer der getrennten Überlieferung – die immer schon als auffällig empfundene Sonderstellung der ‚Crescentia'-Legende im Kontext der ‚Kaiserchronik' (Umfang, Verstechnik, Struktur). Neuere Reim-, Stil- und Kompositionsanalysen haben diesen Befund bestätigt, aber gerade aus dem „verfrühten" Gestaltungsniveau (etwa dem für die Entstehungszeit unerwartet hohen und von den übrigen Teilen der ‚Kaiserchronik' nicht erreichten Anteil reiner Reime) gefolgert, daß man mit der ‚Crescentia' nicht noch vor die ‚Kaiserchronik' hinaufgehen kann, die Annahme einer längere Zeit vorher geschaffenen „Ur-Crescentia" demnach höchst unwahrscheinlich ist. Man darf also davon ausgehen, daß die ‚Crescentia' eigens für die Verwendung in der ‚Kaiserchronik' gedichtet wurde, dann aber bald auch ein selbständiges Leben zu führen begann (vgl. auch Bd. II/2, S. 116). Anders als beim ‚Trierer Silvester' lag hier der Grund für diese Entwicklung wohl einfach im besonderen Reiz dieser „romanhaft durchsetzten Legende" (Wehrli), in ihrer formalen Ausgewogenheit, vor allem aber auch in der Attraktivität ihres Stoffs. Die ‚Crescentia' bietet die christliche Variante des beliebten Themas von der unschuldigen Frau, die von ihrem Schwager zunächst begehrt, nach erfolgter Abweisung aber verleumdet wird, hierauf Beschimpfung und Demütigung erdulden muß, bis sich zuletzt ihre Unschuld mit Hilfe des Himmels glanzvoll offenbart.

Schließlich hat das Spätmittelalter zwei Denkmäler überliefert, in denen Spuren auf ein älteres Werk des 12. Jahrhunderts deuten: eine ‚Margarethen'-Legende und den Bericht von ‚Brandans Meerfahrt' (s. Bd. III). Bei der ‚Margaretha' handelt es sich um eine „Frauen-Legende" vom Typ der ‚Juliana' (s. u.); ‚Brandans Meerfahrt' beschreibt in legendarischer Form die abenteuerliche Reise des heiligen irischen Abtes Brandan. Brandans Reise ist Bußfahrt: Der Heilige hatte in einem Buch von den Wundern Gottes gelesen und, erzürnt über soviel vermeintliche Fabeleien, das Buch verbrannt. Nun muß er ausfahren, um die Wunder mit eigenen Augen zu sehen und durch einen Bericht darüber das verbrannte Buch zu ersetzen. – ‚Brandans Meerfahrt' ist das Beispiel einer besonders geglückten Verbindung von geistlichen Intentionen mit einer Fülle interessanter Stoffe aus verschiedensten Erzähltraditionen, die geeignet waren, die Phantasie eines welthungrigen Publikums anzuregen.

Die beiden einzigen vollständig oder doch fast vollständig überlieferten Legenden beschreiben das Leben des heiligen Ägidius und der heiligen Juliana.

Der ‚Ägidius' ist in zwei Handschriften des 12. Jahrhunderts erhalten (‚Trierer' bzw. ‚Höxter Ägidius'), die einander so gut ergänzen, daß nur am Anfang der Legende ein Stückchen fehlt. Die ‚Juliana' ist vollständig, wenn auch spät, in einer Handschrift des 14. Jahrhunderts aus dem Chorherrenstift Seckau, überliefert. Entstanden ist das Werk wohl im Kloster Schäftlarn bei München, dessen in Deutschland sonst wenig bekannte Patronin durch die Legende verherrlicht werden sollte. (Zum Autor, dem Priester Arnolt, vgl. o. S. 141.)

Der ‚Ägidius' erzählt von einem Heiligen, der als Eremit sein Leben ausschließlich Gott weihen möchte, aber durch himmlische Fügung den Mitmenschen zurückgegeben wird und wieder mit der „Welt" in Kontakt kommt, freilich ohne durch sie gefährdet zu werden. Vielmehr wirkt er segensreich als weiser Abt, als wundertätiger Krankenheiler und als Beichtvater Kaiser Karls, dem er eine unnennbare Schuld vergibt. – Es ist eine freundliche Legende, die bei allem Wissen um die Anfälligkeit des Menschen frei ist von eifernder Weltverachtung und in der sich Heiligkeit auch als hilfreiche Unterstützung der „Normalmenschen" manifestiert.

Von ganz anderer Art ist die ‚Juliana'. Hier stehen sich (noch weithin heidnische) Welt und Heiligkeit unversöhnlich gegenüber. ‚Juliana' ist eine Märtyrer-Legende, in der mit handgreiflichen und verbalen Grobheiten nicht gespart wird.

Der Leidensweg der Heiligen beginnt mit einem für „Frauen-Legenden" charakteristischen Einsatz: der standhaften Weigerung der Heldin, einen (heidnischen) Gemahl zu nehmen. Und da Juliana zum Typ der „Märtyrer vom unzerstörbaren Leben" gehört, muß sie vielfältige Folterungen und Tötungsversuche über sich ergehen lassen, bevor sie endgültig stirbt. Vorher aber gelingt es ihr, den Teufel, der sie in Versuchung führen wollte, zu fesseln und zum Geständnis aller seiner Schandtaten zu zwingen. Gerade diese Teufelsszenen in ihrer burlesken Grobheit gaben Anlaß zu der Vermutung, die ‚Juliana' sei in der vorliegenden Form eine spätmittelalterliche Überarbeitung. Doch konnte durch sorgfältige Quellenstudien nachgewiesen werden, daß die wortreichen Auseinandersetzungen mit dem höllischen Widersacher fester Bestandteil schon der lateinischen Juliana-Tradition sind.

Wenn die Legenden im Rahmen der besprochenen Gemeinsamkeiten erstaunliche Unterschiede aufweisen – die Verschiedenartigkeit von ‚Ägidius‘ und ‚Juliana‘ ist ein Beispiel dafür –, so hat dies seinen Grund in der weitgehenden Abhängigkeit der volkssprachigen Legendendichtung dieser Jahrzehnte von der lateinischen Tradition. Den schier unübersehbaren lateinischen Legendenschatz bildeten Werke, die nach Alter, Herkunft und literarischem Anspruch weit differierten. Für die Bearbeiter des 12. Jahrhunderts waren diese Unterschiede sekundär; sie wählten aus dem vorhandenen Fundus nach ihren (bzw. des Publikums) Bedürfnissen aus. (Die Interessenlage läßt sich an den noch vorhandenen Denkmälern ablesen: Propagierung einer Lokalpatronin [‚Juliana‘], Gewinnung von „Helferheiligen" [‚Veit‘, ‚Margaretha‘, ‚Ägidius‘, ‚Andreas‘], Erschütterung durch Jenseitsvision [‚Visio S. Pauli‘, ‚Patricius‘] und Sündenhorror [‚Pilatus‘, ‚Albanus‘]. Die Vorlagen für diese Legenden stammten aus den verschiedensten Zeiten und Räumen des Christentums, aus der frühen Kirche (‚Visio S. Pauli‘, ‚Andreas‘), aus der christlichen Spätantike (‚Margaretha‘, ‚Juliana‘, ‚Vitus‘), aus dem frühen (‚Ägidius‘, ‚Patricius‘) und aus dem hohen Mittelalter (‚Pilatus‘, ‚Albanus‘), und alle trugen sie die Merkmale ihrer Entstehungsgeschichte (theologisches und kulturelles Ambiente, literarische Stilisierung) an sich. Zwar werden die verschiedenen lateinischen Legendentypen entsprechend den Bedürfnissen der volkssprachigen Rezipienten des 12. Jahrhunderts umgeformt, doch geht diese Umformung nicht so weit, daß die ursprüngliche Eigenart der lateinischen Quelle nicht noch deutlich erkennbar bliebe. Dies erklärt die Vielfalt von unterschiedlichsten Typen gleich zu Beginn der mittelhochdeutschen Legendendichtung.

Deutsche Werke nach französischen Quellen

Die Legendenübersetzungen haben das literarische Spektrum des 12. Jahrhunderts wesentlich verbreitert und die weitere Entwicklung der volkssprachigen Literatur entscheidend gefördert. Wenn sie selbst von dieser Entwicklung – zunächst jedenfalls – rasch überholt wurden, hat das seinen Grund nicht zuletzt darin, daß ihre prinzipiell negative Antwort auf die zentrale Frage nach der Möglichkeit einer Verbindung von Seelenheil und ehrenhaft-erfolgreichem Leben in der Welt dem Optimismus der Zeit zuwiderlief. Anders die im folgenden zu besprechenden deutschen Nachdichtungen französischer Werke, ‚Alexander‘ und ‚Rolandslied‘, die beide, wenn auch von verschiedenen Ausgangspunkten her und auf verschiedenen Wegen, eine Harmonisierung von Heil und Welt anstreben. Darin dürfte, neben der Befriedigung gestiegener ästhetischer Ansprüche und dem Reiz des Inhalts, ein wesentlicher Grund für ihren Erfolg gelegen haben.

Als das Leben Alexanders des Großen dem mittelalterlichen Publikum des 12. Jahrhunderts in den Volkssprachen präsentiert wurde, war der Makedone in der lateinischen Tradition längst zu einem bevorzugten Demonstrationsobjekt für divergierende, ja gegensätzliche Lebensanschauungen geworden. In der griechischen Romantradition stand Alexander als Beispiel für höchste Entfaltung menschlicher Kräfte, war er der glänzende Sieger, überlegen nicht nur durch Waffenstärke, sondern ebenso durch umfassendes Wissen auf allen Gebieten; in der Stoa (speziell in der stoischen Popularphilosophie) diente er dagegen als Exempel für die Hinfälligkeit des Menschen, für die Episodenhaftigkeit auch der gewaltigsten Leistungen. Der frühe und glanzlose Tod Alexanders und der rasche Zerfall seines ungeheueren Reiches dokumentierten höchst anschaulich die Vergänglichkeit alles Irdischen. So konnte die Vita des Königs ebenso zur Verherrlichung eines tatenfrohen Weltlebens wie zur düsteren Memento-mori-Mahnung herangezogen werden. Alberic von Pisançon, der um 1120 ein französisches Werk über Alexander verfaßte, entschied sich für die positive Sicht des Makedonenkönigs, und dies so dezidiert, daß er Alexanders Heldenleben als Argument gegen König Salomos Lehre von der Nichtigkeit alles Irdischen (Prediger 1,2.12–14) ins Feld führte. Mit seiner Erinnerung an den großen König wollte er deutlich machen, *que tot non sie vanitas* („daß nicht alles eitel sei", v. 7f.). Der Pfaffe Lamprecht (s.o. S. 156) mochte sich, als er das Werk ins Deutsche übertrug, diesem ausdrücklichen Widerspruch gegen die biblische Autorität nicht anschließen, und so wird der Prolog seiner Übersetzung beherrscht von dem salomonischen *vanitatum vanitas* („alles ist eitel"). Dabei nützt Lamprecht nicht ungeschickt die Autorität des alttestamentlichen Königs aus, um (im Anschluß an Prediger 12,8–10) seine eigene Schriftstellerei zu rechtfertigen: Wie Salomo in der Niederschrift seiner Weisheitslehre das einzige Mittel sah, um die aus der *vanitas*-Erkenntnis sich zwangsläufig ergebende seelische Apathie zu überwinden, so wolle auch er sich jetzt ans Werk machen (v. 27–34). – womit er implizit zum Ausdruck bringt, daß auch sein Werk ein Buch der Weisheit darstellt. Doch wenn sich Lamprecht auch bei den programmatischen Äußerungen vorsichtig von Alberic distanzierte – bei der Wiedergabe der Geschichte selbst hat er sich von der Tendenz seiner Vorlage offenbar nicht allzu weit entfernt. Auch bei Lamprecht bleibt Alexander der edle Held, der vom Glück begünstigte Erfolgsmensch, dem mit dem abschließend berichteten Sieg über den Perserkönig Darius das mächtigste Reich der Erde zufällt; eventuelle Unvollkommenheiten, die diesem insgesamt strahlenden Helden anhaften mögen, gewinnen kaum thematisches Gewicht. Wenn Lamprecht modifizierend in seine Vorlage eingegriffen hat, dann am ehesten in der Weise, daß er das „genus novum", die neue Gattung, die der ‚Alexander' darstellte, „in die literarische Tradition deutscher Epik" einzuordnen bestrebt war (Ruh). Dies bereitete keine Schwierigkeit bei einer Dichtung, die mit der Übernahme der persischen Herrschaft durch Alexander und also mit der

Ablösung des zweiten Weltreiches durch das dritte, griechische, endete. Diese Zäsur entsprach genau dem Gliederungsschema der vier Weltreiche nach Daniel 7, das der geistlich überformten heimischen Geschichtsdichtung geläufig war, und so überrascht es nicht, daß die Vorauer Handschrift die Erzählung von Alexander in ihr großes (Heils-)Geschichts-Panorama eingebaut hat und zwar an „historisch richtiger" Stelle, d.h. zwischen die Dichtungen mit Themen aus dem Alten Testament und dem ‚Leben Jesu' der Frau Ava.

Aber gerade diese Art der Darbietung – Alexander als Funktionsträger im göttlichen Geschichtsplan – wurde offenbar bald als nicht mehr zeitgemäß empfunden. Jedenfalls ist eine „Neuauflage" des ‚Alexander' auf uns gekommen, die nicht nur gewachsene formale Ansprüche befriedigt (glatteres Versmaß, Reimreinheit, Geschmeidigkeit der Syntax), sondern über Lamprecht hinaus im Anschluß an lateinische Quellen das gesamte Alexanderleben erzählt. Dies bedeutet, daß der Makedonenkönig nun nicht mehr (oder nicht nur) als heilsgeschichtlicher Wendepunkt, sondern als Person interessiert. Was dem Publikum auf diese Weise geboten wird, ist eine spannende Heldenvita, voller Gefährdungen, tapferen und listig-berechnenden Taten und immer neuen überwältigenden Siegen – all dies vor dem prächtigen und phantastischen Hintergrund eines halb märchenhaften Orients.

Die Überlieferungssituation der volkssprachigen Alexander-Literatur des 12. Jahrhunderts ist ungünstig. Dies gilt schon für Alberics Werk: Von diesem ist nur der Anfang (105 Verse) erhalten. Man ist also auf Vermutungen angewiesen darüber, bis zu welchem Punkt Alberic das Leben Alexanders erzählt hat. Immerhin gibt es einen Anhaltspunkt dafür, daß der Sieg über Darius, mit dem die Vorauer Handschrift schließt, auch das Ende von Lamprechts Quelle darstellte: Eine auf Alberic fußende französische Dichtung endet ebenfalls mit dem Tod des Perserkönigs. – Auch die Überlieferung der frühen deutschen Alexander-Dichtung wirft Probleme auf. Die Fassung der Vorauer Handschrift vertritt für uns Lamprechts (wohl um die Jahrhundertmitte angefertigte) Übersetzung. Doch hat man sich angesichts des recht abrupten Schlusses von V gefragt, ob die Handschrift mit ihren 1533 Versen überhaupt Lamprechts gesamtes Werk enthält. Die sehr intensive Diskussion dieser Frage hat zwar kein endgültiges Ergebnis, aber doch eine gewisse Klärung gebracht. So ist man sich – auch im Blick auf den vermuteten Umfang von Alberics Werk – heute weithin einig, daß der Schluß von V in seiner Knappheit zwar eine Art „Notdach" darstellt, sachlich aber wohl dem Ende von Lamprechts Dichtung entspricht. – Die erwähnte „Neuauflage" des ‚Alexander' war in der Straßburg-Molsheimer Handschrift enthalten, die 1870 verbrannte (‚Straßburger Alexander' = S). Diese umfangreichere Version (7302 Verse) dürfte 1170–80 entstanden sein. – In stark umgearbeiteter Form schließlich lebt der ‚Alexander' des 12. Jahrhunderts in einer Basler Weltchronik des 15. Jahrhunderts weiter (‚Basler Alexander' = B). Diese späte Fassung ist für die Geschichte der frühen Texte insofern von Bedeutung, als B nicht von S abhängt, sondern mit diesem auf eine gemeinsame Quelle zurückgeht, S*, eine erste Überarbeitung von Lamprechts Werk, die den Geschichtsausschnitt bereits zur Alexander-Vita erweitert hatte.

Wie der Autor-Übersetzer des ‚Straßburger Alexander' selbst zum Helden seiner Geschichte stand, wie er dieses weltliche Heroenleben beurteilte, darüber konnte in der Forschung bis heute keine restlose Übereinstimmung erzielt werden. Der Grund für die Divergenzen liegt vor allem im Prolog und in der Schlußepisode, die die alte, aus der Antike überlieferte Alexandervita umrahmen. Beide Werkteile sind vom *vanitas*-Motiv bestimmt, da der Autor von S den Lamprechtschen Prolog übernimmt und als letzte Geschichte das aus jüdisch-talmudischer Tradition stammende ‚Iter ad paradisum', Alexanders Paradiesfahrt, einbaut.

In dieser, im Abendland seit dem 12. Jahrhundert lateinisch verbreiteten Erzählung macht sich Alexander, nachdem er fast die ganze Welt erobert hat, auf, um mit seinen Soldaten das Paradies zu suchen und zu erobern. Viele Tage rudern sie unter ungeheuren Mühen den Euphrat aufwärts und gelangen schließlich vor die Paradiesesburg. Als nun Alexander von den Paradiesbewohnern zum Zeichen ihrer Unterwerfung die Zahlung von Zins fordert, erhält er nichts als einen Edelstein. Nach seiner Rückkehr forscht er lange vergeblich nach der Bedeutung der Gabe, bis sie ihm schließlich ein weiser Jude erklärt: Auf eine Waage gelegt, erweist sich der Stein als so schwer, daß ihn alles Gold dieser Welt nicht aufwiegen kann; legt man aber eine Feder und Erde auf die andere Waagschale, schnellt er sofort in die Höhe. Dies symbolisiert das unersättliche Streben des Menschen, das im Augenblick seines Todes zu Nichts wird.

Für den Literarhistoriker stellt sich die Frage, ob der Autor von S mit der Hinzufügung dieser Passage den Sinn und den Wert von Alexanders heroischer Existenz negieren wollte, ob das Erzählte durch ein Urteil aus höherer, geistlicher Warte gleichsam annulliert werden sollte. In diesem Fall wäre der ‚Straßburger Alexander' so etwas wie eine besonders raffinierte und besonders wirksame Memento-mori-Dichtung, raffiniert deswegen, weil die Alexandervita im Gewand einer beinahe schon höfischen Diesseits-bejahung daherkommt. Eine solche Deutung, obwohl ernsthaft erwogen, konnte nie so recht befriedigen. Daher wurden alternative Interpretationen versucht, deren jüngste darauf hinausläuft, das Werk im Bereich der „politischen" Diskussion anzusiedeln: als historisch verfremdete Ausein-andersetzung mit dem aktuellen Problem der Machtbalance zwischen Kaiser und Fürsten (Stein). Doch so deutlich das Interesse an dieser Frage in anderen Werken des 12. Jahrhunderts auch ausgeprägt sein mag, in S läßt es sich nicht nachweisen. Die Umgebung des Makedonenkönigs hat in S, auch wenn bisweilen Ratsversammlungen abgehalten werden, auf Alexanders Entscheidungen ebenso wenig wirklichen Einfluß wie in den Vorlagen, so daß weder von einer „Balance" noch von der Suche nach einer solchen die Rede sein kann. Im Gegenteil, man hat eher den Eindruck, daß der Dichter des ‚Straßburger Alexander' im Gleichklang mit der Quelle gerade von der absoluten Dominanz des Protagonisten fasziniert ist. Von ihm gehen nicht nur alle Unternehmungen aus, er ist es auch, der in Krisen-situationen allein das intellektuelle und seelische Standvermögen besitzt, um mit der Gefahr fertig zu werden. Er bleibt stark, wo die anderen mutlos und schwach sind, angefangen von dem entschlossenen Nein des jugendlichen Alexander zur ungerechten Zinsforderung des Darius bis hin zu den Abenteuerfahrten an die Grenzen der Erde. So wie sein unbeugsamer Mut, seine stählerne Entschlußkraft über 6000 Verse hin geschildert werden, kann man einfach nicht glauben, daß eine solche Heldenfigur nur zu dem Zwecke aufgebaut wird, damit sie im Schlußtableau spektakulär vernichtet werden kann. Gewiß, die Ausfahrt zum Paradies und die Absicht, die neun Chöre der Engel zinspflichtig zu machen, wird vom Dichter als Unersättlichkeit, als „Gier" gebrandmarkt (v. 6667—84), aber zugleich ist sie Ausdruck eines unstillbaren Hungers, eine Ungenügens an dem bisher Erreichten, das sich immer als vorläufig erwies. Mag also aus der Sicht des christlichen Verfassers bei dem Versuch, das Paradies mit Waffengewalt zu erobern, *superbia* („stolze Anmaßung") im Spiel sein und damit sündhaftes Handeln — so wird dies doch zur *felix culpa* („glückbringenden Schuld"), denn auf diese Weise gelangt Alexander zur Erkenntnis und zur inneren Akzeptation einer höheren Ordnung. Als man ihm nämlich vor der Paradiespforte zusammen mit dem Stein auch die Mahnung zur Umkehr übermittelt, bricht er die Expedition ab, nicht aus Furcht, sondern aus Einsicht. Dies zeigt sich in der Begründung, die er für den Entschluß zur Rückkehr gibt: „Alle, die da drinnen sind (nämlich die Paradiesbewohner), sind die wahren Gotteskinder. Gott selbst schützt sie, weil sie seine Gebote erfüllen. Deshalb hat er ihnen das unvergängliche Leben geschenkt. ... Wir sollten uns alle den (seligen) Seelen und den Engelsscharen anbefehlen, damit wir unter ihrem Schutz ohne Qual und Leid und ohne Ehrverlust die Heimat erreichen" (v. 6997—7010).

Die antike Heldenvita wird vom Dichter nicht annulliert, sondern relativiert. Die *magnalia* („Großtaten") eines überragenden Menschen sind bewunderns- und nachahmenswert, w e n n sie innerhalb der menschlichen Grenzen bleiben, d.h. wenn der *vir fortis* Gottes Gebote anerkennt und seiner Sterblichkeit eingedenk bleibt. Indem der Autor die ‚Paradiesfahrt' in seine Geschichte einfügt, die den schon im antiken Roman anklingenden Sterblichkeitsgedanken unterstreicht und um das Thema „Verantwortung vor Gott" bereichert, gelingt es ihm, die Größe antiken Menschen- und Heldentums ins Christliche hinein zu vermitteln, seinen Lesern und Hörern als vorbildhaft zu präsentieren. Seine Erzählung gibt eine Antwort auf die aktuelle Frage nach der Verbindung von *êre und vrum der sêle*, von Weltehre und Seelenheil. Die Aussage des Werkes zielt also nicht auf den Erweis der grundsätzlichen Eitelkeit der Welt; als nichtig erweist sie sich nur einem Menschen, der sie verabsolutiert. Der Dichter läßt, wie sein Held, die „Mönchskolonie" der Occidraten (Bewohner eines armen Landes, die in absoluter Genügsamkeit leben) unbehelligt, aber er wehrt sich genauso leidenschaftlich gegen die Zumutung, die asketische Weltflucht als die einzige Möglichkeit der Lebensgestaltung gelten zu lassen: „Hätten a l l e

Menschen, die in der Welt leben, eure Einstellung, wozu wären sie dann überhaupt auf der Erde?" (v. 4887–89). Die antiken Tugenden Mut, Klugheit und Weisheit, die Königin Candacis an Alexander rühmt (v. 6210–13), sind echte Werte, die freilich ihre volle Wirkkraft erst entfalten, wenn sie verchristlicht sind. Als „Zwerg auf den Schultern des Riesen" versteht sich die lateinische Kultur des 12. Jahrhunderts im Hinblick auf die Antike; genauso mag der Dichter des ‚Straßburger Alexander' sein Werk verstanden haben – und den zeitgenössischen Adeligen, der in einem „Alexander christianus" sein Lebensideal erblickte.

Von ganz anderer Art ist das zweite Werk, das in unserer Periode aus dem Französischen übersetzt wird: das ‚Rolandslied' (s. o. S. 103–106). Vermittelt der ‚Alexander' Stoff und Erzähltraditionen der Antike, so lebt im ‚Rolandslied' heimisch-französische Überlieferung weiter, werden Heldentaten aus der Vergangenheit des eigenen Volkes in den Formen einer christlich modifizierten Heroik gepriesen.

Die Fragen, wann das französische ‚Rolandslied' in der uns bekannten Gestalt entstanden ist und in welcher Form die Geschichte von Roland vorher tradiert wurde, sind Gegenstand einer schon lange währenden Diskussion. Die uns erhaltene buchliterarische Form wird gewöhnlich vor oder um 1100 angesetzt, möglicherweise zu früh, da das Lied „seinem geistigen Gesamthabitus nach" eher in die „ausgehenden zwanziger Jahre des 12. Jahrhunderts" (Bertau) zu passen scheint. Die ‚Chanson de Roland' ist der berühmteste Vertreter des literarischen Typs der ‚Chanson de geste', jener Form französischer Epik, in der sich heroische Großtat und christliche Grundhaltung in der Schilderung von Ereignissen aus der Zeit Karls des Großen und seiner Nachfolger verbinden.

Der Interessenzusammenhang, in dem die Chanson-Epik steht, ist entscheidend geprägt von dem sich entwickelnden französischen Nationalgefühl. Der Kampf für den rechten Glauben und für die *douce France* (das „geliebte Frankreich") sind denn auch für die Helden der ‚Chanson de Roland' nicht zu trennen. Vergleichbares gab es östlich des Rheins nicht. Während sich im Westen Nationalbewußtsein und Nationalstaat entwickelten, war man im Raum des Imperiums um die Rekonsolidierung der Reichsidee bemüht. Dies bedeutete, daß eine Übersetzung der französischen ‚Chanson de geste' ins Deutsche nicht ohne Veränderungen auskommen konnte, daß der Stoff dem anders gearteten staatlich-politischen Selbstverständnis und der bereits vorhandenen Tradition volkssprachiger Geschichtsdichtung ebenso zu adaptieren war wie die französische Laissenstrophe dem deutschen Reimpaarvers. In der Tat hat der Pfaffe Konrad nicht nur ganze Versreihen aus der ‚Kaiserchronik' herübergeholt, er hat auch und vor allem die nationale Ausrichtung der ‚Chanson de Roland' durch imperiale Zielvorstellungen ersetzt, französische in „reichsinterne" Geschichtsauffassung übertragen.

So frei Konrad aber auch mit seiner Quelle umgesprungen ist und so sehr er auch die Verbindung zur deutschen Geschichtsdichtung suchte, in

einem, und zwar dem entscheidenden Punkte stimmt sein ‚Rolandslied'
mit der Vorlage überein und bildet dadurch ein Novum gegenüber der
heimisch-traditionellen Form historischer Darstellung: Die geschilderten
Ereignisse stehen nicht im Rahmen einer wie auch immer gearteten „Uni-
versalgeschichte", sondern ganz für sich allein. Die großen Taten und die
großen Helden werden als solche bewundernd besungen – wie in den alten
germanischen Heldenliedern! Freilich, dieses Genre war seit Ludwig dem
Frommen († 842) nicht mehr der Aufzeichnung für wert erachtet worden
(s. Bd. I/1), und wo in der ersten Phase frühmhd. Literatur das Wirken
bedeutender Menschen literarisch fixiert wurde, verdankten sie diese Ehre,
wie schon gesagt, ihrer Funktion im Geschichtsganzen. Das Wiederauftreten
der Einzelpersönlichkeit als Handlungsträger, als Gestalter eigenen und
fremden Schicksals bedeutete demgegenüber eine Art Emanzipation aus
der kollektiven Denkweise des christlich-mönchischen Frühmittelalters,
zu der die Vorstellung von der Menschheit als einer „Heilsgemeinschaft"
nicht wenig beigetragen hatte. Deshalb ist es auch nicht verwunderlich,
daß die neuen Formen an die vorchristliche Tradition des „Heldenlebens"
anknüpften, an den antiken Roman (‚Straßburger Alexander') und das
germanisch-fränkische Heldenlied (‚Roland'). Dem ist allerdings sofort
einschränkend hinzuzufügen, daß weder der eine noch der andere literarische
Typus unverändert fortgesetzt wird. Von der „Christianisierung" des
‚Alexanderromans' war schon im vorigen Abschnitt die Rede gewesen, und
ebenso agiert Roland nicht als der einem übermächtigen Schicksal trotzig
Widerstand leistende germanische Recke, sondern als „Lehensmann" Gottes.
Der literarisch wiedererstandene Held ist eine lebendige Einzelpersönlichkeit
– nicht mehr nur „Funktionär" der Welt- und Heilsgeschichte –, aber
er ist dies als Verfechter einer idealen Ordnung, und erst dadurch wird sein
Leben für die Rezipienten des 12. Jahrhunderts exemplarisch.

Die ideale Ordnung im ‚Rolandslied' des Pfaffen Konrad ist das christ-
liche Imperium; die Heldentaten beziehen sich im wesentlichen auf die
Überwindung der äußeren (heidnischen) Reichsfeinde. Das komplexere
Thema der Zerschlagung „widerchristlicher" Aktionen im Inneren des
Reiches ist dem untergeordnet. So entsteht ein sehr einfaches politisches
Weltbild, das nicht unwesentlich zum Erfolg des Werkes beigetragen haben
dürfte. Im Rahmen einer solchen idealisierenden Reichskonzeption werden
dann aber auch Antworten auf drängende Probleme der Zeit versucht.
Dies betrifft die politisch-staatsrechtliche Frage nach dem Verhältnis von
Zentralmacht (Kaiser) und partikulären Gewalten (Fürsten), es betrifft
aber auch das Problem der kleinen Adeligen, wie in einer eng gewordenen
Welt Ehre, Waffenruhm und Besitzerweiterung zu verwirklichen sei, ohne
gegen christliche Gebote und öffentliches Recht zu verstoßen, und schließlich, wie man überhaupt das kämpferisch-heldische Lebensideal des Berufs-
soldaten (Ritters) mit der christlichen Lebensaufgabe „Gewinnung des
Seelenheils" zur Deckung bringen könne. Die Antwort, die das ‚Rolandslied'

auf diese Fragen gibt, ist der Heidenkampf – unter dem der Auftraggeber
des Werkes, Heinrich der Löwe, vor allem den Kampf gegen die noch
heidnischen Slawen verstand. Hier können sich Kaiser und Fürsten in einem
gemeinsamen Ziel zusammenfinden, hier hat der Tapfere die Chance, Ehre
und Land zu gewinnen und zudem die ruhmvolle Waffentat mit geistlichem
Sinn zu erfüllen. So sucht das ‚Rolandslied' moderne Entwicklungen in
überkommene Vorstellungen zu integrieren, Altes und Neues zu verbinden.
Sein im Grunde restauratives Konzept hat in der vieldiskutierten Archaik
der Form die angemessene Darstellungsweise gefunden.

Erzählende Literatur auf der Basis mündlicher Überlieferung: Spielmannsepik

Der letzte Abschnitt in unserer Darstellung der erzählender Literatur gilt
den Spielmannsepen ‚Oswald', ‚Orendel', ‚Salman und Morolf', ‚König
Rother' und ‚Herzog Ernst'. Wenn man die fünf Werke in dieser Weise
unter dem Begriff „Spielmannsepik" zusammenstellt, kann man sich
mit einer solchen Ordnung zwar auf eine lange literaturwissenschaftliche
Tradition berufen, muß sich aber dennoch rechtfertigen. Denn so verbreitet
diese Einteilung ist, so umstritten ist sie auch. Wer ihr folgt, muß auf
den Vorwurf gefaßt sein, er verhindere aus bequemer Gewöhnung die
angemessene Betrachtung.

Den ersten und entscheidenden Anstoß zur Hinterfragung der vertrauten Bezeichnung
„Spielmannsepik" gaben Überlegungen zum Spielmann selbst. War dieser zunächst
eine eher „romantische" Gestalt, eine Art personifizierter dichtender Volksgeist,
wurde er zum Problem in dem Augenblick, wo man versuchte, sich ihn als reale
Größe im mittelalterlichen Sozialgefüge vorzustellen. Die Frage nach seiner Existenzform und seiner kulturellen Funktion aber bleibt trotz intensiv geführter Diskussion
angesichts der Dürftigkeit der Quellen sehr schwer zu beantworten.

Die Vorbehalt gegen die Bezeichnung „Spielmannsepik" haben ihren Grund
nicht nur in der Skepsis gegen den Spielmann als Träger oder gar Produzenten
dieser Literatur, vielmehr meldet sich Widerspruch auch dann, wenn man
das Problem des Spielmanns ausklammert und mit dem Begriff „Spielmannsepik" nur das Charakteristische dieser Werke, das „Spielmännische" eben,
bezeichnen will. Hier werde eine Einheit vorgetäuscht, die in Wirklichkeit
so nicht vorhanden sei. Und in der Tat lassen sich durchaus Unterschiede
anführen, die verdeutlichen, in welchem Umfang jedes der fünf Werke sein
eigenes Gepräge hat. Und doch ist diese Eigenständigkeit eine relative.
Vergleicht man die Gruppe der Spielmannsepen mit dem Artusroman,
wird sie wahrscheinlich heterogen erscheinen; kommt man von der Typenvielfalt der frühmhd. Literatur her, wirkt die Gruppe geradezu erstaunlich
geschlossen. Dieser Eindruck wird hervorgerufen durch eine Reihe ins Auge
springender Eigenschaften, die, wenn auch in unterschiedlichem Umfang,

alle fünf Werke prägen. Es handelt sich dabei um Merkmale, von denen sich jedes einzelne auch außerhalb der Spielmannsepik nachweisen läßt, die aber gebündelt durchaus hinreichen, um den fünf Denkmälern eine gewisse Zusammengehörigkeit und Eigenständigkeit gegenüber anderen zeitgenössischen literarischen Erscheinungen zu sichern.

Merkmalskataloge zur Kennzeichnung des Spielmännischen wurden wiederholt zusammengestellt (z.B. Salmen). Sie umfassen Stilistisches (z.B. hyperbolische Ausdrucksweise, formelhafte Wahrheitsbeteuerungen und Quellenberufungen, Publikumsapostrophe) und Inhaltliches (z.B. die Freude an Verkleidungen und an derb-komischen Szenen).

Man hat eingewandt, daß die so zustande gekommene Gemeinsamkeit eine vordergründige sei, konstituiert durch Merkmale, die kein „zusammenhängendes System morphologisch und funktionell" (Meves) verknüpfter Teile bildeten, also das Wesen der Werke nicht träfen. Die Beantwortung dieses Einwands wird davon abhängen, was man als „Wesen" einer Dichtung betrachtet. Wir halten es für ein wesentliches Charakteristikum der fünf in Frage stehenden Werke, daß sie alle aus der Mündlichkeit in die schriftliterarische epische Großform aufgestiegen sind. Die deutsche Literatur greift in der zweiten Jahrhunderthälfte ehedem nicht buchfähige Stoffe auf, weil eben die neuen Bedürfnisse mit den bisherigen (vorwiegend lateinisch-geistlichen) Mitteln nicht mehr hinreichend zu befriedigen waren. Diese Stoffe mögen heterogener Natur sein und beim Übergang in die Schriftlichkeit (oder schon vorher) mit den verschiedensten bereits etablierten Typen (insbesondere mit der Legende) amalgamiert worden sein; das Faktum jedoch, daß sie jetzt aus einer volkstümlich-unterhaltenden, nicht-theologischen und nicht-wissenschaftlichen Erzähltradition hervorgeholt werden, verrät, daß ihr Charakter sich von dem der bisher behandelten Erzähltypen (Bibeldichtung, Legende, Historiographie) wesentlich unterscheidet. So verstanden können auch die oben erwähnten Merkmale, die ja Signale der gemeinsamen Herkunft aus der Mündlichkeit sind, als wesentliche Merkmale betrachtet werden.

Die entscheidende Gemeinsamkeit der Epen sehen wir darin, daß sie den Moment der Transformation von der Mündlichkeit in die Schriftlichkeit noch festhalten – oder besser: jenen Moment, in dem die Begegnung der beiden literarischen Existenzformen noch offen und im Stadium des Experiments war. Auch auf der Ebene der inhaltlich-strukturellen Konkretisierung der neuen Welterfahrung sind die Werke in entscheidenden Zügen verwandt und vergleichbar. Immer geht es darum zu zeigen, wie der Held aus königlicher Familie sich durch den Einsatz von Machtmitteln, Tapferkeit, Standhaftigkeit und Klugheit in der Welt bewährt. Konkreter Ort der Bewährung ist – auf zeitgenössische Interessen antwortend – in allen Fällen ein mehr oder weniger ferner und märchenhafter Osten. Die Bewährung in der Welt aber wird im wesentlichen verstanden als Weltbewältigung in einem handgreiflich-äußerlichen Sinn: Das Widerstrebende wird überwunden und dem eigenen Willen unterworfen. Der Held erreicht sein Ziel in jedem Fall: Alle Werke enden untragisch; sie führen, wenn auch mit unterschiedlicher Konsequenz, zu einem happy end. Freilich verläuft der Erfolgsweg des

Helden nicht geradlinig: Unerwartet sieht er sich vor die größten Probleme gestellt in einem Moment, wo er alles bereits gewonnen glaubt. Aber es handelt sich um äußere Komplikationen, die noch kaum als Zeichen für eine innere Krise, als Erfahrung persönlicher Schuld und Unzulänglichkeit verstanden werden. Dieser Außenperspektive entspricht es, daß die Helden auch kaum über sich, ihre Stellung in der Welt, ihr Handeln, ihre Gefühle reflektieren. Damit wiederum hängt zusammen, daß sie sich nicht eigentlich wandeln, nur sehr bedingt Erfahrungen machen, am Ende des Werkes kaum andere sind als am Anfang. Die im epischen Verlauf dennoch stattfindende Veränderung betrifft weniger den Helden als die ihn umgebende Welt. Seine Aufgabe und seine Leistung besteht zu einem guten Teil darin, mit seinem Handeln einer Gefährdung der *cristenheit* entgegenzuwirken. Diese *cristenheit* erscheint das eine Mal stärker unter religiösem Aspekt, als die Gemeinschaft der Christusgläubigen, ein andermal stärker unter politischen Aspekt, als das *rîche*, die staatliche Realisierung des *corpus christianum* („Christenvolks"). Dementsprechend steht im ersten Fall mehr die Bedrohung von Sicherheit und Freiheit des Glaubens, im andern Fall mehr die latente oder schon offenbare Gefährdung einer friedvollen, „guten" Herrschaft im Vordergrund. Grundsätzlich zu trennen sind beide Komponenten nicht, und in jedem Fall gilt der epische Vorgang der Überwindung der Störung. Am Ende des Werkes steht jeweils die Rekonsolidierung der christlichen Welt.

Zur erzählerischen Verklammerung von persönlichem und überpersönlichem Aspekt, von Heldenvita und übergreifendem, „geschichtlichem" Vorgang, bedienen sich vier der fünf Epen des Motivs der Brautwerbung. Dieses Motiv ermöglicht es, Individuelles − den Liebeswunsch des Königs − funktional mit Allgemeinem − der Wohlfahrt des Reiches − zu verbinden: Stabilisierung der Herrschaft durch Sicherung der Dynastie bzw. Sicherung und Mehrung des christlichen Glaubens durch Abwehr oder Bekehrung der heidnischen Welt, aus der die Prinzessin stammt oder mit der sie in irgendeiner anderen Form verknüpft ist. In dieser integrierenden Wirkung dürfte ein Grund für die Beliebtheit des sogenannten Brautwerbungsschemas liegen.

Es handelt sich dabei um eine spezielle, zum handlungsorganisierenden Erzählschema verfestigte Ausformung des weltliterarischen Themas von der schwierigen, gefahrvollen Eroberung einer Frau. Das Thema wird in unseren Werken durchweg ähnlich konkretisiert, wobei ein wesentliches Moment die königliche Stellung des brautsuchenden Mannes ist. Sie ermöglicht zum einen, die typischen Mittel der Brautgewinnung, Gewalt und List, mit den Königstugenden *fortitudo* („Tapferkeit") und *sapientia* („Klugheit") in Verbindung zu bringen, vor allem aber verleiht die Position des Bräutigams der Werbung den Charakter eines Staatsaktes. Die Entscheidung darüber, ob Rang und *êre* der in Aussicht genommenen Braut der künftigen Stellung entsprechen, kann der König nicht allein treffen. Die Vertreter der Reichsinteressen haben hier ein − oft in einer eigenen Beratungsszene artikuliertes − Mitspracherecht.

So bilden die Werke trotz gewisser Unterschiede, die nicht geleugnet werden sollen (und die die Ungunst der Überlieferung in manchen Punkten noch vergrößert haben mag), doch eine Gemeinschaft vergleichbarer literarischer Antworten auf vergleichbare Erfahrungen.

Fragt man sich, an welcher schriftliterarischen Gattung sich die Autoren bei der Überführung ihres mündlichen Materials in die Schriftlichkeit orientiert haben, wird man an erster Stelle die Legende nennen müssen. Drei der Epen stehen so stark unter dem Einfluß legendarischen Erzählens, daß man sie geradezu als Legendenromane zu bezeichnen pflegt: ‚Salman und Morolf‘, ‚Orendel‘, ‚Oswald‘. Die Verknüpfung von Legende und Brautwerbungsschema erfolgt jedoch bei allen dreien auf recht unterschiedliche Weise. Im Falle des ‚Salman and Morolf‘ beschränkt sich der Einfluß der Legende auf das Stoffliche; der ‚Orendel‘ hat darüberhinaus auch die erbauliche Tendenz mit ihr gemeinsam; der ‚Oswald‘ schließlich greift die Legende ganz bewußt als literarischen Typ auf und baut ihn als solchen in sein Werk ein.

Beginnen wir mit dem ‚Oswald‘. Im Zentrum des Werkes steht jener heilige König von Northumbrien, dessen Leben zuerst in Bedas Kirchengeschichte (erste Darstellung der Eingliederung eines germanischen Volkes in die christliche Kult- und Kulturgemeinschaft) schriftlich festgehalten wurde. Seine Vita ließ ihn als Helden einer Brautwerbungsgeschichte besonders geeignet erscheinen: Nach Beda († 735) manifestierte sich seine Tapferkeit vor allem im Heidenkampf, seine Frömmigkeit in einer beispielhaften Freigebigkeit, vor allem aber bot die Tatsache, daß Oswald die Tochter eines ehemals heidnischen Herrschers heiratete, bei dessen Taufe er selbst Pate gestanden hatte, einen hervorragenden Ausgangspunkt für die Entfaltung einer Werbungserzählung.

Die deutschen Erzählungen von König Oswald sind nur in spätmittelalterlicher Überlieferung auf uns gekommen. Die spielmännischen Brautwerbungsepen sind offenbar bald nach ihrer Entstehung durch den höfischen Roman an den Rand der Gunst zumindest jenes Publikums gedrängt worden, das über die Möglichkeit zu schriftlicher Aufzeichnung verfügte. Im Spätmittelalter aber stießen sie auf gesteigertes Interese, und so verdanken wir dieser Zeit – vor allem dem 15. Jahrhundert – nicht nur die Kenntnis des ‚Oswald‘, sondern auch des ‚Orendel‘ und des ‚Salman und Morolf‘ (s.u.). Die Geschichte des heiligen Königs Oswald überliefern zahlreiche Textzeugen (mit einer Ausnahme alle aus dem 15. Jahrhundert) in sehr unterschiedlichen Formen, die von der kirchlich orientierten Prosalegende bis zum Großepos von fast 4000 Versen reichen. Die versepische Gestalt ist die hier interessierende; sie muß für uns das Werk des 12. Jahrhunderts vertreten. Sie liegt – sieht man von einem schwer zu beurteilenden Fragment des 14. Jahrhunderts ab – in zwei Fassungen vor: als sogenannter ‚Münchener Oswald‘ und als sogenannter ‚Wiener Oswald‘. Der ‚Wiener Oswald‘ unterscheidet sich vom ‚Münchner Oswald‘ vor allem dadurch, daß er Fromm-Erbauliches stärker akzentuiert als Spannend-Unterhaltendes, den legendarischen Charakter also noch mehr unterstreicht. Die Handlung des Epos, das mit 1600 Versen nicht einmal halb so lang ist wie sein Münchener Gegenstück, bewegt sich rasch dem eigentlichen Ziel, der Heidenbekehrung, zu. In der Diskussion um die Frage, ob der „legendarische" ‚Wiener Oswald' oder der „spielmännische" ‚Münchner Oswald' eher als Nachfahre des Werkes aus dem 12. Jahrhundert zu betrachten sei, hat sich der letzte Herausgeber des ‚Münchner Oswald' und beste Kenner der Materie, Curschmann, für den ‚Münchner Oswald' ausgesprochen. Wir schließen uns diesem Urteil an und beziehen uns mit den folgenden Ausführungen auf dieses Werk. Acht teilweise fragmentarische Textzeugen überliefern den ‚Münchner Oswald'; unter ihnen dürfte eine in der ersten Hälfte des 15. Jahrhunderts in Bayern geschriebene Handschrift (München, Cgm 719) das Werk des Hochmittelalters am treuesten bewahren.

Wenn die Vita des heiligen Oswald auch unmittelbar Anknüpfungspunkte für eine Werbungsgeschichte bot, ergaben sich für den Erzähler trotz dieses Umstandes Probleme. Denn Brautwerbungsschema und Legende sind literarische Formen mit im Grunde divergierendem Aussagesinn, bestimmt von sehr unterschiedlichen Sichtweisen menschlichen Handelns. Die Legende stellt ein ganz vom göttlichen Willen gelenktes und beherrschtes Leben dar, dessen Träger als vollkommenes Werkzeug der göttlichen Planung erscheint; die Brautwerbungserzählung aber lebt von einem Helden, der gegen alle Widerstände schließlich den eigenen Willen durchsetzt, zeigt ihn erfüllt von dem Wunsch nach Kampf, Eroberung, Besitz. Der Autor des ‚Oswald' hat diese charakteristische Verschiedenheit durchaus erkannt; sein Werk ist geprägt vom Nebeneinander der beiden Erzählformen.

Die Konsequenz dieses Nebeneinander ist zunächst eine merkwürdig „stockende" Handlung: Der König wünscht eine Frau und unternimmt auch alle dem Schema entsprechenden Anstrengungen, um sie zu gewinnen, aber alle seine Aktionen führen nicht nur nicht zum Ziel, sie bewegen auch überhaupt nichts. Damit die Handlung immer wieder in Gang kommen kann, muß ständig von neuem der Himmel eingreifen, um dessen Hilfe der ratlose Hauptakteur dringend fleht.

Wo aber divergierende Erzählformen in ihren wesentlichen Aussagemöglichkeiten klar erkannt und trotzdem nicht einfach harmonisiert werden, fühlt man sich berechtigt, das kontrastreiche Neben- und Ineinander als Ausdruck einer planenden Absicht zu verstehen. Diese dürfte sich nicht in der publikumswirksamen Aktualisierung einer Heiligenvita erschöpfen, vielmehr scheint der Autor die zwei Erzähltypen vor allem deswegen miteinander zu verknüpfen, weil er so mit literarischen Mitteln die Interdependenz der beiden menschlichen Grundhaltungen zum Ausdruck bringen konnte, die die genannten Erzählformen repräsentieren: den ausgeprägten, weltgerichteten Eigenwillen des Menschen und seine Gehorsamsbereitschaft gegenüber dem absoluten Anspruch des göttlichen Gebotes. Die Brautwerbung, Oswalds Wunsch nach einer Frau, exemplifiziert den Eigenwillen, das menschliche Streben nach Selbstverwirklichung überhaupt. Das Beispielhafte des Vorgangs steht dabei so sehr im Vordergrund, daß die Minne selbst als Thema kaum interessiert. Und so geht es dem Autor wohl auch nicht hauptsächlich um die eingeschränkte Frage, „ob weltliche Minne vor Gott zu rechtfertigen sei" (Curschmann), sondern um das allgemeinere Problem einer Rechtfertigung „weltlichen" Lebens überhaupt.

Man kann zweifeln, ob dem Dichter die Lösung des Problems gelungen ist, denn zunächst bringen sich Brautwerbung und Legende de facto gegenseitig um ihre entscheidenden Wirkungen. Die Selbständigkeit des überlegen handelnden Menschen auf der einen Seite geht ebenso verloren wie die Inkommensurabilität Gottes auf der anderen. Der kühne König, der permanent auf ganz konkrete himmlische Unterstützung angewiesen ist, erscheint ebenso reduziert wie die zu himmlischen Handlangerdiensten verpflichtete göttliche Allmacht. Dennoch bleibt es das Verdienst des ‚Oswald', mit erzählerischen Mitteln die Frage nach der möglichen Heiligung weltlichen Lebens gestellt zu haben. Die Antwort mußte er wohl schuldig bleiben – wenn sie nicht gerade in der Brechung der traditionellen Formen liegt: Die dadurch entstehende Komik erscheint geeignet, die Vorläufigkeit aller menschlichen Konzeptionen des Heiligen im Bewußtsein zu halten (Haug).

Dem ‚Oswald' in seiner Lebendenhaltung verwandt ist der ‚Orendel', die Geschichte des Königssohnes aus Trier, der sich auf dem Weg zur erwählten Frau, der Königin von Jerusalem, den Ungenähten Rock Christi erdient und diese Reliquie schließlich in seiner Heimatstadt deponiert.

Auch dieses (rund 4000 Verse umfassende) Werk ist nur in spätmittelalterlicher Überlieferung erhalten: in einer Handschrift des 15. und zwei Drucken des 16. Jahrhunderts, von denen einer die Versdichtung in Prosa auflöst. In welchem Umfang das so überlieferte Werk den ‚Orendel' des 12. Jahrhunderts bewahrt, ist nicht zu entscheiden. Ja man hat mit dem Hinweis auf die Überlieferungssituation und den „bänkelsängerischen" (de Boor) Charakter des ‚Orendel' eine so frühe Entstehung überhaupt in Frage stellen wollen. Zu Unrecht: Trivialität ist kein eindeutiges Indiz für späte Entstehung, und eingehende sprach- und formgeschichtliche Untersuchungen (Wortgebrauch, Reimtechnik) konnten ältere Schichten nachweisen, aufgrund derer eine Entstehung in der Zeit zwischen 1150 und 1200 wahrscheinlich wird. Dorthin, in die geistige Landschaft der zweiten Hälfte des 12. Jahrhunderts, paßt der ‚Orendel' seinem Gesamtcharakter nach durchaus, und die Trierer Kirchengeschichte liefert zudem ein einleuchtendes Argument für diese Datierung: Seit den zwanziger Jahren des 12. Jahrhunderts war die Trierer Kirche bemüht, sich als Besitzerin des Ungenähten Rockes Christi zu präsentieren und die Reliquie im Bewußtsein der Öffentlichkeit zu etablieren. Einen gewissen Abschluß fanden diese Bemühungen 1196 mit der Deponierung des Rockes im Hauptaltar des Domes. Im Zusammenhang mit diesen Bestrebungen darf wohl auch die Entstehung des ‚Orendel' gesehen werden – als Versuch, die Reliquie einem möglichst breiten und das heißt auch: ungelehrten Publikum nahezubringen (Tonnelat). Wie wenig die Geschichte des Epos von der des Heiligen Rockes zu trennen ist, zeigen noch die beiden Drucke: Sie stehen im Zusammenhang mit der von Kaiser Maximilian angeordneten Ausstellung der Reliquie.

„Der Mensch zwischen Welt und Gott", das war das Problem des ‚Oswald'-Dichtung gewesen, und die Verbindung von Brautwerbung und Legende

ihr Versuch, einer Problemlösung näher zu kommen. Ganz anders der
‚Orendel‘: Er erhebt die Problemlosigkeit geradezu zum Programm. Seine
legendarischen Elemente verleihen dem Gedicht weniger den Charakter einer
christlichen Heldensage, sondern – trotz vieler heroischer Gesten – weit
mehr den eines frommen Märchens: Die simple Gläubigkeit Orendels sichert
seinen Unternehmungen märchenhaftes Gelingen.

Schon im ‚Oswald‘ greift Gott bisweilen unmittelbar in die Ereignisse ein, um dem
in Schwierigkeiten geratenen Helden zu helfen; im ‚Orendel‘ werden göttliche
Providenz und Allmacht gänzlich auf himmlische Handreichungen für denselben
reduziert. Notsituation – Gebet – prompte Unterstützung: so stellt sich hier das
Verhältnis Mensch – Gott dar. Dabei kann die göttliche Hilfe in der Rettung vor
Tausenden von Heiden ebenso bestehen wie in der pünktlichen Bereitstellung eines
Paares modisch-schmalgeschnittener Schuhe.

Der Verfasser des ‚Orendel‘ erzählt seine Geschichte mit dem geringst-
möglichen Aufwand an Variation. Gleichgebaute Episoden können mit
minimalen Veränderungen mehrfach wiederholt werden. Unverwechsel-
barkeit von Personen, Lokalitäten, Situationen durch treffende Charakterisierung sind nicht Sache dieses Autors; er erreicht Einprägsamkeit durch
Wiederholung. Dies gilt vor allem auch im Bereich der Sprache. Kein anderes
Spielmannsepos wirkt so „formelhaft“ wie der ‚Orendel‘. Von der stehenden
Adjektiv-Substantiv-Verbindung über die Wiederholung halber und ganzer
Verse bis zur Repetition umfänglicher Versgruppen reichen die wörtlichen
oder auch mit leichten Abänderungen versehenen Wiederaufnahmen.

Nicht zuletzt diese auffälligen Wiederholungen haben zu der Überlegung geführt,
ob man im ‚Orendel‘ vielleicht das Werk eines schriftliterarisch bewanderten, aber
aus Publikumsrücksicht absichtlich „mündlich“ formulierenden Autors zu sehen
habe. Die zunächst eher Verwunderung erregende Annahme eines kompositorisch
bewußt arbeitenden ‚Orendel‘-Autors erfährt eine gewisse Stütze durch die Art,
wie im Werk Elemente unterschiedlichster Form und Herkunft (heimische – jedenfalls durch die Namen belegte – Traditionen; der spätgriechische ‚Apollonius‘-
Roman in französischer Überarbeitung; Legendarisches; das „aktuelle“ Braut-
werbungsthema; – vielleicht – Gegenwartsgeschichte; Selbsterfundenes) verbunden
werden. Nur scheinbar planlos addiert, sind sie bei aller vordergründigen Simplizität
doch zu einem einheitlichen Ganzen gefügt, das sich darstellt als komplexer,
doppelter Weg des Helden. Denn zunächst bietet der ‚Orendel‘ eine Modifikation
jener Doppelung, die das Brautwerbungsschema auch in den übrigen Spielmannsepen zeigt: Die schon gesichert erscheinende Verbindung der Partner – und damit
die Herrschaft – werden noch einmal in Frage gestellt und müssen neu gewonnen
werden. So befreit Orendel in einer zweiten Serie von Kämpfen noch einmal die
Königin Bride und Jerusalem. Diese Befreiung ist endgültig, aber sie mündet nicht
– wie im Märchen und im Artusroman – in das zeitlos glückliche Erdenleben
des Paares, sondern – legendentypisch – in die ewige Seligkeit, die Orendel und
Bride als unmittelbar bevorstehend angekündigt wird: Für die tapferen Kämpfer
wird das befreite zum himmlischen Jerusalem. In diese Handlung mit dem Zielpunkt

Jerusalem ist aber die Handlung mit dem Ausgangs- und Zielpunkt Trier eingelagert. Entsprechend dem Brautwerbungsschema, das das Geschehen in Gang setzt, müßte Orendel zur Sicherung seiner Herrschaft eine angemessene Gemahlin in das Reich seines Vaters heimführen. Dies ist jedoch nicht möglich, weil das Märchenmotiv vom jüngsten Sohn, der in der Ferne sein Glück macht, dem entgegensteht: Orendel ist als dritter Sohn König Ougels nicht zur Herrschaft in der Heimat bestimmt und hat sich zudem von Anfang an dem Dienst am Heiligen Grab geweiht. Gleichwohl bringt das Epos auch die Brautwerbung zu einem schemagerechten, wenn auch modifizierten Abschluß: Orendel kommt mit Bride nach Trier, um seiner Heimat das zu geben, was im Schema die Hochzeit garantieren soll: Sicherheit und Frieden. Er befreit Trier von der Belagerung durch die Heiden, tauft die Bekehrungswilligen und läßt der Stadt, gleichsam als Signum künftig dauernden Heils, den Grauen Rock zurück.

Wie immer man die Fähigkeiten des ‚Orendel‘-Autors einschätzen mag, – ein „sorgfältiger Rhetoriker" (Tonnelat), bedacht auf Wirksamkeit, war er bestimmt. So reduziert er zu simpel-einprägsamen Bildern und Vorstellungen, worauf es ihm offenbar ankam: die Stabilisierung christlicher Herrschaft über den Erdkreis. Zwischen Orient und Okzident erstreckt sich am Ende des Epos eine befriedete christliche Welt. Zwischen Jerusalem, der heiligen Stadt im Osten, in der Christus starb, und Trier, der mit lokalpatriotischem Interesse herausgestellten heiligen Stadt des Westens, dem Ort von Christi Wiederkunft (v. 3204), liegt der Bereich christlicher Bewährung. Es ist eine sehr leicht überschaubare Welt, die hier, aufgeteilt in Gut und Böse, geboten wird.

Angesichts solcher Problemlosigkeit überrascht es nicht, daß sich auch die Minnehandlung ohne eigentliche Schwierigkeiten entwickelt. Was sie dennoch interessant macht, ist die Art, wie Minne dargestellt wird. In keinem anderen der Spielmannsepen ist das Verhältnis von Mann und Frau so sehr als wirkliche Partnerschaft gestaltet wie im ‚Orendel‘. Die mit der Funktion Brides als selbständiger Herrscherin gegebene besondere Stellung der umworbenen Frau ist vom Autor konsequent ausgebaut worden: Bride steht gleichbedeutend neben Orendel. Vor allem aber handeln die beiden gemeinsam und sind nur durch diese Gemeinsamkeit erfolgreich. „Laßt uns Seite an Seite kämpfen", sagt etwa Bride zu Orendel, „dann sind wir unwiderstehlich!" (v. 2149f.).

Freilich ist diese Gemeinsamkeit des Paares, so sehr sie die Handlung bestimmt und so nachdrücklich der Autor sie herauszustellen bemüht ist – z.B. durch deutliche Parallelführung der Figuren –, noch wesentlich verschieden von der Verbindung eines Paares im höfischen Roman, etwa Erecs und Enides in Hartmanns ‚Erec‘ (s. Bd. II/1). Denn die Beziehung zwischen Orendel und Bride ist kein Wert an sich, sondern dient einem Ziel, das in keinem unmittelbaren, inneren Zusammenhang mit ihrer Gemeinschaft steht und auch keineswegs nur durch *rehte minne* erreicht werden kann: der Verteidigung des Heiligen Grabes. Das Ja des ‚Orendel‘ zur Minne ist also

ein durchaus bedingtes, die „vorhöfische" Position ist nicht eigentlich
verlassen; der Nicht-Vollzug der Ehe und die schließliche Weltentsagung
unterstreichen dies. Aber sowenig der ‚Orendel' einen theoretischen Fortschritt in der Minnediskussion bedeutet, so sehr fördert er sie in der Praxis,
nicht nur durch den Raum, den er dem Verhältnis Mann – Frau gewährt,
sondern auch durch die neuen Ansätze zur Darstellung dieses Verhältnisses:
Minne weder als Erfahrung einer zauberisch-bannenden Macht noch als
Rechtsakt, sondern als Freundschaft auf der Basis gemeinsamer Überzeugung.

Neben Bride, der unerschrockenen Kämpferin für den Glauben, gibt
es im Rahmen der Spielmannsepen noch eine zweite Frauengestalt von
ähnlicher Bedeutung und vielleicht noch größerer Einprägsamkeit: Die
Königin Salme in ‚Salman und Morolf'.

Auch ‚Salman und Morolf' ist nur in spätmittelalterlicher Überlieferung auf uns
gekommen. Drei Handschriften aus dem 15. Jahrhundert (eine vierte verbrannte
1870 in Straßburg, Fragmente einer fünften während des zweiten Weltkriegs in
Dresden) und zwei Drucke (15. und 16. Jahrhundert) bewahren ein Werk, das seine
entscheidende Form im 12. Jahrhundert gefunden hatte, als zwei Traditionsstränge
miteinander verknüpft wurden, die bis dahin wohl mehr oder weniger getrennt
nebeneinander existiert hatten, verbunden nur durch die Gestalt des Salman/
Salomo. Auf der einen Seite handelt es sich um eine Tradition, die in Dialog- und
auch Schwankform einen Salomo vorführt, dessen Weisheit in ihrer abstrakten
Allgemeinheit durch die am konkreten Beispiel demonstrierende Lebensklugheit
eines Mannes aus dem Volke ad absurdum geführt wird. Im Laufe der Entwicklung
wurde dabei der salomonische Idealismus zur lebensuntüchtigen Weltferne und
blindgläubigen Naivität, die ein immer unflätigerer, in seiner Argumentations- und
Handlungsweise immer gröberer Widerpart der Lächerlichkeit preisgibt. (Das sog.
‚Spruchgedicht von Salman and Marcolf' aus dem 14. Jahrhundert [vgl. Bd. III/1]
dokumentiert den Endpunkt dieser Entwicklung). Neben dieser auf dem gnomischen
Dialog fußenden Tradition aber stand ein erzählender Strang, in dem eine volkstümliche Salomo-Gestalt (der edle Weise als zaubermächtiger König, mit Dämonen
umgehend, durch Frauen gefährdet) zum Helden einer Brautwerbungsgeschichte
geworden war, begleitet von einem treuen Helfer. Die Brautwerbungserzählung
verband sich offenbar früh mit dem verbreiteten Thema der „Ungetreuen Frau".
Der Epilog des erwähnten ‚Spruchgedichts' vermittelt eine ungefähre inhaltliche
Vorstellung von der so entstandenen Geschichte, wie sie um die Mitte des 12. Jahrhunderts auch im deutschen Sprachraum bekannt gewesen sein dürfte. – Beide
Traditionen wurden dann in der zweiten Jahrhunderthälfte in der Weise miteinander
verbunden, daß der listig-überlegene Widerpart der Spruchtradition in die Helfer-
rolle der Erzählung eingesetzt wurde, die damit neue Züge und ein weitaus größeres
Gewicht erhielt. Als weitere Neuerung kam auf dieser Stufe die Doppelung der
Ereigniskette hinzu: Zweimal wird nun die ungetreue Frau – in parallelgebauten
Szenenfolgen – zurückerobert. Das Ergebnis ist ein umfängliches Epos von rund
800 Strophen.

Die strophische Form des Werkes (die Morolfstrophe besteht aus fünf vierhebigen
Versen; auf einen Paarreim folgt eine Waisenterzine) hat die Forschung wiederholt

beschäftigt. Wird hier ein älteres Lied auch formal noch greifbar, und wenn ja, warum hat gerade ‚Salman und Morolf‘ die ältere Form bewahrt? Eine mögliche Antwort auf diese Frage könnte in der Nähe des ‚Salman‘-Stoffes zur Spruchtradition liegen. Es wäre denkbar, daß diese mit ihren formalen Besonderheiten dem hochmittelalterlichen Epos die strophische Gestalt bewahrt hat.

Wie im ‚Orendel‘ ist auch in der Erzählung von ‚Salman und Morolf‘ das Gewicht der Frauenrolle im Zusammenhang mit dem gesteigerten Interesse am Verhältnis der beiden Partner zu sehen. Hier wie dort wird nicht einfach im Blick auf den werbenden König erzählt, dessen gefährliche Unternehmungen mit der schließlichen Heirat zum verdienten Erfolg kommen. Es interessiert weniger das Faktum der Eheschließung als die damit gegebene Beziehung zwischen Mann und Frau, die Existenzbedingungen eines solchen Verhältnisses, ihre Möglichkeiten und Probleme. Damit freilich sind die Entsprechungen zwischen ‚Orendel‘ und ‚Salman und Morolf‘ erschöpft; denn in der Art, wie beide Werke die Beziehung zwischen den Geschlechtern gestalten, unterscheiden sie sich fundamental. Läßt sich das Brautwerbungsschema dadurch definieren, daß der „irgendwie oppositionell bestimmte Pol“ (Haug) der Welt, in dessen Zentrum die begehrte Frau steht, überwunden und der eigenen Welt integriert wird, so erscheint dieses Schema im ‚Orendel‘ dahingehend abgewandelt, daß das oppositionelle Element fast völlig eliminiert ist. Bride und Orendel und die Welten, für die sie stehen, sind von Anfang an aufeinander zugeordnet, sie korrespondieren im Innersten. So fehlt auch jede Spannung zwischen den Personen, und Minne erscheint dementsprechend als Bewährung inniger Freundschaft. Ganz anders im ‚Salman‘: Ist im ‚Orendel‘ Integration unnötig, so ist sie hier unmöglich. Zwischen dem Paar Salman und Salme gibt es keine eigentliche Gemeinsamkeit, keine Verbindung, nur Überwältigung. Salme überwältigt durch den Zauber ihrer Schönheit: Wer ihm verfällt, vergißt die Welt und verliert sich selbst.

Die Darstellung dieser sinnverwirrenden weiblichen Schönheit, die hier zum ersten Mal in der deutschen Literatur so nachdrücklich thematisiert wird, fällt dem Autor nicht leicht. Der Rezipient muß sich weithin selbst ein Bild machen. Er muß die Unwiderstehlichkeit der Salme erschließen: aus dem Fortgang der Handlung und aus der Anziehungskraft, die sie auf ferne Könige trotz der damit verbundenen Gefahren ausübt, aus der tödlichen Leidenschaft, mit der der einzige von ihr nicht Verzauberte, Morolf, auf ihre Vernichtung sinnt, aus der selbstzerstörerischen Liebe, mit der Salman ihr verfallen ist. Einmal freilich versucht der Autor, den Zauber von Salmes Schönheit unmittelbar anschaulich zu machen, am Beginn des Werkes, gleichsam als Verständnishintergrund für das folgende Geschehen. Es ist alles andere als brilliant, was dabei unter Verwendung der gängigsten Bestandteile einer traditionellen Schönheitsbeschreibung − blondes Seidenhaar, rubinroter Mund, schneeweißer Hals usw. − geboten wird. Aber all diese wenig originellen Einzelelemente fügen sich schließlich doch zu einem einheitlichen Gesamteindruck zusammen, der bestimmt wird vom Aspekt des Leuchtens; es ist eine im wahrsten Sinne des Wortes glänzende Erscheinung, die hier vorgestellt wird. Beim Mahl nach dem pfingstlichen Kirchgang wird dieser Glanz dann zum lebendigen Funkeln, gespiegelt im Schimmer des Weines und dem Gold des Pokals. Salman ist außer sich vor Glück und die Ritter sind so gebannt von diesem Anblick, daß ihnen der Bissen im Halse stecken bleibt.

Doch trotz dieses Zaubers wird Salme nicht eigentlich zur Person. Sie agiert nicht, sie reagiert allenfalls. Sie hat im Grunde keinen eigenen Willen, sondern geht ganz in ihrer Wirkung auf, existiert nur im Spiegel ihrer Umwelt. Und so werden auch ihre Minnebeziehungen nicht zu personalen Bindungen, bleiben „unverbindlich", zauberisch-unpersönlich und daher jederzeit „durch Zauber" (Fores Zauberwurzel, Princians Zauberring) auflösbar. Salman erkennt dies nicht. Immer wieder von Salme gebannt, ist er je nach Situation bedenkenlos glücklich oder unglücklich — aber ohne Einsicht. Eben diese möchte ihm sein Bruder Morolf vermitteln. Als Salmans anderes Ich versucht er, den auf das Unbedingte fixierten königlichen Bruder auf die Realität zu verweisen, und als ihm dies nicht gelingt, wird er zur treibenden Kraft einer invertierten Brautwerbungshandlung, an deren Ende Frieden und Sicherheit nicht durch die Gewinnung der Frau, sondern durch ihren endgültigen Verlust garantiert werden.

Morolf ist die bunteste und vielschichtigste Gestalt des Werkes, im Kern zusammengehalten nur durch die bedingungslose Liebe und Treue gegenüber seinem Bruder. Er erscheint bisweilen wie Salmans Mephisto: Skeptisch, ja zynisch, macht er sich einen Spaß daraus, die Naivität und Dummheit seiner Umwelt auszunützen. Doch gefährdet er dabei bedenkenlos auch seine eigene Existenz; er macht sich selbst zur Figur in dem Spiel, das er zu beherrschen scheint. Die Überlegenheit des Tausendkünstlers Morolf beruht wesentlich auf seiner größeren Einsicht in die menschliche Unzulänglichkeit, und sein beinahe totaler Unernst ist die verzweifelt-komische Reaktion darauf.

Minne erscheint also im ‚Salman', gerade wenn sie als absolute, überwältigende Macht erfahren wird, als bedrohlich, nicht ins Positive wendbar, in ihren zerstörerischen Konsequenzen nur zu bannen, indem man sie selbst zerstört. Neben dieser ins Extrem gesteigerten „vorhöfischen" Auffassung der Minne als gefährlich-irritierender Größe, die besonders in der Frau und durch sie wirkt, deutet das Werk freilich in einer Nebenhandlung auch eine andere Konzeption von Minne an.

Daß es bei einer Andeutung bleibt, ist, abgesehen von der Schwierigkeit des Problems, auch darin begründet, daß die entsprechenden Episoden — die Geschichte der Prinzessin Affer — wohl spät hinzugefügt wurden und der Interpolator angesichts der festliegenden Handlung keine breiten erzählerischen Entfaltungsmöglichkeiten für seine Überzeugungen sah. So konnte er seine Konzeption nur in wenigen Szenen skizzieren, deren wichtigste eine Modifikation der Kemenatenszene ist, jener Begegnung, bei der sich im Brautwerbungsschema die Braut und der Werber verständigen. In dieser Szene erscheint konzentriert, was die ganze Begegnung zwischen Salman und der Königstochter bestimmt: Besorgnis und liebende Fürsorge auf Seiten des Mädchens, Rücksichtsnahme und Respekt auf Seiten Salmans. Anders als im Verhältnis Salman – Salme entsteht hier so etwas wie eine personale Begegnung: keine Überwältigung, losgelöst von Raum und Zeit, sondern ein verstehendes Erkennen des Gegenübers und des eigenen Selbst. Bezeichnenderweise wird denn auch einzig in dieser Szene ein souveräner Salman vorgeführt – nicht außer sich vor Liebe oder verstört von Angst, fremder Leitung und Hilfe bedürftig, sondern im vollen Bewußtsein seiner herrscherlichen Würde und mit klarem Urteil über seine augenblickliche Situation. Seine Souveränität manifestiert sich in der Schönheit seiner Musik, deren unwiderstehliche Wirkung – die Prinzessin ist nach seinem Lied willens, ihm zur Flucht zu verhelfen – ihre tiefste Begründung dadurch erfährt, daß Salman sie nicht ausnützt.

Die Alternative, die der Autor in dieser Nebenhandlung skizziert, geht aus von der Überlegung, daß für den Menschen die Erfahrung des Absoluten nur möglich ist, wenn er auch das Begrenzte und Bedingte seiner Existenz akzeptiert. Dort, wo die Erfahrung des Absoluten in der Begegnung mit dem Du erfolgt, bedeutet dies Wahrnehmung und Akzeptation der Person – der des Gegenübers und der eigenen: Wer nicht bei sich ist, kann auch nicht außer sich sein; nur wer sich selbst wahrnimmt, kann von sich absehen. Die Lösung des Minneproblems wird also auf dem Weg über die Selbständigkeit und Werthaftigkeit der Person versucht, deren bewußte Wahrnehmung auch die Voraussetzung für eine neue, vertiefte Erfahrung der Minne bildet.

Wie in den eben besprochenen drei Werken gibt auch für den ‚König Rother‘ das Brautwerbungsschema den Strukturrahmen für die Handlung ab. Weder durch legendarische Erzählformen modifiziert noch, wie im ‚Salman und Morolf‘, in sein Gegenteil verwandelt, erscheint es hier gleichsam in klassischer Form: Der königliche Held gewinnt nach Überwindung harter Widerstände die ihm einzig angemessene Frau, die dem Reich den ersehnten Thronfolger schenkt. Doch nicht nur die Gestaltung des Werbungsschemas macht den ‚König Rother‘ zum „Klassiker" unter den spielmännischen Brautwerbungsepen, sondern mehr noch der Umstand, daß er sich am weitesten höfischer Idealität annähert, am stärksten von höfischem Maß bestimmt ist. Dies gilt für alle Bereiche: für die Darstellung der Personen ebenso wie für die sprachliche Präsentation und die Stringenz der Handlungsführung.

Dieser „klassische" Charakter des ‚Rother‘ (zu seiner Überlieferung s.o. S. 100f.) mag verschiedene Ursachen haben. Sicher spielen die Fähigkeiten des Autors eine wichtige Rolle, möglicherweise auch Publikumsrücksichten. Nicht zu übersehen ist ferner die Tatsache, daß es sich hier um eine Geschichte handelt, deren Kern im Bereich der lateinischen Historiographie schon mehrmals schriftliterarisch fixiert worden war. Die Forschung hat wiederholt auf – verschiedenen Zeiten angehörende – Parallelen zum ‚Rother‘ hingewiesen: auf die von Paulus Diaconus berichtete Werbung König Autharis um Theudelinde, auf die bei Gregor von Tours

mitgeteilte Werbung Chlodwigs um Chrodehilde und schließlich auf den Gesandt-
schaftsbericht des Liutprant von Cremona, der im Auftrag Ottos des Großen in
Konstantinopel eine – erfolglose – Werbung um eine byzantinische Prinzessin
durchgeführt hatte. Es ist nicht möglich, genau zu bestimmen, wieviel diese Notizen
(oder vielleicht auch schon verwandte – nicht erhaltene – lateinische Erzählungen)
zur schließlichen Gestalt des hochmittelalterlichen ‚Rother' beigetragen haben.
Entscheidend ist, daß offenbar – wie immer die Beziehungen im einzelnen gelaufen
sein mögen – die schriftliterarischen Parallelen dem Stoff eine gewisse Konsistenz
und Geradlinigkeit gesichert haben.

Dem überlieferten ‚Rother'-Epos dürfte eine einfache Brautwerbungserzählung vorausgegangen sein. Im erhaltenen Werk ist dann die Handlungs-
folge gedoppelt (Rückentführung und zweite Gewinnung der Frau) wie im
‚Salman und Morolf' und wohl unter Verwendung von dessen Motiven.
Die Konsistenz der Geschichte mag es dem Autor, als er die Ereignisfolge
doppelte, erleichtert haben, mit der Wiederholung mehr als eine intensi-
vierende Unterstreichung des schon Gesagten anzustreben. Denn der zweite
Teil des Werkes soll hier offenbar dazu dienen, die Darstellung der königlichen Existenz um neue Aspekte zu bereichern. Der erste Werkteil zeigt
einen Rother, der selbstbewußt seine Machtmittel zum Einsatz bringt, sich
ganz auf sie und seine persönliche Überlegenheit verläßt und niemals wirklich
gefährdet ist. Der Rückentführungsteil dagegen stellt den König in größter
Gefahr dar, angewiesen auf menschliche Hilfe und göttlichen Beistand –
und durchaus mit dem Bewußtsein dieses Angewiesenseins. Mit dieser
Ausnutzung der Doppelung zu ergänzender Darstellung deuten sich Möglichkeiten an, wie sich aus der „einfachen" Wiederholung eine sinntragende
Struktur entwickeln kann. So zeigt gerade der ‚König Rother', auf welchen
Voraussetzungen der höfische Roman aufbaut, an welche Verständnis-
möglichkeiten er anknüpfen konnte. Andererseits macht er aber auch jenen
Abstand zwischen beiden deutlich, der „eine unmittelbare Strukturver-
bindung zwischen Spielmannsdichtung und höfischem Roman fraglich"
(Fromm) erscheinen läßt.
    Dieser Abstand zeigt sich im Falle des ‚Rother' nicht zuletzt an der Art,
wie die Vorbildlichkeit des Helden gestaltet wird. Die Möglichkeit eines
ehrenvollen Lebens in der Welt, das gleichwohl *sub specie aeternitatis*, im
Blick auf die Ewigkeit, Gültigkeit hat (die Moniage am Ende des Lebens
bedeutet keinen Widerruf), wird dort aufgezeigt, wo sie traditionell unbezweifelt war: am Königsamt. Rother ist nicht die Idealgestalt schlechthin,
er ist der ideale K ö n i g. Von der Möglichkeit des Brautwerbungsschemas,
persönliches und überpersönliches Anliegen in der Person des königlichen
Werbers zu vereinen, macht der ‚König Rother' nur bedingt Gebrauch.
Er konzentriert sich völlig auf die Darstellung der königlichen Position,
und so erscheint die Brautwerbung ganz als rechtlich-politischer Vorgang.
Minne wird nicht zum Thema oder gar zum Problem. Nur in einer, freilich
zentralen und besonders sorgfältig komponierten Szene wird etwas von der

Spannung der Minnebeziehung sichtbar, bei der Schuhprobe in der Kemenate der Prinzessin. Hier verbinden sich für einen Augenblick reichspolitisches Handeln und persönliches Wollen, kühne Tat und inneres Wagnis.

Die nachdrückliche Akzentuierung der königlichen Funktionen gibt dem ‚König Rother' noch vor allen „konkreten" historischen Anspielungen (s. o. S. 101–103) eine im Vergleich mit den drei anderen Brautwerbungsepen spürbar stärkere geschichtliche Ausrichtung. Sie macht die am Ende des Werkes vorgenommene Verknüpfung mit der Reichsgeschichte bruchlos möglich, läßt sie als konsequent erscheinen. Dies Streben nach historischer Verbindlichkeit verleiht dem ‚König Rother' seinen oft betonten Ernst, aber auch eine gewisse Altertümlichkeit. Sie macht in ihrem Kontrast zu den modernen Elementen, etwa den formalen Ansprüchen, einen wesentlichen Reiz des Epos aus.

Allen Spielmannsepen gemeinsam ist – Reflex der historischen Erfahrung – das Wissen um die beständige Gefährdung einer bestehenden und als positiv empfundenen Ordnung – einer Ordnung, die mehr meint als den gesellschaftlich-politischen Zustand, obwohl sie selbstverständlich auch diesen miteinschließt. Während aber in den Brautwerbungsepen die Gefahr im politischen Bereich eher latent vorhanden ist und die empfundene Bedrohung vor allem in der Forderung nach dem herrschaftsstabilisierenden Erben deutlich wird, stellt das Epos von ‚Herzog Ernst' die offene Krise dar.

In vollständiger Form ist der ‚Herzog Ernst' erst in einer Fassung des beginnenden 13. Jahrhunderts (sogenannter ‚Herzog Ernst B') erhalten. Sie ist die Bearbeitung eines älteren, in unserem Zeitraum entstandenen Werkes (sogenannter ‚Herzog Ernst A'), das aber nur fragmentarisch überliefert ist (das älteste Fragment stammt noch aus dem Ende des 12. Jahrhunderts). Da ‚Herzog Ernst B' zwar das ältere Epos dem höfischen Geschmack seiner Zeit anzupassen sucht, aber dabei offenbar – wie der Vergleich mit den Fragmenten zeigt – keine gravierenden Veränderungen vornimmt, kann er für uns die ältere Stufe vertreten. Die genaue Entstehungszeit des ‚Herzog Ernst A' kennen wir nicht. Die verschiedentlich vermuteten Spuren historischer Ereignisse im Werk sind zu undeutlich, als daß sie Anhaltspunkte für eine exakte zeitliche Fixierung geben könnten. Mit Sicherheit kann man sagen, daß das Werk in den achtziger Jahren bereits einen gewissen Bekanntheitsgrad hatte: Eine im Jahre 1186 in Tegernsee zusammengestellte Handschrift enthält einen Brief mit der Bitte, das „deutsche Buch von Herzog Ernst" zu verleihen. Auf der anderen Seite läßt der Abenteuer-Teil des Epos ein gesteigertes Orient-Interesse erkennen, das in dieser Form nach dem zweiten Kreuzzug (1147–1149) eher zu erwarten ist als vor ihm. In unmittelbarer Nähe des unglücklich verlaufenden Unternehmens freilich ist das Werk auch schwer vorstellbar. So wird man es sich am ehesten in den sechziger Jahren entstanden denken; Sprache und Reimtechnik widersprechen zumindest diesem Ansatz nicht.

Auf das Epos des 12. Jahrhunderts gehen alle späteren mittelalterlichen Gestaltungen des Ernst-Stoffes zurück, der deutsch und lateinisch schreibende Autoren bis ins 15. Jahrhundert immer wieder fasziniert hat.

Im Epos von ‚Herzog Ernst' erscheint die Krise als Auseinandersetzung zwischen einem Kaiser Otto und einem Bayernherzog Ernst und damit als eine jener Machtproben, in denen sich das permanente Spannungsverhältnis zwischen Zentralmacht und Fürsten im Laufe der mittelalterlichen deutschen Geschichte immer wieder entlud.

So haben denn auch verschiedene historische Auseinandersetzungen zwischen Königtum und herzoglicher Gewalt im Werk ihre Spuren hinterlassen, am deutlichsten der Aufstand Liutolfs gegen seinen Vater Otto den Großen (954–55) und die Auseinandersetzungen Herzog Ernsts von Schwaben mit seinem Stiefvater Konrad II. (1026–30). (In welcher Form diese Ereignisse tradiert wurden – als Lied?, als Kurzepos? – bevor sie in das Epos eingingen, ist eine offene Frage.)

Im 12. Jahrhundert dürften die Auseinandersetzungen zwischen Welfen und Staufern dem Stoff neue Aktualität verliehen haben, ohne daß man aber das Werk für eine der beiden Parteien reklamieren könnte. Das Ideal des ‚Herzog Ernst' ist vielmehr eine, freilich nur schwer zu erreichende, Balance zwischen dem Kaiser und den Reichsfürsten.

Vordergründig wird die Harmonie zwischen Kaiser und Herzog durch die Intrige eines neidischen Pfalzgrafen gestört. Sie führt zwar zum Kampf zwischen Reichsmacht und partikulärer Gewalt, doch steht am Ende die Versöhnung zwischen Otto und Ernst. Aber es geht dem Werk nicht einfach um die Geschichte eines treuen Gefolgsmannes, der bei seinem Herrn verleumdet wird und dann, nach Aufklärung des wahren Sachverhaltes, in ein umso innigeres Vertrauensverhältnis zu diesem eintritt. Denn die eigentlichen Schwierigkeiten liegen nach Ansicht des Autors in der politischen Konstellation. Die Intrige des Pfalzgrafen hat ja nur deswegen Erfolg, weil die Machtverteilung tatsächlich so ist, daß der *rîche* Herzog jederzeit dem Kaiser gefährlich werden kann. Als tieferen Grund für Instabilität und Unruhe erkennt der Autor die schwache Position des Kaisers, der, anders als etwa der französische König, an realen Machtmitteln den mächtigsten seiner Großen kaum überlegen ist. Diese Situation wird im Verlauf des Epos nicht verändert; auf der Ebene der Machtverteilung ist das Problem nicht lösbar. Das hinterläßt Spuren in manchen Unentschiedenheiten des Werkes, etwa in der Tatsache, daß die Intrige nicht eigentlich aufgeklärt, der „Fall Ernst" nicht wirklich gelöst werden kann, sondern durch das „ehrenvolle" Exil des Herzogs nur gleichsam ausgesetzt wird.

Eine Möglichkeit zur Erlangung der angestrebten Balance sieht der Autor in einer allgemeinen Verpflichtung auf die Reichsidee. Wo die Größe des Reiches von allen respektiert und bejaht wird, ist auch der Kaiser als sein Repräsentant unantastbar. Die Reichsidee wird also im Werk nachdrücklich ins Bewußtsein gerufen; auf sie schwört der Kaiser die Fürsten ein, und ihr ordnen sie sich bereitwillig unter. Diese Forcierung der Reichsidee springt umso mehr ins Auge, als das *rîche* im ‚Herzog Ernst' merkwürdig unbestimmt bleibt. Das Werk verzichtet auf die Anknüpfung an christlich-imperiale Traditionen; die Bedeutung des Reichs wird nicht christlich begründet. In einem Vergleich, der seine Macht veranschaulichen soll, erscheint es bezeichnenderweise als eine Art „Naturgewalt", gegen die man sich nicht auflehnen kann: *swer swimmet wider wazzers stram* ... *er vert ze jungest doch ze tal* („jeder, der gegen den Strom schwimmt, wird schließlich doch stromabwärts getrieben", v. 1782–85).

Doch ist der ‚Herzog Ernst' nicht nur die Geschichte einer Reichskrise und ihrer Beilegung; er ist auch die Erzählung von den Erlebnissen des Herzogs im Orient.

Der Stoff dieses Teils des Epos entstammt anderen Traditionen als der der Rahmenerzählung. Es handelt sich – sieht man von den Reflexen der Kreuzzüge ab – um orientalische Märchenmotive einerseits und den Bericht über ethnographische Kuriositäten andererseits. Für beides ist lateinische Vermittlung vorauszusetzen. Auf diese Vorlage für die Orientabenteuer könnte sich der Quellenhinweis v. 4467–76 beziehen, wo der Autor skeptischen Rezipienten empfiehlt, die Wahrheit seiner Ausführungen anhand der in der Bamberger Dombibliothek liegenden lateinischen Quelle selbst nachzuprüfen. Eine andere Interpretationsmöglichkeit dieses Hinweises – will man ihn nicht überhaupt als fiktiv betrachten – bietet die Annahme, es sei hier auf eine lateinische Vorlage für das Gesamtwerk angespielt. In diesem Fall wäre die Kombination von Reichs- und Orientteil zum großepischen Werk im gelehrt-lateinischen Raum erfolgt. Die Frage muß offen bleiben.

Im Osten besteht Ernst eine Reihe von Abenteuern, in deren Verlauf er zunächst in immer größere Ferne und Verlassenheit geführt wird, dann aber Macht und Ansehen gewinnt. Schließlich kann er nach Hause zurückkehren. Die Darstellung der Reintegration des Herzogs in das Reich spiegelt in ihrer Widersprüchlichkeit noch etwas von der prinzipiell ungelösten Problematik des zugrundeliegenden Interessenkonfliktes. Auch die Schuldfrage bleibt offen. Das Kaiser und Fürsten verbindende Interesse am Reich führt schließlich auch hier zur Lösung: Der Gedanke an die Größe des Imperiums bildet die entscheidende Brücke für die Wiedereingliederung Ernsts. Das Reich kann nicht mehr auf ihn verzichten – aber nicht um seiner politischen Funktion willen, sondern weil der wahrhaft „weltweite" Ruhm des Herzogs dem Glanz des Reiches ebenso zugute kommt wie Ernsts großes Wissen. Indem sich das Reich so der Ergebnisse der herzoglichen Taten bedient, erscheinen sie als Taten für das Imperium, werden die Orientabenteuer dem Reichsgeschehen funktional verbunden.

Doch die Verbindung ist lose. Im Grunde erreicht das Epos mit der Abenteuerreihe eine andere Ebene. Die Optik wechselt: Nicht mehr der ereignishafte Vorgang, sondern der Held rückt ins Zentrum. Ähnlich wie Alexander (und mit einer vergleichbaren Abenteuerserie) wird Ernst aus einem Bestandteil der Geschichte zu einem Exempel frei verantworteten Handelns. Die Gestalt einer historischen Erzählung ist dabei, zum Helden eines fiktionalen Romans zu werden. Nicht mehr die heroische Tat im Raum der Geschichte ist tiefste Begründung und letztes Ziel der Erzählung; sie dient nur noch als Aufhänger oder allenfalls als Basis für das eigentliche Entscheidende: den im Kunstwerk realisierten und von dort aus weiterwirkenden

Erkenntnisprozeß. Er ist – wie der Prolog ausführt – aktualisierbar überall dort, wo Menschen sich in gleicher Weise rückhaltlos einsetzen wie der Held der Geschichte. Ihnen erschließt sich deren tiefere Wahrheit; indem sie die Korrespondenz zwischen Erzähltem und eigener Erfahrung wahrnehmen, werden sie zu einem intensiveren Begreifen der eigenen Situation und einem entsprechenden Handeln geführt.

Das Selbstverständnis von Literatur, wie es sich im ‚Herzog Ernst‘ artikuliert, bietet ein anschauliches Beispiel für das Zuendegehen unserer Epoche. Es belegt, daß jener Punkt der literarischen Emanzipation erreicht ist, von dem einleitend die Rede war.

Literaturhinweise

Die Literaturhinweise erheben nicht den Anspruch einer repräsentativen Bibliographie. Sie verfolgen lediglich das Ziel, dem Benutzer einen allerersten Zugang zur Forschung zu eröffnen. Deshalb wurden bevorzugt neuere Titel aufgenommen, die das jeweilige Gebiet bibliographisch erschließen. Eine erste Abteilung nennt einige Arbeiten zur allgemeinen Geschichte und zur Literaturgeschichte, die von grundlegender Bedeutung für die gesamte Darstellung sind; eine zweite Abteilung stellt Arbeiten zu den einzelnen Abschnitten der Darstellung zusammen, nicht jedoch Spezialliteratur zu den dort behandelten Autoren und Werken; sie ist, da manche von ihnen in mehr als nur einem Abschnitt vorkommen, einer dritten Abteilung vorbehalten. Die Angaben in dieser Abteilung orientieren sich, soweit möglich und angebracht, jeweils an dem Schema: Edition(en) – Artikel der 2. Auflage (teilweise auch der 1. Auflage) des Verfasserlexikons – Untersuchungen. Kursivsatz kennzeichnet Editionen. Folgende Abkürzungen werden verwendet:

Diemer	Deutsche Gedichte des XI. und XII. Jahrhunderts, aufgefunden im regulierten Chorherrenstifte zu Vorau in der Steiermark und zum ersten Male mit einer Einleitung und Anmerkungen hg. von J. Diemer, 1849.
DVjs	Deutsche Vierteljahrsschrift für Literaturwissenschaft und Geistesgeschichte.
Kraus	Deutsche Gedichte des zwölften Jahrhunderts, hg. von C. v. Kraus, 1894.
Maurer	Die religiösen Dichtungen des 11. und 12. Jahrhunderts, I–III, 1964–70.
Meyer-Benfey	Mittelhochdeutsche Übungsstücke, zusammengestellt von H. Meyer-Benfey, ^{2}1920.
Millstätter Faks.	Millstätter Genesis und Physiologus Handschrift. Vollständige Facsimileausgabe der Sammelhandschrift 6/19 des Geschichtsvereins für Kärnten im Kärtner Landesarchiv, Klagenfurt. Einführung und kodikologische Beschreibung von A. Kracher, 1967.
MSD	Denkmäler deutscher Poesie und Prosa aus dem VIII.–XII. Jahrhundert, hg. von K. Müllenhoff und W. Scherer, 1863 (3. und 4. Auflage bes. von E. Steinmeyer; Neudr. 1964).
PBB	Beiträge zur Geschichte der deutschen Sprache und Literatur.
(Halle)	1955–1979: Ausg. Halle.
(Tüb.)	1955–1979: Ausg. Tübingen.
RL	Reallexikon der deutschen Literaturgeschichte, I–IV, ^{2}1958–84.
Steinmeyer	Die kleineren althochdeutschen Sprachdenkmäler, hg. von E. v. Steinmeyer, 1916 (Neudr. 1963).
VL	Die deutsche Literatur des Mittelalters. Verfasserlexikon, I–VIII, 1978–92.
VL^1	Die deutsche Literatur des Mittelalters. Verfasserlexikon, I–V, 1933–55.

Vorauer Faks.	Die deutschen Gedichte der Vorauer Handschrift. Faksimile-Ausgabe des Kodex 276 des Chorherrenstiftes Vorau unter Mitwirkung von K. K. Polheim, II, 1958.
Waag/Schröder	A. Waag/W. Schröder, Kleinere deutsche Gedichte des 11. und 12. Jahrhunderts, I–II, 1972.
Wilhelm	Denkmäler deutscher Prosa des 11. und 12. Jahrhunderts, hg. von F. Wilhelm, 1914 (Neudr. 1960).
ZfdA	Zeitschrift für deutsches Altertum und deutsche Literatur.
ZfdPh	Zeitschrift für deutsche Philologie.

Allgemeines

Zur allgemeinen Geschichte: H. Grundmann, Religiöse Bewegungen im Mittelalter, [2]1961; J. Le Goff, Das Hochmittelalter 1965; K. Jordan, Investiturstreit und frühe Stauferzeit, 1973; G. Duby, Krieger und Bauern, 1977; K. Bosl, Europa im Aufbruch, 1980.

Zur Literaturgeschichte: G. Ehrismann, Geschichte der deutschen Literatur bis zum Ausgang des Mittelalters, II/1, 1922 (Neudr. 1959); H. de Boor / R. Newald, Geschichte der deutschen Literatur von den Anfängen bis zur Gegenwart, I (von H. d. B.) 1953, [9]1979 (bearb. von H. Kolb); H. Kuhn, Frühmittelhochdeutsche Literatur, RL I, 494–521 (wieder in: H. K., Text und Theorie, 1969); E. Erb, Geschichte der deutschen Literatur von den Anfängen bis zur Gegenwart, I/1/2, 1965; K. Bertau, Deutsche Literatur im europäischen Mittelalter, I, 1972; M. Wehrli, Geschichte des deutschen Literatur vom frühen Mittelalter bis zum Ende des 16. Jahrhunderts, 1980; D. Kartschoke, Geschichte der deutschen Literatur im frühen Mittelalter, 1990. – W. Haug, Literaturtheorie im deutschen Mittelalter. Von den Anfängen bis zum Ende des 13. Jahrhunderts, [2]1992 (besonders Kap. III und IV).

Zu einzelnen Abschnitten

Einleitung: W. Schröder, Kontinuität oder Diskontinuität in der Frühgeschichte der deutschen Literatur?, ZfdA 100 (1971) 195–213.

I. Vom ‚Ezzolied‘ zur ‚Kaiserchronik‘

Modelle literarischer Interessenbildung

Überblick: J. Bumke, Mäzene im Mittelalter, 1979.

‚Ezzolied‘: H. Kuhn, Eine Stiftungsnotiz für ein deutsches Lied, in: Fs. H. O. Burger, 1968, S. 11–20 (wieder in: H. K., Text und Theorie, 1969). (Eine unserem Modell widersprechende Auffassung vertritt H. Freytag, Ezzos Gesang. Text u. Funktion, in: K. Grubmüller u.a. [Hgg.], Geistliche Denkformen in der Literatur des Mittelalters, 1984, S. 154–170.)

‚Annolied‘: A. Haverkamp, Typik und Politik im Annolied, 1979.

‚Vom Recht‘: K. Kroeschell, Deutsche Rechtsgeschichte I (bis 1250), [2]1975 (S. 210–219: Freie Bauern und Dorfrecht).

‚Kaiserchronik‘: W. Wattenbach und F.-J. Schmale, Deutschlands Geschichtsquellen im Mittelalter I (hg. von F.-J. S. unter Mitarbeit von I. Schmale-Ott und D. Berg), 1976, S. 41–45.

Die literarischen Formen

Überblick: H. Kuhn, Gattungsprobleme der mittelhochdeutschen Literatur, Sitzungsberichte der Bayer. Akad. d. Wiss, Phil.-hist. Kl., 1956 (wieder in: H.K., Dichtung und Welt im ittelalter, [2]1969); W. Schröder, Zu Friedrich Maurers Neuedition der deutschen religiösen Dichtung des 11. und 12. Jahrhunderts, PBB (Tüb.) 88 (1967) 249–284; Maurer III, Vorwort; B. Köneke, Untersuchungen zum frühmittelhochdeutschen Versbau, 1976; H. Freytag, Die Theorie der allegorischen Schriftdeutung und die Allegorie in deutschen Texten besonders des 11. und 12. Jahrhunderts, 1982.

Das ‚Heil im Vollzug‘: H. Fromm, Mariendichtung, RL II; J. Janota, Studien zu Funktion und Typus des deutschen geistlichen Liedes im Mittelalter, 1968.

Formen der Rede: R. Cruel, Geschichte der deutschen Predigt im Mittelalter 1879 (Neudr. 1966); K. Morvay/D. Grube, Bibliographie der deutschen Predigt des Mittelalters, Veröffentlichte Predigten, 1974; H. Fromm, Zum Stil der frühmhd. Predigt, in: Neuphilologische Mitteilungen 60 (1959) 405–417. – B. Sowinski, Lehrhafte Dichtung des Mittelalters, 1971; H. Rupp, Deutsche religiöse Dichtungen des 11. und 12. Jahrhunderts, [2]1971.

Erzähltes Heil: M. Wehrli, Sacra Poesis, Bibelepik als europäische Tradition, in: Fs. F. Maurer, 1963, S. 262–283 (wieder in: M. W., Formen mittelalterlicher Erzählung, 1969); D. Kartschoke, Bibeldichtung, 1975; A. Masser, Bibel- und Legendenepik des deutschen Mittelalters, 1976.

II. Von der ‚Kaiserchronik‘ zum ‚Rolandslied‘

Modelle literarischer Interessenbildung

‚Priesterleben‘: P.-E. Neuser, Zum sogenannten „Heinrich von Melk", 1973.

Wernher von Elmendorf: H. Kokott, Literatur und Herrschaftsbewußtsein, 1978.

‚König Rother‘: U. Meves, Studien zu König Rother, Herzog Ernst und Grauer Rock (Orendel), 1976.

‚Rolandslied‘: K. Bertau, Das deutsche Rolandslied und die Repräsentationskunst Heinrichs des Löwen, in: Der Deutschunterricht 20 (1968), H. 2, 4–30; M. Ott-Meimberg, Kreuzzugsepos oder Staatsroman? Strukturen adeliger Heilsversicherung im deutschen ‚Rolandslied‘, 1980.

Die literarischen Formen

Das ‚Heil im Vollzug‘: G. M. Schäfer, Untersuchungen zur deutschsprachigen Marienlyrik des 12. und 13. Jahrhunderts, 1971; s. auch Abschnitt I.

Formen der Rede: G. C. Zieleman, Das Studium der deutschen und niederländischen Predigten des Mittelalters, in: K. O. Seidel (Hg.), Sô predigent eteliche. Beiträge zur deutschen und niederländischen Predigt im Mittelalter, 1982; s. auch Abschnitt I.

Erzählende Literatur: M. Curschmann, „Spielmannsepik", 1967; K. Ruh, Höfische Epik des deutschen Mittelalters I: Von den Anfängen bis zu Hartmann von Aue, [2]1977.

Zu einzelnen Autoren und Werken

(Zu den meisten der nachfolgend aufgeführten Werke vgl. F. G. Gentry, Bibliographie zur frühmittelhochdeutschen geistlichen Dichtung, 1992.)

Priester Adelbrecht, ‚Johannes Baptista‘: *Kraus 15–23; Maurer II 332–341.* – VL I (K.-E. Geith).

‚Ägidius‘: *K. Bartsch, Der Trierer Ä., Germania 26 (1881) 1–57; J. Grimm, Kleinere Schriften VI, 1882, S. 364–370.* – VL I (K.-E. Geith).

‚Albanus‘: *Kraus 41–45; Maurer III 606–613.* – VL I (K. Morvay).

‚Alexander‘: s. Pfaffe Lamprecht.

‚Altdeutsche Exodus‘: Wiener Text: *H. F. Massmann, Deutsche Gedichte des zwölften Jahrhunderts und der nächstverwandten Zeit, 1837 (Neudr. 1969), S. 326–342.* – Millstätter Text: *E. Papp, Die ‚Altdeutsche Exodus‘. Untersuchungen und kritischer Text, 1968; Millstätter Faks.* – VL I (U. Hennig).

‚Altdeutsche Genesis‘ (‚Wiener Genesis‘): *V. Dollmayr, Die A. G. nach der Wiener Handschrift, 1932.* – *‚Millstätter Genesis‘: J. Diemer, Genesis und Exodus nach der Milstäter Handschrift, I–II, 1862; Millstätter Faks.* – *‚Vorauer Joseph‘: P. Piper, Das Gedicht von Joseph nach der Wiener und der Vorauer Handschrift, ZfdPh 20 (1988) 257–289, 430–475; Vorauer Faks.* – VL I (U. Hennig); J. Eßer, Die Schöpfungsgeschichte in der ‚Altdeutschen Genesis‘. Kommentar und Interpretation, 1987.

‚Die Ältere Judith‘ und ‚Die drei Jünglinge im Feuerofen‘: *Maurer I 402–407; Waag/Schröder I 60–67;. Vorauer Faks.* – VL I (W. Schröder).

‚Andreas‘: *Kraus 64–67.* – VL I (K.-E. Geith).

‚Anegenge‘: *D. Neuschäfer, Das ‚A.‘, 1966.* – VL I (P.-E. Neuser).

‚Annolied‘: *W. Bulst, Das ‚A.‘, ²1974; Maurer II 8–45; Das ‚A.‘, mhd. und nhd., hg., übers. u. komm. von E. Nellmann, ³1986.* – VL I (E. Nellmann). – D. Knab, Das A. Probleme seiner literarischen Einordnung, 1963; N. Eickermann, Zwei Soester Fragmente aus Reginhards verlorener Vita Annonis, Soester Zeitschrift 88 (1976) 5–27; H. Thomas, Bemerkungen zu Datierung, Gehalt und Gestalt des A.s, ZfdPh 96 (1977) 24–61.

‚Antichrist‘: s. Frau Ava.

Der Arme Hartmann, ‚Rede von deme heiligen gelouben‘: *H. F. Massmann, Deutsche Gedichte des zwölften Jahrhunderts und der nächstverwandten Zeit, 1837 (Neudr. 1969), S. 1–42; Maurer II 573–628.* – VL I (K. Kunze).

Priester Arnolt, ‚Juliana‘: *K.-E. Geith, Priester Arnolts Legende von der Heiligen Juliana, 1965; Maurer III 10–51.* – *‚Von der Siebenzahl‘ (‚Loblied auf den Heiligen Geist‘): Maurer III 57–85; Vorauer Faks.* – VL I (P. Ganz). – W. Mohr, Vorstudien zum Aufbau von P. A.s ‚Loblied auf den Hl. G.‘ (‚Siebenzahl‘), in: Fs. F. Maurer, 1963, S. 320–351.

‚Arnsteiner Mariengebet‘: *Maurer I 438–452; Waag/Schröder II 173–183.* – VL I (K. Kunze).

‚Auslegung des Vaterunsers' (‚Paternoster'): *Maurer I 332–343; Waag/Schröder I 75–85; Millstätter Faks.* – VL I (E. Papp). – V. Schupp, Septenar und Bauform, 1964.

Frau Ava: *F. Maurer, Die Dichtungen der Frau Ava, 1966; Maurer II 382–513 (‚Johannes': 382–397; ‚Leben Jesu': 398–491; ‚Antichrist': 492–497; ‚Das Jüngste Gericht': 498–513) Vorauer Faks. (ohne ‚Johannes'); K. Schacks, Frau Ava. Die Dichtungen, 1986.* – VL I (E. Papp). – P. Stein, Stil, Struktur, historischer Ort und Funktion. Literarhistorische Beobachtungen und methodologische Überlegungen zu den Dichtungen der Frau Ava, in: Fs. A. Schmidt, 1976, S. 5–85.

‚Von der Babylonischen Gefangenschaft': *Maurer I 422–425.* – VL I (E. Papp).

‚Balaam': s. ‚Vorauer Bücher Mosis'.

‚Bamberger Glaube und Beichte': *MSD CXI; Steinmeyer XXVIII.* – VL I (D. R. McLintock).

Basler Predigten: *W. Wackernagel, Altdeutsche Predigten und Gebete, 1876, Nr. XXVII– XXXV.* – VL I (V. Mertens).

‚Baumgartenberger Johannes Baptista': *Kraus 12–15; Maurer II 136–139.* – VL I (K.-E. Geith).

‚Benediktbeurer Gebet zum Meßopfer': *Maurer II 318–321; Waag/Schröder II 229–231.* – VL I (E. Papp).

‚Benediktbeurer Glauben und Beichten I–III': *MSD LXXXVII (I) XCIV (II) XCVI (III); Steinmeyer LIII (I) LII (II) LX (III).* – VL I (A. Masser).

‚Brandans Meerfahrt': VL I (W. Haug).

‚Cantilena de conversione Sancti Pauli': *Maurer I 264–268.* – VL I (E. Papp).

‚Von Christi Geburt': *Kraus 3–6; Maurer II 126–133.* – VL I (E. Papp).

‚Von christlicher Lehre': s. Der Wilde Mann.

‚Christus und Pilatus': *Kraus 62–64; Maurer III 430–433.* – VL I (E. Papp).

‚Crescentia': *E. Schröder, Die Kaiserchronik eines Regensburger Geistlichen (Monumenta Germaniae Historica, Deutsche Chroniken I/1), 1892 (Neudr. 1964), S. 289–314; W. Bulst, Die ‚Kaiserchronik', Ausgewählte Erzählungen II: ‚C.', nach dem Vorauer Text, ²1970.* – VL II (E. Nellmann). – M. Wehrli, Roman und Legende im deutschen Hochmittelalter, in: Fs. B. Markwardt, 1961, S. 428–443 (wieder in: M. W., Formen mittelalterlicher Erzählung, 1969).

‚Deutung der Meßgebräuche': *Maurer II 294–315.* – VL II (E. Papp).

‚Die drei Jünglinge im Feuerofen': s. ‚Die Ältere Judith'.

‚Engelberger Gebete': *Wilhelm XXX.* – VL II (A. Masser).

‚Esau und Jakob' und ‚Die zehn Gebote': *Maurer II 356–367.* – VL II (E. Papp).

‚Exodus': s. ‚Altdeutsche Exodus'.

‚Ezzolied': *Maurer I 284–303; Waag/Schröder I 10–26.* – VL II (G. Schweikle).

‚Frauengeheimnisse': s. ‚Secreta mulierum'.

‚Friedberger Christ und Antichrist': *Maurer II 106–123.* – VL II (E. Papp).

‚St. Galler Glauben und Beichten I und II': *MSD LXXXVIII, LXXXIX, XCII; Steinmeyer LIV, LV, LVIII.* – VL II (St. Sonderegger).

‚Gebete einer Frau': *Maurer III 622–624; Vorauer Faks.* – VL II (E. Papp).

‚Gebete und Benediktionen von Muri': *Wilhelm XXIX.* – VL II (A. Masser).

‚Gebete zur Kommunion aus St. Lambrecht (Seckau)': s. ‚St. Lambrechter Gebete'.

‚Geistliche Ratschläge': *Wilhelm VII; MDS LXXXV.*

‚Genesis': s. ‚Altdeutsche Genesis'.

‚Van der girheit': s. Der Wilde Mann.

Grieshabersche Predigten I: *F. K. Grieshaber, Predigt-Bruchstücke aus dem XII. Jahrhundert, Germania 1 (1856) 441–454.* – VL III (V. Mertens).

‚Halberstädter Makkabäer': *Kraus 25–29; Maurer III 596–603.* – VL III (E. Papp).

Haller Bruchstücke: *J. Schatz, Bruchstücke einer bairischen Predigthandschrift des 12. Jahrhunderts, PBB 52 (1928) 345–360.* – V. Mertens, Das Predigtbuch des Priesters Konrad, 1971.

‚Hamburger Jüngstes Gericht': *Maurer I 412–417.* – VL III (E. Papp).

Hartmann, ‚Rede von deme heiligen gelouben': s. Der arme Hartmann.

‚Der heimliche Bote': *Meyer-Benfey 30–32 (unter dem Titel ,Lehren für Frauen und Männer').* – VL III (D. Huschenbett). – I. Glier, Artes amandi, 1971.

Heinrich, ‚Litanei': *Maurer III 128–251.* – VL III (E. Papp).

„Heinrich von Melk": *R. Kienast, Der sogenannte H. v. M., ²1960 (,Vom Priesterleben': S. 2–29; ,Von des todes hugede': S. 30–57); Maurer III (,Vom Priesterleben': S. 258–301; ,Von des todes hugede': S. 302–359);* – VL III (P. E. Neuser). – P.-E. Neuser, Zum sogenannten „H. v. M.", 1973. H. v. M., ,Von des todes hugede', mhd. und nhd., übers., komm. und mit einer Einführung in das Werk hg. von Th. Bein, T. Ehlert, P. Konietzko, St. Speicher, K. Trimborn, R. Zäck, 1994.

‚Herzog Ernst': *K. Bartsch, H. E. 1869; H. E. Ein mittelalterliches Abenteuerbuch hg., übers., mit Anmerkungen u. einem Nachtwort versehen von B. Sowinski, 1970; H. und I. Pörnbacher, Spielmannsepen I, König Rother, H. E. Texte, Nacherzählungen u. Worterklärungen, 1984.* – VL III (H. Szklenar; H.-J. Behr).

‚Himmel und Hölle': *Wilhelm VIII. –* VL IV (D. R. McLintock).

‚Vom Himmelreich': *A. Leitzmann, Kleinere geistliche Gedichte des 12. Jahrhunderts, 1910, S. 20–77; Maurer I 372–395. –* VL IV unter ‚Daz himelriche' (W. Freytag).

‚Das Himmlische Jerusalem': *Maurer II 143–152; Waag/Schröder I 96–111; Millstätter Faks. –* VL IV (Chr. Meier). – Chr. Meier, Zur Quellenfrage des ‚H. J.'. Ein neuer Fund, ZfdA 104 (1975) 204–243; W. Haug, Gebet und Hieroglyphe, ZfdA 106 (1977) 163–183.

‚Die Hochzeit': *Maurer II 182–223; Waag/Schröder II 136–170; Millstätter Faks. –* VL IV (P. Ganz).

Hoffmanns Bruchstücke: *H. Hoffmann, Zwei Predigtbruchstücke aus dem Ende des XII. Jahrh., in: H. H., Fundgruben für Geschichte deutscher Sprache u. Literatur, I, 1830, S. 68–70 (Neudr. 1969).*

Hoffmannsche Predigtsammlung: *H. Hoffmann, Predigten aus dem XIII. Jahrhundert, in: H. H., Fundgruben für Geschichte deutscher Sprache u. Litteratur, I, 1830, S. 70–126 (Neudr. 1969). –* VL IV (V. Mertens).

‚Idsteiner Sprüche der Väter': *Maurer I 79–93. –* VL IV (E. Papp).

‚Innsbrucker Arzeneibuch': *Wilhelm XI. –* VL IV (G. Keil).

‚Innsbrucker (Prüler) Kräuterbuch': *Wilhelm XII. –* VL IV (G. Keil).

‚Johannes': S. Frau Ava.

‚Judith': s. ‚Die Ältere Judith', ‚Die Jüngere Judith'.

‚Juliana': s. Priester Arnolt.

‚Die Jüngere Judith': *Die J. J., aus der Vorauer Handschrift kritisch hg. von H. Monecke, 1964; Maurer II 228–259; Vorauer Faks. –* VL IV (W. Schröder).

‚Das Jüngste Gericht': s. Frau Ava.

‚Kaiserchronik': *E. Schröder, Die ‚K.' eines Regensburger Geistlichen (Monumenta Germaniae Historica, Deutsche Chroniken I/1), 1892 (Neudr. 1964); Die ‚K.' des regulierten Chorherrenstiftes Vorau (HS 276,1), 1953 (Faksimile). –* VL IV (E. Nellmann). – M. Hellmann, Fürst, Herrscher und Fürstengemeinschaft, 1967.

‚Klagenfurter Gebete': *Maurer II 324–327. –* VL IV (E. Papp).

‚Klosterneuburger Gebet': *Wilhelm IV. –* VL IV (A. Masser).

‚Klosterneuburger Predigtentwürfe': *J. M. Wagner, Predigtentwürfe, ZfdA 15 (1872) 439–442 und ZfdA 16 (1873) 466 (Nachtrag).*

‚Kölner Morgensegen': *Wilhelm XXXI. –* VL V (A. Masser).

‚König Oswald': s. ‚Oswald'.

‚König Rother': *Th. Frings/J. Kuhnt, K. R., 1922 (Neudr., ohne Einleitung, 1954 und 1961, bes. von W. Flämig; 1968, bes. von I. Köppe-Benath); J. de Vries, Rother, 1922 (Neudr. 1974); H. u. I. Pörnbacher, Spielmannsepen I, K. R., Herzog Ernst. Texte, Nacherzählungen u. Worterklärungen, 1984.* − VL V (H. Szklenar). − H. Fromm, Die Erzählkunst des ‚Rother'-Epikers, Euphorion 54 (1960) 347−379 (wieder in: W. J. Schröder Spielmannsepik, 1977); ders., Doppelweg, in: Fs. H. Kuhn, 1969, S. 64−79; R. Bräuer, Literatursoziologie und epische Struktur der deutschen „Spielmanns"- und Heldendichtung, 1970.

Pfaffe Konrad, ‚Rolandslied': *C. Wesle, Das ‚R.' des Pfaffen Konrad, ³1985 (bes. von P. Wapnewski); D. Kartschoke, Das R. Mhd. Text u. Übertragung, 1970; H. Richter, Pfaffe Konrad: Das R. Text, Nacherzählung, Wort- u. Begriffserklärungen, Wortliste, 1981; W. Werner/H. Zirnbauer, Das R. des Pfaffen Konrad. Faks.-Ausgabe des Codex Pal. Germ. 112, 1970.* − VL V (E. Nellmann). − D. Kartschoke, Die Datierung des deutschen R.s, 1965.

Priester Konrad: *A. E. Schönbach, Altdeutsche Predigten, III, 1891.* − VL V (V. Mertens). − V. Mertens, Das Predigtbuch des Priesters Konrad, 1971.

Kuppitsch'sche Sammlung: *F. J. Mone, Altteutsche Predigten, Anzeiger für Kunde der deutschen Vorzeit 8 (1839) 409−433, 509−530; K. A. Barack, Deutsche Predigten des 12. Jahrhunderts, Germania 10 (1865) 464−473.* − VL V (D. Ladisch-Grube).

‚St. Lambrechter Gebete': *Wilhelm XXXII.* − VL V (A. Masser).

Pfaffe Lamprecht, ‚Tobias': *H. Degering, Neue Funde aus dem 12. Jahrhundert, PBB 41 (1916) 528−536; Maurer II 522−535.* − ‚Alexander': *Lamprechts A. nach den drei Texten mit dem Fragment des Alberic von Besançon und den lateinischen Quellen hg. u. erklärt von K. Kinzel, 1884; I. Ruttmann, Das Alexanderlied des Pfaffen Lambrecht (Straßburger A.). Text, Nacherzählung, Worterklärungen, 1974; Maurer II 536−566; Vorauer Faks.* − VL V (W. Schröder). − P. K. Stein, Ein Weltherrscher als vanitas-Exempel in imperial-ideologisch orientierter Zeit?, in: R. Krohn u.a. (Hgg.), Stauferzeit, 1979, S. 144−180; T. Ehlert, Deutschsprachige Alexanderdichtung des Mittelalters. Zum Verhältnis von Literatur und Geschichte, 1989.

‚Das Leben Jesu': s. Frau Ava.

Leipziger Predigten: *H. Leyser, Deutsche Predigten des 13. u. 14. Jahrhunderts, 1838; A. E. Schönbach, Altdeutsche Predigten, I, 1886.* − VL V (V. Mertens). − V. Mertens, Studien zu den ‚Leipziger Predigten', PBB 107 (1985) 240−266.

‚Linzer Antichrist': *Maurer III 364−427.* − VL V unter ‚Der Linzer Entechrist' (W. Schröder).

‚Das Lob Salomos': *Maurer I 321−326; Waag/Schröder I 46−55; Vorauer Faks.* − VL V (W. Schröder).

‚Loblied auf den Heiligen Geist': s. Priester Arnolt.

‚Margaretha': VL V (W. Williams-Krapp).

‚Mariensequenz aus Muri': *Maurer I 456−461; Waag/Schröder II 246−249.* − VL VI (K. Kunze).

‚Mariensequenz aus Seckau' (früher: ‚Mariensequenz aus St. Lambrecht'): *Maurer I 464−466; Waag/Schröder II 241−242.* − VL VI (K. Kunze).

‚Diu mâze': *Meyer-Benfey 24–30.* – VL VI (W. Blank).

‚Melker Marienlied': *Maurer I 360–363; Waag/Schröder II 235–238.* – VL VI (K. Kunze).

‚Memento Mori': *Maurer I 254–259; R. Schützeichel, Das alemannische M. M., 1962, S. 126–132.* – VL VI (G. Schweikle).

‚Merigarto': *Maurer I 69–75; N. Th. J. Voorwinden, M. Eine philologisch-historische Monographie, 1973, S. 19–28.* – VL VI (F. Rädle).

Mettener Sammlung: *A. E. Schönbach, Mittheilungen aus altdeutschen Handschriften. 2. Stück: Predigten, in: Sb. der Kaiserl. Akademie der Wiss. zu Wien 1879.* – VL VI Verweis auf Hoffmannsche Predigtsammlung (VL IV; V. Mertens) und Leipziger Predigten (VL V; V. Mertens).

‚Millstätter Sündenklage': *Maurer II 64–101; Millstätter Faks.* – VL VI (E. Papp).

Mitteldeutsche Predigten: *F. K. Grieshaber, Ältere noch ungedruckte deutsche Sprachdenkmale religiösen Inhalts, 1842, S. 1–87; ders., Vaterländisches aus den Gebieten der Literatur, der Kunst u. des Lebens, 1842, S. 257–343 [= Grieshabersche Sammlung II]; J. Zacher, Bruchstücke aus der Sammlung des Freiherrn von Hardenberg. 4.1.–4.2., ZfdPh 15 (1883) 257–276, [Ergänzung I und II zur Grieshaberschen Sammlung II]; A. Jeitteles, Mitteldeutsche Predigten, Germania 17 (1872) 335–354 [= Klagenfurter Bruchstücke].* – VL VI (W. Williams-Krapp).

‚Mittelfränkische Reimbibel': *Maurer I 102–168.* – VL VI (E. Papp).

‚Moralium dogma philosophorum': s. Wernher von Elmendorf.

‚Moses': s. ‚Vorauer Bücher Mosis'.

‚Münchner Glauben und Beichte': *MSD XCVII; Steinmeyer LVI.* – VL VI (A. Masser).

Oberaltaicher Sammlung: *A. E. Schönbach, Altdeutsche Predigten, II, 1888.* – VL VI (V. Mertens).

‚Orendel': *H. Steinger, O., 1935; W. J. Schröder, Spielmannsepen II. Sankt Oswald, O., Salman u. Morolf. Texte, Nacherzählungen, Anmerkungen u. Worterklärungen, 1976.* – VL VII (M. Curschmann).

‚Oswald': ‚Münchner O.': *G. Baesecke, Der M. O., 1907; M. Curschmann, Der M. O., 1974; W. J. Schröder, Spielmannsepen II. Sankt O., Orendel, Salman u. Morolf. Texte, Nacherzählungen, Anmerkungen u. Worterklärungen, 1976 (Text nach Baesecke).* – ‚Wiener Oswald': *G. Baesecke, Der W. O., 1912.* – VL VI (M. Curschmann). – M. Curschmann, Der Münchener O. und die deutsche spielmännische Epik, 1964; W. Haug, Struktur u. Geschichte, Germ.-roman. Monatsschr. 54 (1973) 129–152; ders., Das Komische u. das Heilige, in: Wolfram-Studien VII, 1982, S. 8–31.

‚Paternoster': s. ‚Auslegung des Vaterunsers'.

St. Pauler Predigten: *A. Jeitteles, Altdeutsche Predigten aus dem Benedictinerstifte St. Paul in Kärnten, 1878; N. E. Whisnant, The ‚St. Pauler Predigten' (St. Paul Ms. 27.5.26). An Edition, 1978.* – VL VII (N. E. Whisnant).

‚Physiologus‘: *F. Maurer, Der altdeutsche Ph. Die Millstätter Reimfassung u. die Wiener Prosa nebst dem lat. Text u. dem ahd. Ph., 1967.* – ‚Millstätter Reimphysiologus‘: *Maurer I 174–245; Millstätter Faks.* – ‚Jüngerer (Wiener) Physiologus‘: *Maurer I 174–244.* – VL VII (Chr. Schröder). – N. Henkel, Studien zum Ph. im Mittelalter, 1976; R. Schützeichel, Reda umbe diu tier, in: Fs. K. Matzel, 1984, S. 153–163.

‚Pilatus‘: *K. Weinhold, ZfdPh 8 (1877) 253–288.* – VL VII (J. Knape).

Prager Predigtentwürfe: *J. Diemer, Deutsche Predigtentwürfe aus dem 13. Jahrhundert, Germania 3 (1858) 360–367.* – VL VII Verweis auf die Hoffmannsche Predigtsammlung (VL IV; V. Mertens).

‚Vom Priesterleben‘: s. „Heinrich von Melk“.

Proveiser Bruchstücke: *O. Zingerle, Bruchstücke altdeutscher Predigten, ZfdA 23 (1879) 399–408.* – V. Mertens, Das Predigtbuch des Priesters Konrad, 1971.

‚Prüler Kräuterbuch‘: s. ‚Innsbrucker Kräuterbuch‘.

‚Prüler Steinbuch‘: *Wilhelm X.* – VL VII (G. Keil).

‚Vom Rechte‘: *Maurer II 158–177; Waag/Schröder II 115–131; Millstätter Faks.* – VL VII (P. Ganz). – St. Speicher, ‚Vom Rechte‘. Ein Kommentar im Rahmen der zeitgenössischen Literaturtradition, 1986.

‚Rheinauer Paulus‘: *Maurer II 50–56.* – VL VIII (W. Schröder).

‚Rheinauer (prosaische) Sündenklage‘: *Wilhelm XXVII.* – VL VIII unter ‚Rheinauer Gebete‘ (A. Masser).

‚Rittersitte‘: *H. Menhardt, ‚R.‘, ZfdA 68 (1931) 153–163.* – VL VIII (W. Schröder).

‚Rolandslied‘: s. Pfaffe Konrad.

Rothsche Predigtsammlung: *K. Roth, Deutsche Predigten des 12. u. 13. Jahrhunderts, 1839.* – VL VIII (V. Mertens).

‚Salman und Morolf‘: *Fr. Vogt, Die deutschen Dichtungen von Salomon und Markolf, 1880 (Neudr. 1976); W. J. Schröder, Spielmannsepen II. Sankt Oswald, Orendel, S. u. M. Texte, Nacherzählungen, Anmerkungen u. Worterklärungen, 1976; A. Karnein, S. u. M., 1979.* – VL VIII (M. Curschmann).

Schlägler Predigtbruchstücke: *K. Polheim, Sch. Bruchstücke altdeutscher Predigten, PBB 50 (1927) 18–20.* – VL VIII Verweis auf Leipziger Predigten (VL V; V. Mertens).

‚Scoph von dem lône‘: *Maurer II 266–277.* – VL VIII (E. Papp).

‚Secreta mulierum‘ (‚Frauengeheimnisse‘): *Wilhelm XIII.* – VL VIII (M. Schleissner).

‚Von der Siebenzahl‘ (‚De septem sigillis‘): *Maurer I 348–351; Waag/Schröder I 88–91.* – VL VIII (P. Ganz).

‚Von der Siebenzahl‘ (‚Loblied auf den Heiligen Geist‘): s. Priester Arnolt.

‚Speculum Ecclesiae': *G. Mellbourn, Sp. E., 1944.* – VL¹ IV (H. Eggers).

‚Summa theologiae': *Maurer I 309–316; Waag/Schröder I 31–42; Vorauer Faks.* – VL¹
IV (E. Perjus); VL¹ V (ungezeichnet). – H. Freytag, Kommentar zur frühmhd. S. th., 1970.

‚Tobias': s. Pfaffe Lamprecht.

‚Von des todes gehugede': s. „Heinrich von Melk".

‚Der Trierer Silvester': *Carl Kraus, Der T. S. (Monumenta Germaniae Historica,
Deutsche Chroniken I/ [2]). 1895, S. 47–61.* – VL¹ IV unter ‚Silvester' (E. Perjus).

‚Trost in Verzweiflung': *Maurer II 346–354.* – VL¹ IV (W. Krogmann).

‚St. Trudperter Hoheslied': *H. Menhardt, Das St. T. Hohe Lied, 1934.* | VL¹ II unter
‚Hohe Lied, das St. Trudperter' (H. Steinger); VL¹ V (K. Hannemann). – F. Ohly, Der
Prolog des St. T. Hohenliedes, ZfdA 84 (1952/53) 198–232; R. Wisniewski, Versuch einer
Einordnung des St. Trudberter Hohen Liedes in die Theologie und Philosophie seiner Zeit,
1953; W. I. Geppert, Die mystische Sprache des St. Trudberter Hohen Liedes, 1953; H.
Menhardt, Zum St. T. Hohen Lied ZfdA 88 (1957/58) 266–291; U. Küsters, Der ver-
schlossene Garten. Volkssprachliche Hoheliedauslegung und monastische Lebensform, 1985;
R. Hummel, Mystische Modelle im 12. Jahrhundert: St. T. H., Bernhard von Clairvaux,
Wilhelm von St. Thierry, 1989; K. Ruh, Geschichte der abendländischen Mystik, Bd. II,
1993, S. 23–53.

‚Upsalaer Beichte': *Maurer III 88–93; Waag/Schröder II 225–226.* – VL¹ IV (H.
Eggers).

‚Upsalaer Gebete': *Hj. Psilander, Mhd. Frauengebete in Upsala, ZfdA 49 (1908) 363–375;
Wilhelm (Kommentar) S. 173–177.*

‚Vaticanische Gebete': *Wilhelm XXVIII.*

‚Veit': *Maurer III 616–619.* – VL¹ IV (H. Hansel).

‚Veronica': s. Der Wilde Mann.

‚Vespasian': s. Der Wilde Mann.

‚Di vier sciven': s. Wernher vom Niederrhein.

‚Visio S. Pauli' und ‚Von der Zukunft nach dem Tode': *Kraus 182–197 (‚Von
der Zukunft nach dem Tode': 182–187; ‚Visio S. Pauli': 282–285; ‚Von der Zukunft nach
dem Tode': 286–289).* – VL¹ IV (L. Hammerich).

‚Vorauer Bücher Mosis' (‚Genesis', ‚Josef', ‚Moses', ‚Marienlob', ‚Balaam'):
Diemer 3–85; Vorauer Faks. – VL¹ I unter ‚Bücher Mosis' (H. Steinger). – S. auch
‚Altdeutsche Genesis' und ‚Vorauer Marienlob'.

‚Vorauer Frauengebet': s. ‚Gebet einer Frau'.

‚Vorauer Genesis': s. ‚Vorauer Bücher Mosis'.

‚Vorauer Josef': s. ‚Vorauer Bücher Mosis' und ‚Altdeutsche Genesis'.

‚Vorauer Marienlob': *Maurer I 354–355; Vorauer Faks.* – S. auch ‚Vorauer Bücher Mosis'.

‚Vorauer Moses': s. ‚Vorauer Bücher Mosis'.

‚Vorauer Sündenklage': *Maurer III 98–123; Waag/Schröder II 196–222.* – VL[1] IV unter ‚Sündenklage, Die Vorauer' (W. Krogmann).

‚Die Wahrheit': *Maurer I 429–432; Waag/Schröder II 187–192; Vorauer Faks.* – VL[1] IV (W. Krogmann).

Weingartner Predigten: *F. Pfeiffer, Altdeutsches Übungsbuch, Wien 1866, S. 182–190; W. Wackernagel, Altdeutsche Predigten u. Gebete, 1876, Nr. XXXVI–XL; A. E. Schönbach, W. P., ZfdA 28 (1884) 1–20.*

Wernher von Elmendorf: *J. Bumke, W. v. E., 1974.* – VL[1] IV (H. Eggers); VL[1] V (K. Hannemann). – J. Bumke, Die Auflösung des Tugendsystems bei W. v. E., ZfdA 88 (1957) 39–54 (wieder in: G. Eifler (Hg.), Ritterliches Tugendsystem, 1970).

Wernher vom Niederrhein, ‚Di vier sciven': *Maurer III 438–483.* – VL[1] IV (H. Eggers).

‚Wessobrunner Glaube und Beichte I': *MSD XC; Steinmeyer XXVIII.* – VL I unter ‚Bamberger' und ‚Erster Wessobrunner Glaube und Beichte' (D. R. McLintock).

‚Wessobrunner Glaube und Beichte II': *MSD XCV.*

‚Wessobrunner Predigten': *MSD LXXXVI A, B, C.* – E. Schröder, Rez. R. Cruel, Geschichte der deutschen Predigt im Mittelalter, Anzeiger f. dt. Altertum (1881) 172–191; I. Schröbler, Zu der Vorlage der ahd. Predigtsammlung A, PBB 63 (1939) 271–287; H.-U. Schmid, Althochdeutsche und frühmittelhochdeutsche Bearbeitungen lateinischer Predigten des ‚Bairischen Homiliars' (Althochdeutsche Predigtsammlungen B, Nr. 2, 3 und 4 und C, Nr. 1, 2 und 3, Speculum Ecclesiae Nr. 51, 52, 53 und 56), Teile I–II, 1986.

‚Wiener Bruchstücke': *J. Haupt, Bruchstücke von Predigten, ZfdA 23 (1879) 345–353.*

‚Wiener Genesis': s. ‚Altdeutsche Genesis'.

Der Wilde Mann: *B. Standring, Die Gedichte d. W. M., 1963; Maurer III 490–593 (‚Veronica' 490–531; ‚Vespasian' 532–549; ‚Van der girheit' 550–577; ‚Von christlicher Lehre' 578–593).* – VL[1] IV (H. Eggers).

‚Die zehn Gebote': s. ‚Esau und Jakob'.

‚Von der Zukunft nach dem Tode': s. ‚Visio S. Pauli'.

‚Zürcher Gebet': *Wilhelm XXVI.*

Züricher Predigten: *W. Wackernagel, Altdeutsche Predigten und Gebete, 1876, Nr. I–XIII.*

Register
(Autoren, sonstige historische Personen, Werke)